ENTRE LAS JARCHAS Y CERNUDA

Maior, 10

LETRAS E IDEAS

Dirige la colección
FRANCISCO RICO

Edward M. Wilson

ENTRE LAS JARCHAS
Y CERNUDA

CONSTANTES Y VARIABLES EN LA
POESÍA ESPAÑOLA

EDITORIAL ARIEL
Barcelona - Caracas - México

1.ª edición: mayo de 1977

Traducción castellana de: SARA STRUUCK

Cubierta: Alberto Corazón

© 1977: Edward M. Wilson, Wisconsin
© 1977 de los derechos de edición para España y América:
Ariel, S. A., Av. J. Antonio, 134, Esplugues de Llobregat (Barcelona)

Depósito legal: B. 16.858 - 1977
ISBN: 84 344 8329 7

Impreso en España

1977. — I. G. Seix y Barral Hnos., S. A.
Av. J. Antonio, 134, Esplugues de Llobregat (Barcelona)

PRÓLOGO

Creo que fue Coleridge quien enunció el juicio de que toda obra de arte debe tener en sí misma las razones de ser de su forma y estilo, y no de otros. Y si pensamos en obras maestras de imaginación como las Odas de fray Luis, las Soledades gongorinas, El rey Lear, Peribáñez, La vida es sueño *o* el Michael *de Wordsworth, el concepto nos parece válido y verdadero. El deber del crítico de tales obras sería el de explicar las bellezas escondidas en ellas y de situarlas en el rango que merecen. Pero investigar las relaciones entre las odas de Horacio y las de fray Luis, las causas de la dificultad del lenguaje poético de Góngora, los elementos tradicionales en la obra de Lope, y hasta en la de Shakespeare, puede darnos nueva luz sobre los medios empleados por los creadores de esas obras universales y ofrecernos otras perspectivas para su apreciación. La tarea erudita debe subordinarse a los valores estéticos de la obra investigada, pero a veces el erudito puede fundirse con el crítico y darnos un nuevo punto de vista para juzgarla. Pienso en algunos ensayos de Dámaso Alonso, en las interpretaciones de varios autos sacramentales por Alexander A. Parker y en la del* Lazarillo de Tormes *por Francisco Rico. Tampoco quisiera olvidar otros estudios —de Antonio Rodríguez-Moñino, por ejemplo, o de Rafael Lapesa— en los cuales el dato bibliográfico o lingüístico está expresado con tal elegancia, que vemos cómo se puede aplicar a la valoración de la obra estudiada, sin que los autores mencionen las cuestiones estéticas provocadas por ella.*

El aforismo de Coleridge es más difícil de aplicar a las obras que no fueron compuestas en primer lugar para fines puramente literarios sino para otros informativos, morales, religiosos o satíricos. Pienso en Las siete partidas, la Vida de Santa Teresa, la Crónica de Bernal Díaz, las obras de controversia de Quevedo, los comentarios en prosa de San Juan de la Cruz, el Informe sobre la ley agraria, *en España;* en Inglaterra el Diario de Samuel Pepys, el Hudibras del primer Samuel Butler, The serious call to a devout life de William Law y las cartas de Lord Byron. *Todas estas obras están incluidas en las respectivas historias de la literatura, pero el impulso creativo era menos literario que práctico: la Santa escribe su vida para satisfacer a su padre espiritual; Bernal Díaz quería aplastar la historia de Gómara; Quevedo defendió el patronato de Santiago; San Juan quiso instruir a sus correligionarios en los misterios de la vía unitiva; Jovellanos iba a informar al público ilustrado sobre la filosofía de las nuevas leyes. Los autores ingleses ya citados tampoco se dirigieron en primer lugar a los capacitados a juzgar las bellezas de la literatura: Pepys escribió para sí mismo en taquigrafía para esconder su sentido de otros lectores, y contó sus procacidades en una mezcla de mal español, mal francés y mal latín; la sátira de Butler, a veces chispeante y vivaz, otras veces intolerablemente pesada, se dirigió a un público poco fino para ridiculizar a los puritanos ya vencidos; Law quiso propagar un anglicanismo más humano y más sincero que el que profesaban sus contemporáneos; Byron escribió sus cartas pensando en cada uno de sus corresponsales más bien que en un público general. En todas estas obras, factores externos podían influir en la forma y aun en el estilo más quizás que las no dudadas dotes de escritor que poseían cada uno de sus autores. Lo dicho por Coleridge resulta ser algo estrecho para el enjuiciamiento de estas producciones.*

Hay otros poemas, novelas y dramas que no se amoldan fácilmente a lo que Coleridge exigió. Hablo de las obras poco cuidadas en su forma y de mérito desigual que tienen trozos de gran intensidad o elocuencia. No me refiero a misceláneas como el Libro de Buen Amor *en el que hay todo el encanto de lo imprevisto, ni en el* Tristram Shandy *de Sterne, donde el autor intencionadamente le toma el pelo a sus lectores. Más bien pienso en algunos poemas del siglo XV, en ciertas comedias de Lope de Vega, en algunas novelas de época más reciente, pero sobre todo en* La Araucana *de don Alonso de Ercilla. En aquel poema los episodios no encajan con el tema general; los retazos ariostescos al principio de cada canto dan poca idea de lo que va a seguirlos; los soldados tienen que escuchar en campaña una defensa de la castidad de la reina Dido; las arengas de los jefes de los dos bandos son meros pastiches de los historiadores romanos. Pero ¿dónde en toda la literatura postrenacentista hay mejores descripciones de las batallas vistas del punto de vista de un combatiente en tierras ajenas, de las fuerzas y la valentía de españoles e italianos de un lado, de los de Arauco de otro? ¡Y cómo se refuerzan mutuamente las escenas de luchas con los símiles épicos —tómense o no de autores anteriores— de la caza y de la salvaje vida de las fieras! Aquí el contenido domina los defectos de la forma. Andrea, Rengo y Caupolicán y sus proezas nos quedan en la memoria, y los episodios, los idilios indianos y las digresiones cuentan para poco. Esta epopeya es de una gran fuerza a pesar de los defectos de la forma. El ejemplo de don Alonso de Ercilla debe ponernos en guardia contra la aceptación ciega de los preceptos del formalismo, tales como el dicho por Coleridge ya citado. La apreciación crítica puede encontrar méritos grandes en las obras de segundo orden, si no en las de segunda clase —a emplear una distinción útil de Eliot—. Hay mucha literatura que se desliza de la definición formalista, como del círculo filológico de Spitzer.*

Creo que la historia literaria —que atraviesa momentos difíciles en manos de ciertos críticos— puede producir frutos no baldíos para la crítica. Como censuramos la pretendida poesía que se refugia en las menciones de la luna, del ruiseñor y del palpitar del corazón amado por depender demasiado de su asunto, hay también que andar con precaución con la otra que se apoya casi exclusivamente en los descubrimientos de un

Garcilaso en el siglo XVI, de un Góngora en el XVII o de un Juan Ramón Jiménez en el nuestro. Pero también tenemos que estar alertas a los que modificaron concienzudamente y con sutileza los hallazgos de aquellos (y de otros) genios de la poesía. Dijo John Donne que «No man is an island» (Ningún hombre es una isla), y ningún poeta pudo independizarse completamente de sus predecesores ni de sus contemporáneos. Si nos acordamos de este hecho veremos que hay una plena justificación para la historia literaria, que a primera vista parece más bien un peligro que un beneficio a la buena crítica.

La historia de la literatura tiene sus peligros, apuntados brillantemente por Antonio Rodríguez-Moñino en su «Construcción crítica y realidad poética». Los manuales, tipo Hurtado y Palencia, no tienen ya más utilidad que la de verificar datos aislados, listas de las obras de cualquier autor y sus fechas, cuando éstas se conocen. Aquella conferencia, sin embargo, nos sirve para encontrar otro tipo de historia literaria, que puede darnos otros puntos de vista, otras visiones de conjunto. Gracias a ella podemos empezar de nuevo, agrupando a los autores por regiones, viendo la importancia de tradiciones de imprenta y orales, tomando en cuenta las fechas de impresión más bien que las del nacimiento y de la muerte de los autores, y poniéndonos a estudiar las lecturas de los lectores del pasado, para mejor apreciar lo que les gustó y por qué les gustó. Y a pesar de los agudos argumentos de Wimsatt, creo que las declaraciones de intención de parte del autor estudiado pueden también sernos útiles para interpretar su obra, aunque muy bien podemos juzgarla de otro modo que él lo hizo. Milton quiso justificar a los hombres las obras de Dios, y fracasó; pero cuando Calderón dijo al Patriarca de las Indias que la poesía era «una gala del alma y una agilidad del entendimiento» nos dio una luz preciosa sobre su poética.

Los ensayos aquí incluidos fueron publicados desde 1934 a 1971. La primera sección del libro trata más bien de la historia literaria o de géneros de la literatura, pero con referencias par-

ticulares a ciertas poesías que caben dentro de los moldes ya
establecidos. El primer capítulo —dado en forma de conferencia en Oxford en 1966— escrito después de la publicación de
la antes mencionada de Moñino, es una apología por la historia
literaria; la he retocado ligeramente para adaptarla a un público español. La larga discusión de las albas y alboradas ibé-
ricas se publicó en Eos, symposium internacional sobre las albas
en muchos países desde China hasta el Perú, de 1955. He tenido
que rehacerla para este libro, incorporando algunas adiciones
y transformando en ensayo lo que era antes una antología con
prólogo. La conferencia sobre los temas trágicos del romancero
fue pronunciada en Canning House —centro de los Hispanic
and Luso-Brasilian Councils de Londres— en 1954; la traducción está ligeramente abreviada, porque he suprimido algunas
citas de baladas inglesas y escocesas poco conocidas en España.
El estudio sobre Salcedo Coronel y otros aspectos de la poesía
postgongorina era una contribución al número especial de la
Revista de Filología Española que conmemoró el cuarto centenario del nacimieno de don Luis, publicada en 1961.

En la segunda parte de este libro los estudios sobre la Oda
a Salinas y sobre un aspecto de la obra de San Juan de la Cruz
son nuevos. Ambos se apoyan en los conocidos estudios de
Dámaso Alonso, pero con influjos de dos críticos del Reino
Unido. El libro de William Empson (poeta y catedrático de
literatura inglesa, hoy jubilado, en la Universidad de Sheffield)
sobre la ambigüedad en la poesía inglesa representa el punto
de partida de éste; las Triumphal Forms del profesor Alastair
Fowler de la Universidad de Edimburgo me hicieron ver lo que
espero es un nuevo aspecto de la estructura de aquella obra
maestra de fray Luis. El capítulo sobre las poesías del marrano
João Pinto Delgado se publicó en el tomo primero del Journal
of Jewish Studies de 1952; espero que tendrá algo que decir
a los aficionados a la buena poesía religiosa española. Los dos
ensayos quevedescos aparecieron en Atlante (1953-1956), revista publicada por Canning House, Londres. El titulado «Las deudas de Luis Cernuda» era mi contribución al tomo de home-

naje a Helen Grant, colega mía durante dieciocho años de mi vida universitaria de Cambridge.

Finalmente pongo en apéndice un estudio textual de una poesía notable de Góngora, el cual ha tenido elogios de Dámaso Alonso y de Robert Jammes. La primera versión de él fue el primer artículo mío publicado en España (en la Revista de Filología Española *de 1935), traducido por José F. Montesinos, cuya muerte reciente lamentamos. He tenido que revisarlo en vista de otros textos, entonces para mí inaccesibles. Sirva para demostrar cómo, aun con obras bastante famosas, es difícil llegar a conocer las propias palabras de su autor.*

Tengo que dar las gracias a las siguientes personas y entidades que me han dado permiso para la publicación en este tomo de los trabajos ya publicados en revistas o en otras obras colectivas: a los Curators de la Clarendon Press de la Universidad de Oxford por el primer capítulo; al profesor Arthur T. Hatto y a la casa Mouton de La Haya por el titulado «Albas y alboradas en la Península»; al Comité Ejecutivo de los Hispanic and Luso-Brasilian Councils por «Temas trágicos en el Romancero español», «Quevedo para las masas» y «Guillén y Quevedo, sobre la muerte»; a don Rafael Balbín Lucas y la dirección de la Revista de Filología Española *por «La estética de don García de Salcedo Coronel y la poesía española del siglo XVII» y el Apéndice; a don Elías L. Rivers por «Historia de un estribillo: "De la dulce mi enemiga"»; a la dirección del* Journal of Jewish Studies *por «La poesía de João Pinto Delgado»; y al profesor J. E. Varey por «Las deudas de Cernuda». También quiero manifestar mi gratitud a Mr. Arthur L.-F. Askins, quien colaboró conmigo en el capítulo 4.*

En casi todos los trabajos traducidos he hecho ligeras modificaciones para adaptarlos al lector español. La versión española fue llevada a cabo por doña Sara Struuck y revisada por don Alberto Blecua. A ellos, también, mis sentidas gracias.

E. M. W.

ABREVIATURAS

BAE	Biblioteca de Autores Españoles.
BBMP	*Boletín de la Biblioteca Menéndez Pelayo.* Santander.
BHi	*Bulletin Hispanique.* Burdeos.
BHS	*Bulletin of Hispanic Studies.* Liverpool.
BNM	Biblioteca Nacional de Madrid.
BRAE	*Boletín de la Real Academia Española.* Madrid.
Child	Francis James Child, *The English and Scottish popular ballads,* 5 vols., Nueva York, 1957.
«Construcción»	Antonio Rodríguez-Moñino, «Construcción crítica y realidad histórica en la poesía española de los siglos XVI y XVII», en *Literary history and Literary criticism. Acta of the ninth Congress of the International Federation for Modern Languages & Literature,* New York University Press, 1965, pp. 30-49. Edición aparte con un prefacio de Marcel Bataillon, Madrid, 1965 (mis referencias son a esta edición aparte).
Durán	*Romancero general o colección de romances castellanos anteriores al siglo XVIII,* Biblioteca de Autores Españoles, tomos X y XVI.
Harvard	*Catalogue of English and American chapbooks and Broadside ballads in Harvard College Library,* Library of Harvard University, Biblographical Contributions, edited by William Coolidge Lane, Librarian, Cambridge, Mass., 1905.

HR	*Hispanic Review*. Filadelfia.
Morbecq	A. Rodríguez-Moñino, *Los pliegos poéticos de la colección del Marqués de Morbecq (siglo XVI)*, Madrid, 1962.
MHRA	Modern Humanities Research Association.
Norton	F. J. Norton, *Printing in Spain, 1501-1520*, Cambridge, 1966.
Nueva BAE	Nueva Biblioteca de Autores Españoles.
Nunes	José Joaquim Nunes, *Cantigas d'amigo dos trovadores galego-portugueses*, 3 tomos, Coimbra, 1926-1928.
Paz y Melia	A. Paz y Melia, *Catálogo de las piezas de teatro que se conservan en el Departamento de Manuscritos de la Biblioteca Nacional*, 2 vols., Madrid, 1934².
Pepys	Edward M. Wilson, «Samuel Pepy's Spanish chap-books», 3 partes, *Transactions of the Cambridge Bibliographical Society*, II, n.º 2 (1955), pp. 127-154; n.º 3 (1956), pp. 229-268; n.º 4 (1957), pp. 305-322.
Pliegos Madrid	*Pliegos poéticos góticos de la Biblioteca Nacional. Homenaje a Menéndez Pelayo*, 6 vols., Madrid, 1957-1961.
Pliegos Praga	*Pliegos poéticos españoles en la Universidad de Praga*, Madrid, 1959-1960.
PMLA	*Publications of the Modern Language Association of America*. Baltimore.
Ratcliffe	F. W. Ratcliffe, «Chap-books with Scottish imprints in the Robert White Collection, the University Library, Newcastle-upon-Tyne», *The Bibliothek. A Scottish Journal of Bibliography and Allied Topics*, IV (1964), pp. 87-174.
RFE	*Revista de Filología Española*. Madrid.
RHi	*Revue Hispanique*. París.

1

ALGUNOS ASPECTOS DE LA HISTORIA DE LA LITERATURA ESPAÑOLA

A Peter Russell

«Some aspects of Spanish literary history», *The Taylorian Lecture, delivered on 18 may, 1966,* Oxford, 1967.

Doy por supuesto que escribir historia literaria es una ocupación respetable. Por más que las obras geniales puedan mantenerse por sí mismas y ser accesibles a quienes desconocen sus circunstancias históricas o sus antecedentes literarios, quedan todavía los escritos menores, que tan sólo revelan sus secretos cuando se los considera en su ambiente o se los compara con lo sucedido antes. Incluso ciertos libros cumbre, en alguna medida comprensibles por la mayoría, se desvelan mejor a los instruidos en historia que a los ignorantes. Vale igualmente la pena, me parece, tomarse algún trabajo en conocer lo que rodea las obras pretéritas, como leerlas utilizando la inteligencia y la sensibilidad, ayudadas por la estilística y el análisis verbal. Además, la historia literaria es una rama de la historia, y no precisamente una rama estéril. Conocer la cronología de lo que escribieron algunos de nuestros antepasados y leyeron, o escucharon, otros muchos más, es tan importante como saber lo que uno vende y otros compran o lo que éste dispone y aquéllos deben cumplir. Las palabras entregadas al papel tienen una importancia suprema; pero desdeñar las circunstancias en que fueron escritas puede conducir a malentendidos, a confusión mental y a una especie de anarquía espiritual.

El historiador literario suele indicarnos, hasta donde lo permiten la erudición y el sentido común, en qué orden fue escrita una serie de obras. Dispone su material por géneros y, a veces, se reduce a uno solo: la comedia, la novela, la epopeya, etc. O puede ser que se trate de todos los géneros de la literatura expresiva compuesta en una época dada: renacimiento, barroco, romanticismo, surrealismo. En cualquier caso ha de tener en cuenta las influencias de un género sobre otro y de un período en el que le sigue. Las modernas especializaciones le limitan, a veces, en este aspecto. Puede no advertir que tal canción lírica perdida en una comedia era ya importante por sí misma antes de que el dramaturgo la adoptase; o que algo tomado de otro escritor de una época precedente o de otro país (de la Biblia, por ejemplo), dictó la forma precisa de lo que el historiador literario atribuye al espíritu de una época o a la esencia del género. Claro es que cualquiera puede ser la víctima: nadie puede saberlo todo. Pero, al menos, debemos ponernos en guardia. Escribir una buena historia de la literatura no es cosa fácil.

¿No debería el que escribe sobre este tema concentrarse quizá más en lo que la gente leía en otras épocas, que en lo que se escribía? Hoy en día, pocas son las personas que leen mucho de lo que fue escrito hace más de quince años y a menudo nos inclinamos a admitir la idea de que algo semejante pasaba con los lectores de antaño. Tendemos a creer que el culto a John Donne perjudicó al de Edmund Spenser; que la sutileza de Racine oscurece el estilo más robusto de Corneille; que cuando Calderón se hallaba en la cúspide de su gloria, Lope de Vega fue olvidado. Es obvio que existieron cambios de estilo, pero también que había poderosas reminiscencias del pasado. Los cambios de estilo no necesariamente suponen una mejora en sutileza, excelencia formal, perceptividad o conocimiento del corazón humano. Lo que estaba en boga no era siempre lo mejor; personas chapadas a la antigua son, con frecuencia, las más preclaras. La idea de que lo más típico de una cierta época es lo que más debemos apreciar, constituye una especulación demasiado absurda para que merezca ser rebatida, pero a mí me lo han discutido en varios países. Los escritores anticuados, como Milton, Cristóbal de Castillejo, John Skelton, el conde de Salinas son, a veces, más satisfactorios que los «escritores típicos» como Lyly, Cowley, Nicolás Fernández de Moratín y Francisco Villaespesa.

En España, cuya literatura es la que más he estudiado, se

encuentran quizá más permanencias del pasado que en la inglesa y francesa. Los preitalianizantes poemas octosilábicos del siglo XV se seguían cantando, leyendo y recitando a través de los siglos XVI y XVII, mientras empinados poetas vertían sus refinados pensamientos en endecasílabos italianos.[1] Algunos escritores se sirvieron de ambos metros o estilos. A pesar de que en el siglo XVII algunos poetas cortesanos seguían también las nuevas tendencias de don Luis de Góngora y de don Francisco de Quevedo,[2] un gran número de ellos volvía al estilo del grupo anterior. El siglo XVIII español produjo poca literatura original; pero en cualquier biblioteca bien nutrida se hallarán reimpresiones de antiguos poetas y novelistas, así como miles de ediciones baratas de las comedias de Calderón, Lope de Vega, Tirso de Molina, etc.[3] La España del siglo XVIII no estaba

1. Margit Frenk Alatorre, «Supervivencias de la lírica popular», *Studia Philologica. Homenaje ofrecido a Dámaso Alonso*, Madrid, I (1960), pp. 51-78; Ángel López, *El cancionero popular en el teatro de Tirso de Molina*, Madrid, 1958; Edward M. Wilson y Jack Sage, *Poesías líricas en las obras dramáticas de Calderón*, glosas y citas, Londres, 1964.
Existe un importante estudio de las sucesivas ediciones del *Cancionero general* (Valencia, 1511-Amberes, 1573) en los preliminares al facsímile de la primera edición editado por Antonio Rodríguez-Moñino, Madrid, 1958. Muchos ejemplos de continuidad pueden también encontrarse en dos series de reediciones de antologías poéticas de los siglos XVI y XVII dirigidas por el mismo investigador, ambas publicadas por Castalia, Valencia. El artículo de Rafael Lapesa, «Poesía de cancionero y poesía italianizante», *Strenae. Estudios de Filología e historia dedicados al profesor Manuel García Blanco*, Salamanca (1962), pp. 259-280, ilustra el entrelazamiento de ambas corrientes. Dámaso Alonso en *La lengua poética de Góngora*, Madrid, 1950, muestra cómo la obra de Góngora representa el momento cumbre de la tradición italianizante. La historia completa de la tradición del cancionero cortesano en los siglos XVI y XVII en España está todavía por escribir.
2. Además de los trabajos mencionados en la nota anterior, véase Luis Rosales, «La poesía cortesana», *Studia Philologica*, III (1963), pp. 287-336.
3. Para las ediciones del teatro español del siglo XVIII, véase J. A. Molinaro, J. H. Parker, Evelyn Rugg, *A bibliography of comedias sueltas in the University of Toronto Library*, Toronto, 1959; William A. McKnight, *A catalogue of comedias sueltas in the University of North Carolina*, Chapel Hill, North Carolina, 1965; B. B. Ashcom, *A descriptive catalogue of the Spanish comedias sueltas in The Wayne State University Library and the Private Library of Professor B. B. Ashcom*, Detroit, 1965. Más material puede encontrarse en las publicaciones periódicas eruditas españolas. Los Leefdael de Sevilla y la familia Orga de Valencia numeraron sus reimpresiones; tengo notas de un

desprovista de cultura: se continuaba leyendo y gozando de las obras maestras del pasado, a pesar de la oficial desaprobación.

Mi amigo don Antonio Rodríguez-Moñino me hizo ver hace doce años cuán pocos poetas del Siglo de Oro (digamos desde 1530 a 1680) habían publicado sus propias obras en vida.[4] Aunque Lope de Vega dio a la imprenta poema tras poema, novela tras novela, un libro de versos tras otro, volumen tras volumen de sus obras teatrales..., otros muchos de los grandes poetas españoles de esos años dejaron que sus poemas circulasen manuscritos entre familiares y pequeños grupos de amigos y admiradores. De vez en cuando un poema aislado salía a la luz en antologías, o —escrito para algún amigo o mecenas— en las hojas preliminares de un libro. Rodríguez-Moñino señaló que ni Garcilaso, ni fray Luis de León, ni tampoco San Juan de la Cruz, Baltasar del Alcázar ni don Diego Hurtado de Mendoza dieron a la imprenta, en vida, ninguno de sus poemas. Algunas poesías de Góngora, de los Argensola o de Quevedo aparecieron en antologías, pero estos poetas, por su propia cuenta, nunca publicaron independientemente ni siquiera una pequeña selección de su extensa obra poética. Así que, por ejemplo, el lector de poesías en Valencia, en 1580, podía sólo por casualidad llegar a conocer las escritas en un pasado inmediato en Sevilla; los de Toledo, Salamanca, Córdoba, Madrid o Zaragoza estaban aislados de la poesía escrita en otras partes Las imprentas, en el tiempo de estos poetas, florecieron en todas las citadas ciudades; pero la circulación de la poesía estaba reducida a manuscritos hasta la muerte de su autor. Un miembro de la familia o un admirador recopilaba entonces, corregía, editaba (y, a veces, falseaba) las obras que podía encontrar. Como puntualizó Rodríguez-Moñino, nosotros los modernos tenemos ahora esta ventaja: sabemos sobre la obra de los grandes poetas del pasado más de lo que pudieron conocer ninguno de sus

n.º 321 por Orga y un n.º 301 por Leefdael. Muchas de las obras fueron impresas varias veces por el mismo impresor. Jaime Moll, *Catálogo de comedias sueltas en la Biblioteca de la Real Academia Española*, Madrid, 1966.

4. «Construcción», pp. 13-45.

contemporáneos, a no ser que fuesen amigos íntimos de alguno de ellos.

Las circunstancias de cada primera edición no siempre son conocidas y se hace necesario un estudio sobre la materia. Ciertos autores fueron editados pronto y continuaron siéndolo sin interrupción. Otros lo fueron con más parsimonia. Cervantes, Lope de Vega y numerosos novelistas no sintieron escrúpulos en lanzarse a imprimir sus obras, pero muchos otros, como ya he dicho, nunca tuvieron intención de publicar. Aquellos que lo hicieron eran quizá literatos profesionales; los que no, tal vez prefirieron ser tenidos por aficionados. Autores de importantes libros de enseñanza —historia, leyes, teología, ciencias— publicaban sus obras. Quienes escribían trabajos de menos pretensiones, si se decidían a publicarlos, acudían para ello a subterfugios. Dámaso Alonso ha analizado el prólogo que Luis de León escribió para una eventual edición de sus poemas,[5] y demuestra que fray Luis trataba o pretendía tratar de esconder su paternidad literaria. Los sucesivos volúmenes de la obra teatral de Calderón aparecieron por primera vez en 1636, 1637, 1664, 1672 y 1677. Los dos primeros pretendían haber sido recopilados por su hermano y el tercero por un indeterminado amigo.[6] El tomo de 1672 y los autos sacramentales de 1677 fueron editados abiertamente por el autor, quizá porque entonces era ya un maestro reconocido... se le consideraba como el Plauto o el Terencio de España.[7] Otros escritores se refugiaron

5. Dámaso Alonso, «Fray Luis de León en la 'Dedicatoria' de sus poesías. Desdoblamiento y ocultación de personalidad», *Studia Philologica et Litteraria in honorem L. Spitzer*, Berna (1958), pp. 15-30.

6. *Primera parte*, 1636, «Recogidas por Don Ioseph Calderon de la Barca su hermano»; *Segunda parte*, 1637, «Recogidas por don Ioseph Calderon de la Barca su hermano»; *Tercera parte*, 1664, las obras fueron recopiladas por don Sebastián de Vergara Salcedo; *Quarta parte*, 1672, por el propio Calderón. Las dos ediciones de la *Quinta parte*, de 1677, fueron piratas. Calderón fue él mismo responsable de los *Autos* de 1677.

7. «De Orden de V. A. he visto la Tercera Parte de las Comedias de el Poeta de España (que bien merece Don Pedro Calderon entre los Españoles la antonomasia, q[ue] Homero entre los Griegos, y Virgilio entre los Latinos [...])» (Tomás de Oña, *Aprobación* de la *Tercera parte* de Calderón, de 1664).

tras el seudónimo, siendo el caso más famoso el de Baltasar
Gracián, cuya obra profana apareció con el nombre de su hermano; usó, sin embargo, el propio cuando publicó un libro de
meditaciones sobre la Sagrada Comunión. El ser Gracián jesuita
fue motivo de esta acción, pero quizá no fuese el único.[8] Hubiera querido extenderme citando aquí otros casos.[9] El autor no
profesional deseaba mantener su postura de aficionado. Aunque
los caballeros pudiesen escribir poemas, ninguno se decidía a
editarlos por temor a que se le tachase de codicioso, por deseo
de dinero o por vanidad. El orgullo español era notorio, pero
ideas similares existían entre la alta burguesía o presunta alta
burguesía en Inglaterra y Francia. El peculiar nivel social de

---

«Y si los Latinos tuvieron en Roma vn Cecilio, Principe de la Comica tan
respetado, que no se atreuiò Terencio à poner su Andria en las tablas, antes
de consultarla con èl, y despues deuió à su censura el aplauso que tuuieron
sus Comedias, bien pueden los que aspiran a ser Terencios de nuestro tiempo
jurar en este Principe de la Comica Castellana [i. e. en Calderón] todos sus
desvelos para sacarlos con acierto de la censura publica de los teatros» (Ambrosio [en realidad Pedro] Fomperosa y Quintana, *Dias sagrados, y geniales,
celebrados en la canonizacion de S. Francisco de Borja*, Madrid, 1672).

8. En cuanto a los subterfugios de Gracián, véase Miguel Batllori, S. I.,
Gracián y el barroco, Roma, 1958. Él, desde luego, infringió las Constituciones
de los jesuitas. Otros jesuitas (véase la nota siguiente), cuyas obras fueron
probablemente aprobadas por la Sociedad, pudieron haberle enseñado cómo
disfrazar su autoría.

9. El novelista y comediógrafo Cristóbal Lozano publicó sus composiciones profanas bajo el nombre de su sobrino Gaspar Lozano (Salvá, I, p. 609).
El Padre Pedro Fomperosa y Quintana (véase nota 7) publicó sus *Dias sagrados*
con el nombre de su hermano Ambrosio y su *El gramático curioso* con el de
El Maestro P. Miguel de Quintana (E. Cotarelo y Mori, *Bibliografía de las
controversias sobre la licitud del teatro en España*, Madrid, 1904, p. 262).
Don Fernando de Monforte y Herrera, supuesto autor de la *Relación de las
fiestas que ha hecho el colegio Imperial... en la canonización de San Ignacio
de Loyola, y S. Francisco Xauier*, Madrid, 1622, fue el seudónimo de otro
jesuita, Fernando Chirino de Salazar (José Simón Díaz, *Historia del Colegio
Imperial de Madrid*, I ,1952, 55 n.). La (por supuesto) póstuma edición de las
poesías de fray Hortensio Félix de Paravicino y Arteaga, en 1634, fue atribuida a Don Félix de Arteaga; durante su vida sus sermones habían aparecido
con su propio nombre. El anónimo *Panegírico por la poesía*, de 1627, era obra
de don Fernando de Vera, de dieciséis años (Nicolás Antonio, *Bibliotheca
hispana*, Roma, 1672, t. I, p. 300, véase también: Menéndez y Pelayo, *Historia de
las ideas estéticas en España*, Madrid, 1947, t. II, p. 359).

Madrid hace que la afirmación de Rodríguez-Moñino sea particularmente notable con relación a España. Londres y París se consideraban hacía ya tiempo centros culturales de Inglaterra y Francia respectivamente; Madrid en 1550 era, en cambio, menos importante que Segovia o Burgos, y aún menos con respecto a Toledo, Zaragoza, Valencia, Barcelona o Sevilla. Felipe II estableció la capital en Madrid en 1561. Hasta entonces, la capital se encontraba allí donde estuviese el rey. Un oscuro poeta publicó en Madrid, en 1550, un curioso volumen.[10] Pero Salamanca, Sevilla, Toledo, Valencia y Zaragoza tenían en realidad grupos literarios más importantes durante los dos primeros tercios del siglo XVI. Madrid creció rápidamente —«como el Nilo», al decir de Góngora— [11] durante el reinado de Felipe II; su importancia en España después de 1610 era extraordinaria. Lope y Quevedo nacieron allí, como más tarde había de nacer Calderón. Cervantes, en su vejez, vivió allí y también Góngora. Durante el siglo XVI hallamos interesantes autores teatrales que están relacionados con Salamanca, Badajoz, Sevilla, Zaragoza y Valencia; pero en el siglo XVII Madrid sobrepasará a todas las ciudades. La teoría de Moñino es igualmente aplicable a ambas centurias, siéndolo probablemente más para el siglo XVI. Antes de que la posición de Madrid como centro de cultura se asegurase, el orgullo semiaristocrático, combinado con el regionalismo literario, aisló los grupos provincianos. Las obras de quienes pertenecían a ellos fueron importantes tan sólo cuando apare-

10. Don Juan Hurtado de Mendoza, *Buen plazer trovado en treze disca[n-]tes de quarta rima Castellana segun imitacion de trobas Francesas*, Alcalá, 1550; también, *Aluorada trobada... en doze Sonetos Castellanos con sus desechas o tornadas a reuerencia del nacimiento de nuestro señor y maestro Jesu Christo*, s. a. (separadamente reproducido en facsímile por Antonio Pérez Gómez, Valencia, 1956). Véase Dámaso Alonso, *Dos españoles del Siglo de Oro*, Madrid, 1960, pp. 13-102.

11.   Nilo no sufre márgenes, ni muros
Madrid, oh peregrino, tú que pasas,
que a su menor inundación de casas
ni aun los campos del Tajo están seguros.

Góngora, *Obras*, ed. Millé, p. 505.

cieron, póstumas, en letra de molde. La historia de la literatura ignoró por mucho tiempo este hecho.

La crónica de los historiadores de la literatura cambia. Toman términos de los historiadores del arte para caracterizar los cambios, y luego adaptan los trabajos literarios a las categorías de la historia del arte. Las obras literarias se convierten así en válidas, no por lo que son, sino en cuanto pueden ejemplificar alguna de las formalistas generalizaciones de la historia del arte. Hace treinta años nos enseñaron cuán barroco era el Greco; ahora se nos dice que su estilo era, en realidad, manierista. ¿Qué es Cervantes? ¿Y Lope de Vega? ¿Y Montaigne? La búsqueda, digamos como ejemplo, de características renacentistas en una obra de arte llega a ser tan intensa, que algunos críticos olvidan observar la obra en sí misma para ver lo que hace que sea así y no de otro modo. Cuando prosiguen la investigación —¿a través de cuántos períodos de transición?— aparece una espléndida serie de calificativos: románico, gótico, flamígero, plateresco, renacimiento primitivo, renacimieto medio, bajo renacimiento (¿o es alto renacimiento?), manierismo, barroco, rococó, neoclásico, pintoresco, romántico... y olvidamos que estos términos son casi siempre modernas palabras convencionales *ex post facto*. Se concede menos importancia a la contribución del individuo que al estilo del cual se le supone representante. El encasillamiento lo es todo.[12] ¿No podemos acaso leer a Cervantes porque es Cervantes y no porque sea (o no) barroco?

Nuestros cursos de literatura y prescritos períodos de estudios, similares a los de los historiadores, nos hacen pensar y especializarnos en siglos o reinados, descuidando los períodos

12. Estimo que las analogías entre la historia del arte y la historia literaria han ocupado demasiado la atención de los modernos investigadores de la literatura peninsular, aunque algunos trabajos de esta naturaleza son extremadamente valiosos, p. ej., Emilio Orozco, *Temas del barroco*, Granada, 1947; Joaquín Casalduero, *Sentido y forma de las Novelas ejemplares*, Buenos Aires, 1943; Helmut Haltzfeld, *Estudios sobre el barroco*, Madrid, 1964. Argumentos contra estas analogías pueden hallarse en E. R. Curtius, *European literature and the Latin Middle Ages*, Londres, 1953, pp. 11-12, 15 y 520.

de transición. Nos damos cuenta de los cambios de conceptos morales, de sensibilidad, imaginería, lenguaje, pero descuidamos las grandes continuidades. Grandes investigadores como Seznec, Curtius y Lovejoy han contribuido algo para equilibrar la balanza, pero sus obras no son casi nunca recordadas y sí, muy a menudo, mal interpretadas.[13] Los cambios y las revoluciones son más estimulantes que las situaciones permanentes, y supongo que muchos estiman más divertido diferenciar criticando que establecer similitudes y continuidades. Con todo lo fascinante que puedan ser las sutilezas críticas e inesperadas evoluciones, quizá lo inamovible es también importante. Como dijo Wordsworth:

> los dioses aprueban
> la hondura, no la turbulencia de un sentimiento en el alma [14]

Las obras que impresionaron a generación tras generación merecen algo más que nuestra indiferente atención.

Con anterioridad a los recientes cambios en agricultura, transportes y diversiones en masa, la literatura de los iletrados permaneció en todas partes relativamente estable. Pero ¿con cuánta frecuencia se acuerdan los historiadores de la literatura del siglo XVIII de advertir a sus lectores que las canciones populares, los romances y leyendas continuaron circulando en los medios campesinos de la misma manera en que lo venían haciendo dos siglos antes? Aunque los romances permanecieron, por decirlo así, latentes (la palabra es de Ramón Menéndez Pidal),[15] desde poco después de 1600 hasta principios de la

13. Jean Seznec, *La survivance des dieux antiques,* Londres, 1940; traducción inglesa, Nueva York, 1953; Ernst Robert Curtius, *Europäische Literatur und lateinisches Mittelalter,* Berna, 1948; traducción al inglés dada en la n. 12; Arthur O. Lovejoy, *The great chain of being,* Cambridge, Mass., 1936. Importantes apreciaciones sobre algunas de las ideas de Curtius pueden encontrarse en el discurso presidencial de Dámaso Alonso ante la Modern Humanities Research Association: «Tradition or Polygenesis?», *MHRA,* XXXII (1960), pp. 17-34.

14. *Laodamia,* vv. 74-75, ed. de Selincourt, Oxford, 1944, t. II, p. 269.

15. R. Menéndez Pidal, *Romancero hispánico-hispano-portugués, america-*

presente centuria, y a pesar de que las personas cultas les prestaban poca o ninguna atención, se seguían cantando en todos los países de habla española (incluso en las agrupaciones sefardíes del cercano Oriente). Cuando prestamos atención a estas modernas versiones de romances nos damos cuenta de que algunas se han deteriorado con respecto a las primitivas; otras, tal vez no registradas previamente, son muy buenas. Intacta a través del renacimiento, manierismo y barroco, no afectada por lo rococó, neoclasicismo y romanticismo, la literatura popular en su antigua forma, continuaba divirtiendo o expresando los sentimientos de aquellos a quienes no conmovían géneros literarios más refinados. Naturalmente, los re-creadores como el obispo Percy, Herder y los Grimm son mencionados en sus debidas fechas, pero no se da importancia al hecho de que la literatura oral permanecía aún viva. Por lo tanto, a menos que un tema popular influyese en algún autor romántico o del siglo xx, los romances e historias populares de los últimos trescientos años no se tienen en cuenta, debido a que las versiones más conocidas pertenecen a los siglos xv y xvi. Puesto que los romances surgieron a finales del medioevo, los historiadores de la literatura a menudo se contentan con mencionarlos sólo cuando se ocupan de ese período.

En febrero de 1966 pasé una hora en un desértico pueblo minero en Nuevo México llamado Madrid. Allí encontré un catecismo español, impreso en Francia y publicado en Francia y México en 1901. Me sorprendió encontrar que la ortodoxia de esta obra estaba certificada por el obispo Bossuet de Meaux, en 1683.[16] Este catecismo no puede ser llamado obra maestra de la literatura, pero demuestra cómo las composiciones religiosas (¿debo citar la Biblia del rey Jacobo?) pueden permanecer rela-

---

no y sefardí, 2 vols., Madrid, 1953, especialmente II, pp. 276-290, 292-305 y 361-365.

16. Claudio Fleury, presbítero, prior de Argenteuil, *Catecismo histórico que contiene en resumen la historia santa y la doctrina cristiana*, París, México, 1901. Los angloparlantes de Nuevo México acentúan la primera sílaba de Madrid.

tivamente sin cambios durante siglos. Himnos de Cowper (1731-1800) e Isaac Watts (1674-1748) se siguen cantando en iglesias anglicanas. *The Pilgrim's Progress* proporcionaba lectura dominical a algunas familias hasta hace muy poco. La *Guía de pecadores* de fray Luis de Granada y el tratado de Luis de León sobre la perfecta casada (1583) siguieron siendo apropiada lectura devota para laicos y mujeres hasta últimos del siglo pasado.[17] La poesía narrativa de la *Pasión* de Diego de San Pedro fue impresa por primera vez antes de acabar el siglo XV; su prólogo blasfemo fue suprimido a principios del siguiente, pero la obra en sí se reimprimía continuamente para su venta popular hasta 1866.[18] Los grupos religiosos de diferentes países siguieron admitiendo las palabras antiguas hasta época reciente. El hecho de que ya no suceda así no debe cegarnos con respecto a lo que a menudo ocurrió en el pasado.

Tampoco han sido tenidos en cuenta los pliegos sueltos, hojas volantes, folletos y octavillas de estilo semiliterario, impresos para la venta popular y vendidos por ciegos y buhoneros en las calles de ciudades y aldeas: la *Company of Walking Sationers,* mencionada en algunos impresos ingleses a finales del siglo XVIII. En Inglaterra y Escocia, por ejemplo, se imprimían aún en 1780 pliegos sueltos describiendo la vida de San José de Arimatea y la del Judío Errante.[19] Poseo unas hojas volantes

17. Antonio Palau y Dulcet, *Manual del librero hispano-americano*, 2.ª edic. recoge trece ediciones de la *Guía de pecadores* impresas entre 1820 y 1899; hubo dieciocho ediciones de *La perfecta casada* entre 1799 y 1899. La mayoría de estas ediciones estaban destinadas más a piadosos lectores que a los conocedores de la prosa del siglo XVI.

18. Véase Antonio Pérez Gómez, «*La pasión trobada* de Diego de San Pedro», *Revista de Literatura*, I (1956), pp. 163-182. El número 25/162 de la colección de Pepys, aunque atribuido a San Pedro, es un corrupto extracto de una poesía similar del Comendador Román (original *c.* 1.485). El verdadero poema de San Pedro fue reimpreso en facsímile por Antonio Pérez Gómez en su *Tercera floresta de incunables*, Valencia, 1959. El profesor Keith Whinnon ha escrito un interesante artículo sobre este poema: «The religious poems of Diego de San Pedro: their relationship and their dating», *Hispanic Review*, XXVIII (1960), pp. 1-15.

19. Joseph of Arimathea, *Harvard*, n.º 55, recoge una edición por J. Evans de Londres. El n.º 276 de Ratcliffe es otro pliego suelto de San José, de

de la balada inglesa *Dives and Lazarus* y del *Bitter Withy Carol,* aproximadamente de la misma época.²⁰ Obras de devoción popular (p. ej. *The believer's golden chain. Consisting of Four Links, viz, Death, Judgment, Heaven and Hell. To which is added, The Devout Christian's Observation on the Difference between To-day and To-Morrow,* Wells —sin fecha, pero hacia 1790), edificación (*History of Dr. Faustus Shewing His wicked Life and horrid Death, and how he sold himself to the devil, to have power for 24 years to do what he pleased, also many strange things done by him with the assistance of Mephostophiles.* [sic] *With an account how the devil came for him at the end of 24 years and tore him to pieces,* Glasgow, sin fecha, pero hacia 1820), la historia de Valentine y Orson,²¹ e incluso baladas recogidas más tarde por Child circulaban en pliegos sueltos impresos en Glasgow, Paisley o Newcastle-upon-Tyne hasta la década de 1830. Entre las últimas se encontraba la balada titulada *The History of Adam Bell, Clim of the Clough, and William of Cloudeslie Who were three Archers good enough, The Best in the North Country.* Printed by J. Marshall, In the Old Flesh-Market, Newcastle; Where may also be had, a large and interesting Collection of Songs, Ballads, Tales, and Histories, &c. La primitiva versión de Child sólo tiene una sustancial variante de esta reimpresión. En el texto de Child se lee:

> The yemen thanked them full courteysly,
> And sayd, To Rome streyght wyll we sende,
> Of all the synnes than we haue done
> To be assoyled of at his hand.

(III, 30)

Glasgow, 1807. Para el Judío Errante, véase G. K. Anderson, «Popular survivals of the Wandering Jew in England», *Journal of English and Germanic Philology,* XLVI (1947), pp. 367-382. Menciona otra edición, impresa por J. Pitts, sin lugar ni año. Véase también *Harvard,* n.ᵒˢ 105-109.

20. Child, n.º 56.

21. Doctor Fausto. Véase *Harvard,* 2.105-2.114; Ratcliffe, 268, 289-290. El texto se reimprimió en la obra de R. H. Cunningham, *Amusing prose chapbooks, chiefly of the last Century,* Londres, 1889, pp. 286-298. La portada está reproducida en Leslie Shepard, *The broadside ballad,* Londres, 1962, p. 132. *Valentine and Orson, Harvard,* 593-596; Ratcliffe, 291-292.

La reimpresión de Newcastle:

> The yeoman thank'd them courteously,
> To some bishop we'll wand:
> Of all the sins that we have done,
> Be absolv'd of at his hand.[22]

Dios sabe cuántas reimpresiones habrá habido entre estos dos textos. Pero los impresores mantuvieron el texto bastante puro, exceptuando la modificación ya mencionada. Además de baladas y narraciones efímeras, las hojas volantes y pliegos sueltos conservaron para los lectores corrientes un núcleo sólido de literatura del pasado que los eruditos y cultos consideraban —y continuaron considerando luego— como perteneciente a un período muy anterior. Uno duda si los trabajadores que compraban estas bagatelas las juzgaban con el mismo criterio.

Los pliegos sueltos españoles consistían generalmente en un sólo cuadernillo en cuarto —una hoja doblada dos veces— sin encuadernar. Incluyen casi siempre versos octosílabos, metro español tradicional, bien agrupados en estrofas rimadas de cinco versos (quintillas), o en romance. Los más antiguos datan de antes de 1510; seguían imprimiéndose en la década de 1920.[23] Nuestros mejores textos de romances proceden de los pliegos del siglo XVI —directa o indirectamente— pero, hasta la fecha, poca investigación se ha hecho para clasificar y fechar a los carentes de indicaciones tipográficas.[24] Los historiadores de la lite-

---

22. *Adam Bell*, Child, n.º 116; *Harvard*, 631-633.

23. Norton estima que el primer pliego suelto español conservado fue impreso en Burgos entre 1500 y 1505, pp. 57-58 y 173 (*Pliegos Madrid*, v. 1-8). Sir Henry Thomas reimprimió un *Romance del conde Dirlos*, impreso por G. Coci, de Zaragoza, hacia 1510 (*Early Spanish Ballads in the British Museum*, 1927). Francis M. Rogers, *List of the editions of the Libro del Infante don Pedro*, Companhia de Diamantes de Angola, Lisboa, 1959, recoge su más antiguo ejemplar como de 1520... el último es de 1902. Antonio Rodríguez-Moñino me contó que había visitado a un impresor en Madrid, por los últimos años veinte, el cual estaba reimprimiendo viejos romances sobre la batalla de Lepanto. F. J. Norton y E. M. Wilson, *Two Spanish verse chap-books*, Cambridge, 1969.

24. Sir Henry Thomas da valiosos detalles para fechar pliegos sueltos del

ratura han reconocido la importancia de estos primitivos textos, especialmente la de aquellos que contienen romances tradicionales y la de algunos pocos más, como los recopilados por Rodrigo de Reinosa, un gracioso y popular poeta de la época de Fernando e Isabel, o quizá anterior.[25] Aquí vuelvo a seguir los pasos de Antonio Rodríguez-Moñino, aunque añadiré algunos ejemplos a los que él cita. Hago caso omiso del artículo de Serrano Poncela,[26] cuya amplitud es insuficiente.

Además de los textos de romances y de más o menos cultas glosas de tradicionales y artísticos romances, los primeros pliegos contenían otras muchas materias: poesías, en su mayoría amorosas, del *Cancionero general* de 1511, poesías religiosas de fray Ambrosio Montesino, poemas de amor de Juan del Encina, padre del drama español, diatribas contra las mujeres por Cristóbal de Castillejo, versos desvergonzados de Rodrigo de Reinosa, y aun las magníficas coplas de Jorge Manrique a la muerte de su padre.[27] Desde el comienzo, las obras de famosos poetas

---

siglo XVI en sus prefacios a *Early Spanish ballads in the British Museum* y a *Trece romances españoles impresos en Burgos*, 1516-1517; véase también: Vicente Castañeda y Amalio Huarte, *Colección de pliegos sueltos*, Madrid, 1933. Para los anteriores a 1521, véase Norton, passim.

25. Los volúmenes *Pliegos Praga* son especialmente ricos en textos de romances españoles; hay algunos dispersos en *Pliegos Madrid,* y en *Morbecq.* La introducción de Menéndez Pidal al primero contradice de manera extraña la evidencia mostrada en su *Romancero hispánico* y en la introducción al facsímile del *Cancionero de romances impreso en Amberes sin año*, Madrid, 1945. Véase también: A. Rodríguez-Moñino, «Doscientos pliegos poéticos desconocidos, anteriores a 1540, noticias bibliográficas», *Nueva Revista de Filología Hispánica*, XV (1961), pp. 81-106.

Para Rodrigo de Reinosa, véase: John M. Hill, «Notes for the bibliography of Rodrigo de Reinosa» y «An additional note for the bibliography of Rodrigo de Reinosa», *HR,* XIV (1946), pp. 1-21 y XVII (1949), pp. 243-250. Existe una selección de las poesías de Reinosa editada por José María de Cossío, Santander, 1950.

26. Serrano Poncela «Romances de ciego», *Papeles de Son Armadans,* XXV, n.º 75, pp. 241-281. Este artículo contiene muy útiles datos y referencias. Sus generalizaciones me parecen demasiado simples y algunos datos necesitan corrección.

27. *Cancionero general*: véase la introducción por A. Rodríguez-Moñino a la cual se ha hecho referencia en la n. 1. Poesías de Ambrosio Montesino: *Pliegos Madrid,* IV, pp. 29-31. Poesías de Juan del Encina: *Pliegos Madrid,*

se infiltraron en estos sencillos impresos, donde aparecían junto con las vidas de criminales, testamentos burlescos de asnos, gallos y zorras, narraciones de cautiverio entre los moros, como *La renegada de Valladolid*; reliquias de la Edad Media, como el poema de la *Pasión* de Diego de San Pedro, diálogos entre el cuerpo y el alma o entre un hombre y su bolsillo, o la versificación del credo en español, el Padre Nuestro, el Ave María o la Salve.[28] Quienes compraban estos pliegos no estaban interesados exclusivamente en lo plebeyo o lo sensacional; también se proponían comprar cuantas obras de buenos poetas pudiesen absorber. Los impresores vieron que el público podía «coger» a Encina, Montesino, Castillejo y Reinosa, pero no intentaron —a mi modo de ver— probar con los campeones de la nueva métrica italiana: Garcilaso, Cetina o el Divino Herrera. Esta popular moda de parte de la buena poesía de los siglos XV y XVI es un hecho importante en la historia literaria. Casi nadie lo ha mencionado hasta ahora. Durante los años últimos del siglo XVI, se conseguían, baratas, auténticas antologías del nuevo arte del romance en cuatro —u ocho— páginas en octavo, también pliegos sueltos.[29]

---

muy numerosas; *Pliegos Praga*, muy numerosas; British Museum: G. 11022 (2-3, 5-7); G. 11023 (5-6, 8-9); C. 39. F. 28 (5); C. 63. f. 15. F. J. Sánchez Cantón, «Un pliego de romances desconocido de los primeros años del siglo XVI», *RFE*, VII (1920), pp. 36-46. Más detalles sobre Encina en Durán, I, lxvii-lxxx; Salvá, I, pp. 1-56; Jacques Rosenthal, Librairie ancienne, Munich, *Éditions originales de Romances Espagnoles*, s. f. Castillejo: *Pliegos Madrid*, VI, pp. 263-317. Jorque Manrique, nota a Pepys, 51/98.

28. Luis de Salazar, *El credo, el pater noster, la salue regina y el aue maristella declarado*, sin lugar ni año de impresión. Reproducido en facsímile por Antonio Pérez Gómez, *Segunda floresta de incunables*, Valencia, 1957. Bandidos: *Morbecq*, n.ºˢ XV, XX, XXII, XXIII; *Pliegos Madrid*, I, p. 189; E. M. Wilson, «Una ensalada de romances impresa a Barcelona», Apéndice, 3, 11, 12, *Estudis Romànics*, VI (1964), pp. 75-93. Testamentos de animales: Pepys, 68/21. *La renegada de Valladolid*: «Construcción», p. 53; Pepys, 23/163. Diego de San Pedro: véase n. 18. Cuerpo y alma: Pepys, 18/164, recoge una edición de 1628, debe haberlas más antiguas; cf. *Pliegos Madrid*, II, p. 169. Hombre y bolsa: *Pliegos Madrid*, I, p. 213; Pepys, 50/19.

29. Antonio Rodríguez-Moñino, *Los cancionerillos de Munich (1589-1602) y las series valencianas del romancero nuevo*, Madrid, 1963.

Los cambios empiezan después del año 1600. Los romances tradicionales breves y sus glosas desaparecen, aunque algunos más extensos, como el del *Conde Alarcos,* se seguían vendiendo. Las *Coplas* de Jorge Manrique fueron reimpresas como pliegos sueltos por lo menos tres veces durante ese siglo. Algunas poesías del *Cancionero general* y de Juan del Encina todavía circulaban. Castillejo y Reinosa, injuriosos para los castos oídos de la Contrarreforma, tendían a desaparecer. Otros poemas los reemplazaron: eruditos romances históricos, derivados de las crónicas, compilados por Lucas Rodríguez y Lorenzo de Sepúlveda; el largo romance de Juan Rufo sobre la venganza del Veinticuatro de Córdoba; selecciones de los romances artísticos del *Romancero general* de 1600 y sus secuelas; aislados poemas de Lope de Vega, José de Valdivielso e incluso los versos satíricos de don Francisco de Quevedo.[30] Las antiguas piezas plebeyas (*La renegada,* los versificados testamentos de animales, narraciones de cautiverio) seguían siendo populares;[31] las jácaras, nuevas poesías escritas en la jerga de los ladrones, tenían gran éxito; algunas eran de Quevedo; otras, de imitadores con menos talento.[32] Hacia finales del siglo, durante el reinado de Carlos II, encontramos también largos discursos narrativos compuestos probablemente para recitales de aficionados, sacados y reimpresos de obras teatrales de Juan Pérez de Montalbán.[33] La colección de pliegos sueltos españoles hecha por Samuel Pepys en

30. Conde Alarcos: «Construcción», p. 51; *Pliegos Praga,* I, 5,81; Pepys, 58/151. Jorge Manrique: véase Apéndice A, n.º 1; Pepys, 51/98. Encina: Pepys, 57/146; E. M. Wilson, «Some Spanish verse chap-books of the seventeenth century», *Transactions of the Cambridge Bibliographical Society,* III, n.º 4 (1962), pp. 327-334. Juan Rufo: Pepys, 38/158. Romances históricos: Pepys, 30/69, 31/61, 33/93 (1-4), 47/140, 54/1, 64/40, 66/76, 69/54, 70/87, 71/88. *Romancero general:* Pepys, 6/142, 38/158, 47/140, 58/151, 66/76, 69/54, Lope de Vega: Pepys, 3/177, 15/83, 30/69, 43/174 (?). Valdivielso: Pepys, 22/55. Quevedo: Pepys, 35/70; E. M. Wilson, «Quevedo for the masses», *Atlante,* III (1955), pp. 151-166, reimpreso en el presente volumen.
31. Véase la n. 28.
32. J. M. Hill, *Poesías germanescas,* Bloomington, Indiana, 1945; «Four poesías germanescas», *HR,* XXVII (1959), pp. 42-48.
33. Pepys, 8/135, 45 y 48/113, 46/131.

Sevilla, en 1684, incluye ejemplos de casi todas las composiciones que he mencionado aquí. Esto demuestra que el casi-analfabeto comprador estaba dispuesto a aceptar, además del pasto plebeyo habitual, una parte considerable de la literatura saboreada por los más cultos: poesía lírica, romances históricos, sátiras, largos discursos narrativos tomados de obras teatrales buenas o malas, poemas religiosos y algunos largos romances tradicionales.

Los pliegos del siglo XVIII seguían conteniendo abundante material primitivo. Aún se encuentra la *Pasión trobada* de Diego de San Pedro y otras obras piadosas, los testamentos burlescos de animales, las patéticas aventuras de la *Renegada de Valladolid,* romances de Gerineldos, del Marqués de Mantua y del Conde Alarcos.[34] El número de largos parlamentos procedentes de obras teatrales, reimpresos como narraciones sueltas, se multiplicaban: no sólo de las de Pérez de Montalbán sino también de otras muchas de Calderón, Diamante, Belmonte y dramaturgos posteriores se publicaron por millares.[35] Poemas narrativos relataban los argumentos de obras teatrales conocidas, como el *Burlador* de Tirso (primera sobre don Juan) y la de Vélez sobre Inés de Castro.[36] Antiguas obras de ficción en prosa eran tratadas del mismo modo: novelas de Cervantes, doña María de Zayas y Cristóbal Lozano se volvían a contar en romance con la extensión suficiente para llenar una hoja de papel en cuarto doblada dos veces.[37] Otras muchas historias circulaban sobre cautivos amantes que, o bien alcanzaban heroicos martirios en Fez o Argel, o conseguían milagrosamente fugas hacia una decente vida matrimonial en España.[38] Algunas viejas historias contadas antaño en quintillas, se volvían a relatar ahora en

---

34. Véanse notas 18, 28 y 30.
35. J. E. Gillet, «A neglected chapter in the history of the Spanish romance», *RHi,* LVI (1922), pp. 434-457; E. M. Wilson, «Some Calderonian *pliegos sueltos*», *Homenaje a J. A. van Praag,* Amsterdam, 1956, pp. 140-144.
36. Apéndice A, n.º 2.
37. E. M. Wilson. «Tradition and change in some late Spanish verse chap-books», *HR* (1957), pp. 194-216. Durán, II, n.ᵒˢ 1.270, 1.276-1.278.
38. Durán, n.ᵒˢ 1.287-1.295.

romances; estas modificaciones incluían cambios de nombres y lugares de origen —el cautivo de Gijón lo es ahora de Gerona—.[39] Las formas más antiguas de la lírica tendían a desaparecer, pero los pliegos contribuyeron a que fuesen conocidas algunas coplas y cantares del mismo tipo que todavía circula oralmente en la España actual.[40] Apareció, aunque con antecedentes en el siglo XVII, un nuevo género de gran éxito: las supuestas autobiografías de contrabandistas y bandidos —el bandido generoso y el bandido malvado—, que relataban con truculenta jactancia sus heroicas y violentas acciones.[41] Estas últimas poesías parecen proceder de cierto tipo de narración teatral y de la poesía del siglo XVII escrita en lengua de germanía. Historias humorísticas, con chistes bastante groseros, circulaban de la misma forma.[42]

De este resumen se deduce que el elemento plebeyo era predominante; que aun cuando algunas obras procedían de fuentes dignas, el producto final era, a veces, bastante mezquino. Algo de la buena poesía seguía encontrando lectores en este formato de baja calidad, pero mucho de lo que se vendía, se compraba, leía y recitaba era pésimo. El Índice inquisitorial de 1790 prohibió algunas docenas de folletos, incluyendo: 1) *Romance Nuevo*: de un Hombre que vivió 499 años por milagro, de N.P.S. Francisco &c. y mudó 3 veces los dientes. 2) *El Nuevo Romance,* de la justicia que ha obrado la Magestad de Dios con un sacerdote vestido de Diablo, por no haber reverenciado al Smo. Sacramento y se quedó con el vestido pegado.[43] Al mismo

---

39. Pepys, 68/21.
40. He aquí algunos títulos: «Trobos nuevos, alegres y divertidos, para cantar los Galanes á las Damas»; «Trobos discretos para cantar los Galanes á sus Damas»; «Seguidillas manchegas estudiantinas»; «Trobos y coplas nuevas compuestas por Ignacio López, especificando los afectos de las mugeres».
41. El género probablemente se remonta al siglo XVII. Véase: Hill, *Poesías germanescas,* n.° LXII; Pepys, 39/182. El apetito de la mayoría de los lectores llegará a satisfacerse leyendo a Durán, II, n.°ˢ 1.327-1.343.
42. Los títulos están registrados en Durán y Salvá.
43. *Edicto* de 20 de diciembre de 1782. *Indice ultimo de los libros prohibidos y mandados expurgar: para todos los reynos y señorios del católico rey de las Españas, El Señor Don Carlos IV,* Madrid, 1970, p. 234.

tiempo, los ansiosos reformistas neoclásicos de obras teatrales españolas y bellas letras protestaban contra estos descoloridos reflejos de época remota.[44]

Durante el siglo pasado, gran parte de este material fue reimpreso para la venta popular; el papel era más delgado, la tipografía peor, bastos grabados de acero sustituyeron a los antiguos tacos de madera. Los extractos teatrales desaparecieron, al parecer, entre 1820 y 1830. Los antiguos textos favoritos, como el *Conde Alarcos,* la *Renegada* e incluso los testamentos de animales, continuaron.[45] El Romanticismo se hizo notar: hubo pliegos sueltos procedentes de poemas de Espronceda; otros sobre Atala, o sobre heroínas como Catalina Howard, Cornelia Bororquia y Lucrecia Borgia, que alcanzaron cierta popularidad.[46] El anticlericalismo de baja estofa hizo su aparición en burlescos sermones en verso y algunas historias escandalosas sobre clérigos.[47] Pero el género decaía lentamente, y, cuando periódicos y novelas cortas se abarataron, esta literatura tendió a desaparecer, aunque dudo de que en el presente haya desaparecido completamente. Algunos años atrás, Antonio Rodríguez-Moñino halló una imprenta madrileña que editaba todavía los antiguos romances de Lepanto de los años 1570; y Mr. F. J. Norton compró en 1954 para mí, en Badajoz, a un

44. Véase el artículo de Serrano Poncela citado en n. 26, pp. 263-264. de dicho artículo.
45. «(Núm. 187.) Relación del Conde Alarcos... Madrid: = 1846. Imprenta de D. José María Marés, Corredera de San Pablo, núm. 27» (4 hojas). «(Número 120.) La renegada de Valladolid...» (Las mismas indicaciones tipográficas 4 hojas). «El testamento de la zorra...», Córdoba, Fausto García Tena, sin año (empezó a imprimir en 1844).
46. Marcel Bataillon, «La Canción de la Atala», *BHi,* XXXVI (1934), pp. 199-205, Joaquín de Entrambasaguas, «Tres curiosas canciones del siglo XIX», *Revista de Bibliografía Nacional,* V (1944), pp. 103-121. Amada López de Meneses, «Pliegos sueltos románticos, *Pablo y Virginia, Atala* y *Corina* en España», *BHi,* LII (1950), pp. 93-117. Amada López de Meneses, «Pliegos sueltos románticos: *La Torre de Nesle, Catalina Howard, El Conde de Montecristo,* y *Lucrecia Borgia* en España», *BHi,* LIII (1951), pp. 176-205.
47. Véase apéndice A, n.º 3.

cantante ciego y su hija, dos hojas volantes que contenían resúmenes en verso de películas norteamericanas.[48]

Este resumen de literatura callejera española es incompleto, incorrecto y algo prolijo. Sin embargo, me parece interesante en varios aspectos:

1. Un conjunto de poesía adaptada al gusto plebeyo se reimprimía continuamente desde el siglo XVI hasta, por lo menos, la segunda mitad del XIX. Los poemas, en sí, no dejan de tener su valor; incluyendo algunos romances tradicionales (como el del *Conde Alarcos*) y la *Pasión trobada* de Diego de San Pedro. Poco se puede pedir a los testamentos de zorras, asnos y gallos o a las patéticas aventuras de la *Renegada de Valladolid,* pero la continuidad de estas producciones merece ser investigada.

2. Una apreciable cantidad de lo que justificadamente se puede calificar de buena poesía lírica, narrativa o satírica, se reimprimía mezclada con la plebeya. Algunos poetas (p. ej. fray Ambrosio Montesino, Juan del Encina, los autores anónimos del *Romancero general,* fray José de Valdivieso, don Francisco de Quevedo) obtuvieron un perdurable público. Así podemos darnos cuenta de que algo de la mejor poesía creada en la España del Siglo de Oro interesaba por un igual a los ignorantes y a los educados y cultos. Estas populares divulgaciones del arte poética me parecen interesantes como hechos históricos. Todos deberíamos interesarnos por el lugar que ocupa la poesía en la sociedad. ¿Por qué en aquellos tiempos los iletrados la apreciaban más que mucha gente educada de hoy?

3. Muchas obras de renombrados escritores —discursos tomados de obras teatrales, versificaciones de dramas y novelas— eran extractadas o refundidas a fin de formar un adecuado pábulo para analfabetos y semicultos. Las obras de quienes eran instruidos se adaptaban, a menudo burdamente, para uso de quienes no lo eran. Sin embargo, el hecho de que, por ejemplo, una novela de Cervantes pudiera ser tratada de este

---

48. Véase apéndice A, n.º 5.

modo demuestra que existía algo en común entre los lectores ilustrados y el analfabeto auditorio. Había una menor diferencia —en algunos aspectos— entre la persona culta y la ignorante, de la que existe hoy.

Si queremos dar una íntegra reseña de la vida cultural española en el pasado, estos pliegos poéticos no pueden ser ignorados. Incluso se les podría asignar un santo patrono. Antes de su conversión final, San Juan de Dios, después de trabajar como labrador, ahorró unas monedas; compró libros piadosos, cartillas y grabados para vender al tiempo que deambulaba por los alrededores de Gibraltar. Algunas veces compraba libros profanos que usaba como anzuelo para incautos; luego les vendía obras edificantes. Más tarde, puso una librería en Granada; después de su conversión a consecuencia de haber oído un sermón predicado por Juan de Ávila, en 1539, destruyó todas sus existencias.[49] Cuando Lope de Vega escribió su obra teatral *Juan de Dios y Antón Martín,* entre 1604 y 1610, incluyó una encantadora escena en la cual se veía la tiendecilla de San Juan al lado de la iglesia, y un grupo de damas y galanes discutiendo los méritos de las obras que se exhibían para la venta.[50] Pueden hallarse aún descripciones de cómo pregonar pliegos sueltos. Estebanillo González nos dice cómo se hacía en Montilla.

> [...] llegué a la [villa] de Montilla, a tiempo que, con un numeroso senado y un copioso auditorio estaba en su plaza sobre una silla sin costillas y con sólo tres pies, como banqueta, un ciego de *nativitate,* con un cartapacio de coplas, harto mejores que las famosas del perro de Alba, por ser ejemplares y de mucha doctrina, y ser él autor; el cual, chirriando como carrucha, y rechinando como un carro, y cantando como un becerro, se rascaba el pescuezo, encogía los hombros, y cocaba todo el pueblo. Empezaban las coplas de aquesta suerte:

49. Manuel Gómez Moreno, *San Juan de Dios. Primicias históricas suyas,* Madrid, 1950. He resumido los detalles en la vida del santo de Francisco de Castro, impresa en Granada en 1585, reimpresa en las pp. 42-46.
50. La obra de Lope fue impresa en su *Parte décima* de 1618.

Cristianos y redimidos
por Jesús, suma clemencia,
los que en vicios sois metidos,
despertad bien los oídos,
y examinad la conciencia.

Eran tantas las que vendía, que a no llegar la noche diera fin a todas las que traía. Fuéronse todos los oyentes encoplados y gustosos del dicho autor, y él, apeándose del derrengado teatro, por verse dos veces a escuras y cerradas las ventanas, empezó a caminar a la vuelta de su casa. Tuve propuesto de ser su Lazarillo de Tormes; mas por parecerme ser ya grande para mozo de ciego, me aparté de la pretensión; y llegándome a él, le dije que, como me hiciera conveniencia en el precio de las coplas, que le compraría una gran cantidad, porque era un pobre mozo extranjero que andaba de tierra en tierra buscando donde ganar un pedazo de pan. Enternecióse, y no de verme, y respondióme que la imprenta le llevaba un ochavo por cada una, demás de la costa que le tenían de traerlas desde Córdoba; y que así, para que todos pudiésemos vivir, que se las pagara a tres maravedís. Yo le respondí que se había puesto en la razón y en lo que era justo, que fuésemos a donde su merced mandara, para que le contasen el dinero de cien pares dellas y para que me las entregasen con su cuenta y razón. Díjome que le siguiera a su casa, y alzando el palo y haciendo puntas a una parte y a otra, como ejército enemigo, aporreando puertas y descalabrando paredes, llegamos con brevedad a ella [...] Díjole [a su mujer] en alta voz que sacase del arca dos legajos que había de su obra nueva, que era cada uno de cincuenta pares, y me los diese y recibiese el dinero a razón de seis maravedís cada par [...] Sacó ella los legajos, y después de haber recibido el pagamento, hízome el entrego dellos; y yo cargado de agujas falsas y de coplas de ciego, me fui a dormir al hospital.[51]

Los versos citados probablemente no eran obra del ciego. El libro de Estebanillo apareció por primera vez en 1646 y los

51. Ed. Millé, Clásicos Castellanos, I, pp. 196-199.

versos, cuyo original es auténtico, se imprimieron en pliegos sueltos poéticos en 1628 y 1652, atribuidos a un autor llamado Mateo Sánchez de la Cruz.[52] Todo el episodio puede servir para animar la árida lista de nombres y títulos que necesariamente forma la mayor parte de mi material. Descripciones más recientes de mendigos, ciegos y su quincalla pueden hallarse en el artículo del señor Serrano Poncela.

A pesar de que, en general, las obras plebeyas eran desdeñadas por los instruidos, también eran leídas por ellos. Muchos niños, hasta después de 1700 por lo menos, aprendían a leer en estos extremadamente baratos libros de texto. Una larga y tardía serie carolingia de la cual probablemente aún quedan muestras de sus ediciones, se usaba con este propósito.[53] Narraciones, tanto en quintillas como en romance, dieron lugar al argumento de un sin fin de obras teatrales posteriores —la mayoría bastante malas—, pero, al fin y al cabo, obras teatrales de autores renombrados, de vez en cuando. La historia de *La renegada,* impresa, que sepamos, por primera vez en 1586, produjo dos versiones dramáticas: una de Lorenzo de Avellaneda, soldado, en 1605; la segunda, de Lorenzo de Belmonte Bermúdez, Agustín Moreto y Antonio Martínez de Meneses, con anterioridad a 1650.[54] En el siglo XVIII, las vidas de bandidos (Mateo Benet, Francisco Estevan y otros) eran convertidas en obras teatrales por dramaturgos cuyos nombres se han olvidado hace ya mucho tiempo.[55] Supongo que tales obras han de con-

52. Pepys, 18/164.
53. Apéndice A, n.º 4.
54. «La vida, conversión y muerte de Agueda de Acevedo, dama de Valladolid... Por Lorenzo de Avellaneda, soldado. Año de 1605», Paz y Melia, I, n.º 3.773. «La renegada de Valladolid (La cautiva de Valladolid). Comedia de D. Luis de Belmonte. 3 MSS», Paz y Melia, n.º 3.137. En los tres manuscritos, las últimas líneas de esta obra de teatro manifiestan que es trabajo de tres ingenios. Véase Eduardo Juliá Martínez, «La renegada de Valladolid», *BRAE,* XVI (1929), pp. 672-679. Existe también una pieza burlesca teatral sobre la renegada, obra de Francisco Monteser, Antonio de Solís y Diego de Silva (véase Paz y Melia, I, n.º 3.136).
55. Pepys, 39/182. Gabriel Suárez, *El vandido mas honrado y que tuvo mejor fin.* Matheo Vicente Benet, Madrid, 1733. José Vallés, *El mas temido anda-*

siderarse subliterarias, pero este núcleo de literatura también influyó en otras mucho más conocidas. El profesor Nigel Glendinning ha observado cómo el encarcelamiento de Tediato en la segunda *Noche lúgubre* de José Cadalso se asemeja bastante a una historia de Cristóbal Lozano, más tarde reescrita en romance par formar el pliego de *Lisardo, el estudiante de Córdoba.* Lisardo se halla escondido de sus enemigos y éstos asesinan por equivocación a otro hombre en su lugar. Dejan al moribundo con Lisardo, el cual a duras penas llega a escapar de las manos de la justicia.[56] El paralelismo no es exacto, pero existen algunas notables semejanzas verbales. Aquí la influencia directa del pliego sobre los diálogos en prosa no puede ser probada pero, al menos, la posibilidad es considerable. De todos modos, las similitudes relacionan a Cadalso estrechamente tanto con el pasado barroco como con el futuro romántico.

Hemos dicho ya que algunos de los poemas de Espronceda aparecieron en el siglo XIX en pliegos sueltos. Su mismo poema *El pirata* recuerda la delictiva autoglorificación manifiesta en las poesías del siglo XVIII sobre bandidos.[57] El *Estudiante de Salamanca* puede deber algo al poema sobre Lisardo, el estudiante de Córdoba.[58] Cuando los admiradores del ballet, en el siglo XX, asisten a una representación de *El sombrero de tres picos,* de Manuel de Falla, saben muy bien que está inspirada en la novela de Pedro Antonio de Alarcón, publicada por primera vez en 1874. El propio Alarcón admitió que había tomado

---

luz, y guapo Francisco Estevan, Madrid, 1751. Gabriel Suárez, *El asombro de Xerez, y terror de Andalucía, Don Agustín Florencio,* Valencia, s.a.

56. Durán, II, n.ᵒˢ 1.271-1.272. José Cadalso, *Noches lúgubres,* ed. Nigel Glendinning, Clásicos Castellanos, n.º 152, Madrid 1961, pp. XLVI-XLVII.

57. Ello sucede, por ejemplo, al final del n.º 15 de José M. Marés, *Los bandidos de Toledo,* 2 partes, Madrid, 1847.

58. «Gran parte de su fama la debe Lozano a las curiosas novelas contenidas en las *Soledades de la vida y desengaños del mundo* (1658), una de las cuales tiene por protagonista al famoso *Lisardo, el estudiante de Córdoba,* relacionado en cierto modo con la leyenda de Don Juan y base principal de *El estudiante de Salamanca* (1840) de Espronceda» (Joaquín de Entrambasaguas, Prólogo a Cristóbal Lozano, *Historias y leyendas,* Clásicos Castellanos, n.º 120, Madrid, 1943).

el argumento de un romance callejero que desarrolló y elaboró. Todo el asunto está ya resuelto: la fuente definitiva es la octava novela del octavo día de Boccaccio, traducida al español en 1543. Alrededor de doscientos años más tarde, un romance callejero titulado *El Molinero de Arcos* fue compuesto por un poetastro llamado Pedro Marín. Más tarde todavía, quizá alrededor de 1810, una versión refundida, con el título de *Nueva canción del corregidor y la molinera* parece haber reemplazado al *Molinero de Arcos*. Esta versión inspiró la pequeña obra de arte de Alarcón, la cual, a su vez, iba a ser la fuente de la partitura más famosa de Falla; el ballet procede de Boccaccio por vía de dos modestos pliegos sueltos poéticos.[59]

No estoy lo bastante documentado como para saber si este doble movimiento —de una parte desde la literatura culta a impresos populares; de otra, desde las hojas volantes y pliegos sueltos hacia los famosos escritores— ha existido en otros países. Una vez encontré en el British Museum un ejemplar de una hoja volante con el *Deserted Village* de Goldsmith convertido en balada.[60] Versos del mismo poema se recogen en una hoja volante de Norwich que conservo en mi colección. Los poemas de Burns fueron reimpresos en pliegos sueltos y «guirnaldas».[61] No obstante, tal vez España es única en mostrar la otra tendencia.

Aun cuando la mayoría de los pliegos sueltos que he encontrado estén en verso, los hay igualmente en prosa, en cuarto, octavo y doceavo; a menudo, en cinco o más pliegos. Vidas del Cid y otros héroes españoles continuaban apareciendo desde principios del siglo XVI hasta fines del XVIII.[62] La traducción de sir Henry Thomas titulada *The Crafty Farmer, (Cómo un rústico*

---

59. R. Foulché Delbosc, «D'oú dérive *El sombrero de tres picos?*», *Ateneo*, Madrid, VII (1909), pp. 193-208. José F. Montesinos, *Pedro Antonio de Alarcón*, Zaragoza, 1955, pp. 154-160.

60. Existe una versión en pliego suelto: *Harvard*, 776.

61. Poesías de Burns, véase *Harvard* y Ratcliffe.

62. Algunos títulos están registrados en el *Index of books* de Norton. Para versiones modernas, véase «Construcción», pp. 46-48. Nueve títulos fueron anunciados en venta por Manuel de Minuesa en 1886.

labrador engañó a unos mercaderes), es un excelente ejemplo de narración folklórica de un texto de hacia 1516.[63] También había versiones de *Roberto el Diablo, Clamades y Clarmonda* y *Los siete sabios de Roma*.[64] La última está derivada del *Sendebar*, esa divertida compilación medieval titulada en la traducción castellana *Libro de los engaños e los asayamientos de las mugeres*, pero las versiones impresas añadieron la historia de la Matrona de Efeso y otras historias que no se encontraban en los manuscritos primitivos. De una de ellas procede, precisamente, la gran obra teatral de Calderón *El médico de su honra*.[65] El héroe de esta obra sospecha que su mujer le es infiel. Cuando la sospecha parece confirmarse, envía a todos sus sirvientes fuera de casa, llama a un cirujano y lo obliga a sangrar a la inocente esposa. De ese modo espera obtener una venganza secreta de un agravio secreto y así esconder su deshonra a los amigos. Su excusa tomará esta forma: se supondrá que la mujer hubo de sufrir una sangría y, por accidente, se desprendió la venda. Esta obra, representada por primera vez en 1636, era revisión de otra pieza teatral más antigua, de incierta época y dudosa autoría, que tenía parecido desenlace.[66] Un crítico español creyó haber encontrado su más antigua fuente en una crónica chismosa de Córdoba,[67] pero es casi seguro que

63. *The crafty farmer. A Spanish folk-tale entitled How a crafty farmer with the advice of his wife deceived some merchants. Translated with an introduction by Henry Thomas*, Londres, 1938. Para la fecha, véase la introducción de Thomas y las pp. 60 y 173 de Norton.

64. *Aqui comiença la espantosa y admirable vida de Roberto el Diablo*, 4.º Burgos, 1509 (Norton, p. 201). *Hystoria del muy valiente y esforçado cauallero Clemades, hijo del rey de Castilla, e de la linda Claramonda, hija del rey de Tuscana*, Burgos, 1521. *Libro de los siete sabios de Roma*, Burgos, 1530. Véase Ángel González Palencia, *Versiones castellanas del Sendebar*, Madrid, 1946.

65. Pedro Calderón de la Barca, *El médico de su honra*; la mejor edición es la de Cyril A. Jones, Oxford, 1961.

66. Albert E. Sloman, *The dramatic craftmanship of Calderón*, Oxford, 1958, cap. II.

67. En su prólogo a *Casos notables de la ciudad de Córdoba* (¿1618?), Madrid, 1949, Ángel González Palencia se refirió a este incidente como «la cura de otro 'médico de su honra', un caballero Veinticuatro, que pareció no darse cuenta de una afrenta de su mujer y, pasado un año, sangrando por

esta parte de la crónica procede de la obra primitiva. En las versiones españolas de *Los siete sabios de Roma* encontramos la historia de una dama casada que desea adoptar a un clérigo por amante. Su madre, mujer prudente, le aconseja que primero ponga a prueba la paciencia del marido, antes de dar tan irrevocable paso. La mujer mandó cortar el árbol favorito del marido; éste se limitó a amonestarla. La mujer, entonces, cogió al perro preferido de su marido por las patas traseras y le machacó los sesos contra la pared; el marido, una vez más, se contentó con una nueva amonestación. Finalmente, la esposa dispuso un gran banquete y estando ya la vajilla de plata y los alimentos en la mesa, simuló que había olvidado un cuchillo en la cocina y se levantó con tal excusa. Había sujetado parte de su vestido al mantel, y toda la plata, comida y bebidas se derramaron por el suelo. Esto ya era demasiado para el marido, mas se mantuvo tranquilo hasta que fue servida una nueva comida y los invitados se marcharon. Al día siguiente se levantó temprano, fue a misa y, de vuelta, trajo consigo a un barbero. Hizo que su mujer se levantase y le explicó que su pasada conducta le hacía sospechar que vendría un cuarto ataque a su paciencia y esto ya sería aguantar demasiado; que seguramente la sangre que corría por sus venas era mala, pues dio lugar a tal conducta y, en ese caso, tenía que ser sangrada. Entonces, espada en mano, exigió al barbero hiciese sangrar copiosamente ambos brazos de la mujer. Cuando ésta se hallaba a punto de desmayarse, sus heridas fueron vendadas y estando echada en la cama, debilitada por la sangría, dijo a su madre: «¡Al diablo el clérigo! Desde ahora sólo amaré a mi marido».

La obra teatral es una tragedia de venganza; el relato en prosa, una burda historia de la doma de la mujer bravía.[68] Pero la asociación de la sangría de la esposa con la venganza por un

accidente a la señora, le soltó la benda y le quitó la vida» (p. xv). En alguna ocasión, González Amezúa citó este incidente como la fuente última de Calderón. La fecha de 1618 puede ser demasiado temprana.

68. Véase apéndice B. El texto reimpreso es el más próximo a 1635 que he podido hallar.

intento de adulterio, y la amenaza implícita de la espada empuñada por el marido, me convencieron de que aquí estaba la fuente de ambas obras. Nuestra opinión sobre el drama de Calderón, como drama en sí, no mejora porque conozcamos su origen; pero la conexión señalada demuestra cómo un gran escritor puede usar un tema ínfimo para producir una obra maestra. Mi estima por *El médico de su honra* no ha disminuido con este descubrimiento.

Espero no haber fustigado demasiados caballos muertos, ni ofrecido zanahorias ante la nariz de los que no quieren arrancar. Sólo he tratado de dar algunos ejemplos, principalmente de literatura española, para demostrar que la historia literaria, aun cuando ignore las sutilezas de la crítica discriminatoria, tiene también algo que decir sobre literatura. Preguntas como «¿para quién escribió tal autor?» y «¿quiénes lo leían, en realidad?» pueden quizá ayudarnos a comprender y disfrutar algunas obras literarias. Comencé refiriéndome a cómo Antonio Rodríguez-Moñino demostró lo poco que se conocían las obras de algunos grandes poetas mientras vivieron y al deseo que expresó de que fuesen estudiados los pliegos sueltos y las hojas volantes. Las discusiones de Dámaso Alonso sobre anónimos y pseudónimos, y el «estado latente» del romance en España entre 1600 y 1800 de que habla Menéndez Pidal, encajan en sitios apropiados en mi trabajo. Tengo la esperanza de que mi exposición ha sido clara y de que otras personas comprobarán estos hallazgos españoles con las tradiciones literarias inglesas, francesas y otras europeas. Aun cuando el fenómeno español no tenga paralelo en otros lugares, la excepcional característica de la Península respecto de la tradición europea sigue siendo interesante por sí misma.

Si España representa algo peculiar, su peculiaridad se puede explicar: 1) La vitalidad de las tradiciones orales españolas, demostrada por Ramón Menéndez Pidal. 2) La calidad provinciana de casi toda la literatura castellana anterior a 1600. (No uso la palabra «provinciano» en su sentido peyorativo.) 3) La lentitud en la evolución del lenguaje español. No niego la fuerte influencia europea que se hizo sentir en España desde el siglo XIII en adelante, ni la aristocrática elegancia de muchos de sus escritores. Pero la influencia de la tradición oral sobre la literatura oficial es mayor en España que en Inglaterra o Francia. Los romances españoles ayudaron a la formación de la comedia quizá porque las obras teatrales en España podían asimilar la mezcla de metros. El verso libre no podía asimilar el metro de la balada inglesa, ni el alejandrino de la francesa. La métrica puede haber ayudado al inculto, en España, a aceptar la lírica y las narraciones de los cultos.

Todo esto son conjeturas. Hasta hace unos años, pocos críticos consideraban la historia de la literatura española del modo especial que he tratado de señalar en líneas generales esta tarde. No sé hasta dónde pueden haberse llevado a cabo en otros países similares investigaciones. Esta clase de literatura comparativa puede ser más útil que comparar a Shakespeare con Racine o establecer las características del barroco europeo.

APÉNDICE A

DESCRIPCIÓN DE PLIEGOS SUELTOS
ESPAÑOLES, ETC.

1. [*Encabezamiento:*] Coplas que hizo don Iorge Man-|rique, a la muerte del Maeſtre de Santiago, don Rodrigo | Manrique ſu padre. Impressas con licencia en Alcala | en caſa de Iuan Gracian que ſea en gloria. | Ano de 1610. | [*dos tacos: un cadáver en su ataúd y a cada lado un hombre y una mujer en actitud dolorida; galán.*]
[*Comienza:*]

Recuerde el alma dormida,
auiue el ſeſo, y deſpierte
contemplando, [...]

4.º 4 hojas. Sin signaturas, paginación ni colofón.

2. [*Dos tacos: un cadáver desnudo; escena galante.*] | EL BURLADOR DE SEVILLA, | Y COMBIDADO DE PIEDRA. | PRIMERA PARTE.
[*Comienza:*]

Resuene el metrico acento,
y buele de uno á otro Polo, [...]

4.º 2 hojas. Sin lugar ni fecha de impresión. [(?) Laborda, Valencia, *c.* 1800.]

[*El mismo taco del cadáver desnudo.*] | SEGUNDA PARTE. | *EL COMBIDADO DE PIEDRA.* |

[*Comienza:*]

> Ya buelve el turbado pulso
> á tocar la lira ronca, [...]

Detalles lo mismo que en la *Primera parte,* arriba descrita.

3. (Núm. 148) | [*Tres tacos: un gesticulante predicador, una mujer obesa, un hombre con sombrero de copa.*] | SERMON BURLESCO, | *de gran divertimiento para una funcion, predicado en Pamplona en la boda de dos | Jivados en Carnestolendas; por el bachiller Cagabragas, visitador de bodegones y | gran pescador de vientos bajos, etc. etc. etc.*
| [*adorno*] | PRIMERA PARTE. |
[*Comienza:*]

> Por la señal
> desde que veo un animal,
> de la Santa Cruz,
> junto con un abestruz [...]

4.º 8 páginas numeradas.

[*Colofón:*] Madrid, 1847. *Imprenta de D. J. Marès: Corredera Baja de S. Pablo, núm. 27.*

4. La serie consta de ocho pliegos de a dos hojas. He aquí la descripción del primero de la serie:

[*Taco con dos caballeros justando*] | *NUEVO ROMANCE EN QUE SE REFIERE LA | cruel batalla, que tuvo el valeroso Oliveros con el esfor-|zado Fierabras de Alexandria.* | PRIMERA PARTE. |
[*Comienza:*]

> Suenen Caxas y Clarines,
> y sonoros instrumentos [...]

4.º 2 hojas. Sin fecha. [(?) 1790.]

[*Colofón:*] Con licencia: En Cordoba, en la Oficina de D. Luis | de Ramos y Coria, Plazuela de las Cañas, donde | se hallará todo genero de surtimiento y Estam-|pas en negro, é iluminadas.|

5. EL DERECHO DE NACER | [*raya*] | DE LA PELICULA DEL MISMO NOMBRE | [*raya*]|

[*Comienza:*]

> Oigan ustedes, señores,
> este caso sucedido,
> a un matrimonio muy rico
> y a dos hijas que han tenido [...]

Hojilla impresa por ambas caras, 21,8 por 15,5 cm. 36 cuartetas a doble columna. Raya entre las columnas. Sin lugar ni fecha de impresión. Papel ligeramente azulado.

6.   LIMOSNA POR DIOS | [*raya*] | PRIMERA PARTE | [*raya*] |
[*Comienza:*]

> En la provincia de Sevilla
> hay un pueblo muy nombrado,
> se llama Villa del Rio
> ya verán lo que ha pasado [...]

La primera parte consiste en 12 cuartetas a dos columnas, separadas por una raya vertical. En la otra cara hay dos poesías:

POR EL AMOR DE MADRE | PRIMERA PARTE | [*doble raya*]

> Virgen sagrada,
> divina Madre
> dame tu gracia
> para explicar [...]

17 cuartetas en tres columnas, separadas por rayas verticales.

LA VENGANZA | [*raya*] | SEGUNDA PARTE |
[*Comienza:*]

> Esta pareja viven felices
> pero les falta la bendición,
> quieren casarse como Dios manda
> como cristiano y buen español [...]

16 cuartetas a tres columnas, separadas por rayas verticales. Sin colofón ni fecha. Papel ligeramente azulado.

APÉNDICE B

CAPÍTULO XIII. COMO EL QUARTO SABIO POR EXEMPLO DE VNA MUGER DE VN GRAN CAUALLERO, QUE QUERIA AMAR À VN CLERIGO, LIBRÓ EL HIJO DEL EMPERADOR.

[14 rº]

[14 vº] Avia vn cavallero viejo muy bue[n] ho[m]bre, q[ue] estuvo mucho tiempo sin muger, y hijos, en fin vinieron sus amigos à le aco[n]sejar que tomasse muger, y el cavallero ansi aco[n]sejado, y por tantas vezes importunado por sus amigos otorgolo, y ellos le casaron con una hija de vn Romano rico muy hermosa, el qual como se vido ciego por amores della, començola de amar en demasia. Y como huuiessen estado mucho tiempo en vno, y no huuiesse dèl concebido la muger[,] acaecio vna mañana q[ue] ella yua à la Iglesia, topó la madre co[n] la hija: ella saludó à la hija muy graciosamente, diziendole: hija como te contentas de tu marido. Respondiole la hija. Madre mia, mucho mal, ca me aueys dado vn viejo podrido que cierto à mi me desplaze mucho, y quisiera [15rº] que en aquel tiempo me sepultarades antes viua: ca tanto queria comer, y dormir co[n] vn puerco, como con èl; y porende ya no puedo sufrirlo, mas otro quiero tomar por amigo: dixo la madre, guardate hija, para mientes que yo estuve tanto tiempo con tu padre, y nunca tal me passò por la imaginación? Respondio la hija. Madre no fue marauilla, que vosotros erades moços, y de vna edad, y el vno toma plazer con el otro, y yo ningun deleyte corporal dèl recibir puedo: ca frio està, y no se mueue en la cama conmigo, y dixo la madre, si quieres amar, dime à quien. Respondiò ella, vn clerigo

quiero amar. Dixo la madre, mejor serà, y menos pecado tomar por
amigo a vn hombre darmas, que a vn clerigo? Respondio la hija,
esso niego yo, y la razon es esta. Si yo vn cauallero, ò hombre darmas
amasse, luego se hartaria de mi, y despues me desecharia, lo que
el clerigo no harà, que mi honra como la suya es tenido de guardar:
y aun los clerigos mejor han con su amiga, que los seglares. Dixo
la madre. Oye mi consejo. Los viejos son muy crudos: tientalo
primero: y si te libràres sin pena, entonces ama el clerigo? Respondiò ella, no puedo tanto esperar, dixo entonces la madre. Ruegote que esperes hasta que lo ayas prouado? Respondiò la hija:
por tu amor serà necessario esperar hasta auer prouado, mas dime
como lo provarè. Dixo la madre. El tiene vn arbol en su huerta,
que le estima mucho, cortalo mientras èl va a caça, y haz fuego dèl,
y si te lo perdonàre, entonces puedes seguramente amar el clerigo, la
qual oydo el consejo de su madre: tornò a su casa, y dixo el marido,
donde has estado tanto. Responde ella, en la Iglesia, donde topè
a mi madre, con la qual hablè vn poco, y ansi dissimulò graciosamente, y despues de comer, a hora conueniente fue el señor à caça.
Ento[n]ces dixo la señora al hortelano: corta este arbol nueuamente
plantado, ca haze grande viento, y mi señor vendrà de la caça
muerto de frio, y yo quiero que halle buen fuego para que se calien-
te. Respondiò el hortelano. Señora, por cierto no harè yo esto:
ca el Señor mas quiere este arbol, que todos los otros, empero yo
bien os ayudarè a cortar la leña, que alimpiandole le podremos auer,
porque el Señor no se enoje; mas no le cortaré: la señora oyendo
esto, arrebatò el seguron de las manos del hortelano y cortò el
arbol, y hizolo lleuar a su casa: quando vino el Señor a la noche
de la caça, hizo hazer la señora vn gran fuego, y saliole a [15vº]
recebir, y puso vna silla en donde se assentasse al fuego, y como
se huvo vn poquito escalentado, y sintiò el olor del fuego: llamò
el hortelano, y dixole, segun el olor pareceme que el arbol nueuo
es este que arde, respondiò el hortelano Señor assi es, que la señora
ha cortado el arbol, dixo el Cauallero. Valame Dios, que el mi arbol
se ha cortado, respondiò luego la señora. Antes señor yo lo he
hecho viendo que era tiempo frio, y que veniades aterido: y por
e[n]de yo mandè que por amor vuestro le cortassen, y el Cauallero
oyendo esto, mirandola con sobrecejo, dixo. O maldita, como osaste
el arbol que tanto me agradaua cortar: y ella oyendo esto quexan-
dose dixo. O Señor mio, por gran bien, y provecho vuestro lo he

hecho, y aueyslo en mal; y llorando dixo; guay de mi quando naci,
y el Cauallero luego que viò las lagrimas de la muger, y oyò las
quexas, fue mouido à compassion, y dixole. No llores, y acuerdate
dende adela[n]te que no me enojes en cosa que yo ame. Y despues
de amanecido yendo à la Iglesia otra vez, topò su madre con ella,
y saludaronse, entonces dixo la hija à la madre. Sepas señora que
dende adelante yo quiero que sea mi amigo el clerigo, que yo he
prouado à mi señor como tu me aconsejaste, y con vnas pocas de
lagrimas luego me perdonò, respondiò la madre. Hija aunque los
viejos vna vez dissimulen, empero despues dobla[n] la pena, y
porende te aconsejo que aun le prueues otra vez, y dixo la hija,
no puedo mas esperar, que tanto estoy enamorada del Clerigo, que
no es cosa de poderlo dezir, y por esto de mi deuriades auer compassion: y no me aconsejeys jamàs en dilacion de tiempo. Respondiò
la madre; Hija mia yo te ruego que por el amor que me tienes,
lo tornes otra vez à prouar, si entonces te dexare sin castigo, haz
lo q[ue] tu quisieres. Respondiò la hija. Graue cosa me es à mi
esperar tanto: empero por te complazer aun le prouarè. Pues dime
como, y dixo la madre. Yo sè que tiene vn perrillo al qual mucho
ama, porque ladra bien, y le guarda la camara, echale delante dèl
a la pared muy reziamente: tanto que muera el perrillo, y si ninguna cosa te dixere: entonces mucho en buen hora ama el Clerigo.
Respondiò la hija, yo lo harè todo á tu consejo, y con esto ella despi-
diòse de su madre, y tornose à casa, y aquel dia sufria con gran
importunidad hasta la noche, y como anocheciò aparejò vn lecho
co[n] vna cubierta de grana, y sauanas muy delgadas. Y el Cauallero
estaua assenta-[16r°]do en vna silla cabe el fuego, y el perrillo como
acostumbraua subiò à la cama, y ella tomolo por los pies, y diò con
èl vn baque à la pared tan fuerte que le saltaron los sesos, y viendo
esto el Cauallero ensañose mucho contra su muger, diziendole.
O mala, y cruel sobre todas las mugeres, como has podido vn perrillo
tan delicado, y que yo tanto amaua matar, y ella luego llorando
deziale desta manera. Señor, no aueys visto nuestra cama tan preciosa, y como el perrillo vino con sus pies llenos de lodo, y la
ensuziò. Respondiò el Cauallero, bien sabeys que yo queria mas
al perrillo que à la cama, y ella oyendo esto llorava mas, diziendo,
Guay de mi, ca todo quanto bien hago me es tomado a mal, y el
Cauallero viendo las lagrimas, y quexas della, no lo podia sufrir,
por quanto la amaua mucho, y dixole, no llores, que yo te perdono,

y guardate dende adelante. Y con esto fueronse acostar, y ella
leuantose mucho de mañana, y fuesse à la Iglesia, do[n]de hallò
su madre, y saludola, y dixole. Madre, sabete q[ue] yo quiero
por amigo al Clerigo, que yo he prouado otra vez à mi marido como
tu me aconsejaste, y todo lo ha comportado, y dixo ella. Hija, no
ay en el mundo crueza sobre la de los viejos, aconsejote por tanto
que procures otra vez, respondiò la hija, madre en vano trabajas,
si tu supiesses que sufro yo por amor del Clerigo, tu me ayudarias,
dixo la madre. Oyeme sola esta vez, y nunca mas te empecerè, tèn
ante los tus ojos la leche que de mis tetas mamaste, y los dolores
que por ti passè en el parto, por estas passiones te amonesto que
no me deniegues esto, yo te prometo que despues ningun empacho
abràs. Respondiò la hija. Aunque es muy graue cosa poder sufrir
tanto el amor que tengo, empero si quiera por tan crudas amones-
taciones, y aun pues que has votado de no mas empacharme dime
como lo prouarè, è yo prouarlehe aun otra vez, y dixo la madre.
El Domingo que viene ha deliberado de combidar à mi, y à tu
padre, y à todos nuestros amigos, y à los nobles de toda la Ciudad,
y ansi quando fuere en la mesa, y sean puestas ende las viandas,
hinca vna aguja gruessa en los manteles, y que se tenga en ti;
entonces finge, que te has oluidado vn cuchillo, y diràs, ò quan flaca
memoria tengo, que he dexado mi cuchillo en la camara, y leuan-
tarte has con furia, porque heches en tierra los manteles, y quanto
huuiere en la mesa, y si te librares sin pena, yo te juro de nu[n]ca
jamas te empachar? [16vº] Respondiò la hija, yo soy contenta, y
me plaze, y ansi saludaronse, y vino el dia del combite, en el qual
todos, como dixo la madre se juntaron, y los seruidores ordenaron
la mesa, y assentaronse todos, y hizieron assentar la hija, y señora
de casa delante sobre vna silla, y estando ansi en la mesa: y la
mesa aparejada segun conuenia, dixo la señora de la casa. O como
tengo poca memoria, que he dexado el cuchillo en la camara, y
lo he menester, y en esto leuantòse à prissa, y sin tiento, y los
manteles con todo quanto estava en la mesa puesto se lleuò empos
de si, y lanço en el suelo. Y estauan todos los platos, y vasos de
oro, y de plata por tierra, y las viandas, y potages tambien por
tierra, y el Cauallero estaua muy sañoso en su coraçon contra su
muger: mas de verguença dissimulò delante de los huespedes, y
hizo traer otros manteles limpios, y otras viandas: y con gozo, y
alegría dixo à sus huespedes que comiessen, ta[n]to que por èl

fueron todos contentos. Acabado el combite todos los Caualleros hizieron gracia al señor de la casa; y cada qual se boluiò à su casa, y en la mañana leuantòse el Cauallero, y fuesse à la Iglesia, y oyò Missa, y despues fuesse à vn Barbero, y dixole: Maestro aueys prouado de sacar sangre de qualquier vena que hos dixere[n]: respondiò èl, si señor. Entonces dixo el Cauallero: pues venid conmigo: y vino à casa, y entrò en la camara donde yazia su muger, y dixole: Leuantate presto, respondiò ella para que, aun no es hora: y el dixo, leuantate que conuiene, que quiero hazerte sangrar de ambos los braços. Respondiò ella. Señor nunca me sangraron, como agora me sangrarè: dixo èl, ansi creo yo, y desta causa has perdido el seso. No te acuerdas de lo que me has hecho. Primero me cortastes el arbol, y mataste el perrillo: y ayer en el combite me auergonçaste claramente delante mis combidados: y si yo te comportasse la quarta, tu me echarias en grande confusion, y porende creo yo, procede de mucho tener la sangre podrida, è yo quierotela sacar, porque de aqui adelante ni à mi, ni à ti heches en falta, y hizo hazer vn gran fuego: y ella leuantòse llorando, y alçò las manos al Cielo, y dixo, Señor aued merced de mi. Respondiò el Cauallero. No cures de pedir perdon, que sino estiendes luego el braço te sacarè la sangre del coraçon, recuerdate de los males, y enojos que me has hecho. Y ella estendiò el braço: y dixo el señor al Barbero, punçale fuerte la vena, sino yo herirè a ti; entonces el [17rº] Barbero hiriola fuertemente, tanto que le salio mucha sangre, y no la dexò atar, ni que se estroncasse la sangre, hasta que se le mudò el color del rostro. Y hecho esto dixo el Cauallero. Ata esse braço y hierele el otro, y ella diò vna gran voz, y dixo. Señor, aued compassion de mi que muero, respondiò el señor. Esto deuieras hauer pensando antes que me hizieras estos tres atreuimientos entonces ella estendiò el braço izquierdo, y el Barbero hiriòla; y quanto estuvo sin mudar el color del rostro, nunca quiso que se lo ligasse, y despues ligaronselo, y quando fue atada dixole el Cauallero. Ve ahora à tu cama, y trabaja dende adelante en emendarte: ca sino lo hazes yo te quitarè la vida, y hecho esto, el señor gualardonò el Barbero, y saliò fuera de casa, y ella fue lleuada por manos de vna siruienta a la cama ya medio muerta: y dixo à la esclaua. Ruegote que vayas à mas andar à mi madre antes que muera para que venga à mi. Y quando esto vido la madre alegròse de la correction de su hija, y aquexadame[n]te vino à ella. Y quando la hija vido la madre, ella dixole.

O dulce madre mia, yo he tanto sangre perdido que no tengo esperança de escapar. Dixo la madre. No te dixe yo que los viejos son muy crueles, dime quieres agora por amigo el Clerigo. Respondiò la hija: lleuele el diablo, que nu[n]ca amarè de aqui adelante, saluo a mi marido. Entonces dixo el Maestro. Señor, aueysme entendido. Respondiò el Emperador. Si muy bien, y entre quantas he oydo este exemplo me ha muy bien parecido: ca ella cometiò tres cosas contra su marido, y no dudo que si la quarta cometiera ella huviera traydo en gran confusion a su marido, y dixo el Maestro. Señor, yo os aconsejo que os guardeys de vuestra muger, porque peor no os acontesca, ca si por sus palabras mataredes à vuestro hijo sereys engañado, y arrepentiros heys. Dixo el Emperador. Yo te certifico que mi hijo no morirà oy. Dixo el Maestro. Tengooslo en merced.

LIBRO DE | LOS SIETE | SABIOS DE | ROMA. | COMPVESTO POR MARCO PEREZ. | [*taco con ornamental jarrón de flores*] | *CON LICENCIA:* | [*raya*] | En Barcelona, por Iacinto Andreu, à la calle | de Santo Domingo. Año 1678. |
[*Hay una orla con adornos del impresor alrededor de la página titular*]
4.º A-E ⁸. Foliado: [*1*], 2-24, 61, 26-31, 28, 33-40 = 40 hojas.

El texto comienza en el verso de la hoja titular. La última página en blanco.

[*Colofón:*] Fue Impreſſo el preſente Libro de los ſiete Sabios de Roma, | en la muy Noble, y leal Ciudad de Barcelona, en caſa | de Iacinto Andreu, à la calle de Santo Domingo, | Año de mil y ſeys cientos ſetenta | y ocho. | [*grabado en madera: flores*]

2

ALBAS Y ALBORADAS
EN LA PENÍNSULA

I. LAS JARCHAS

El fallecido S. M. Stern examinó las referencias al alba en la canción mozárabe.[1] Encontró cuatro poemas en los cuales el alba pudo haberse mencionado, pero en dos de ellos era tan dudoso que cualquier interpretación había de ser pura conjetura. Sólo examinó dos, los que llevan los números 17 y 36 en su colección *Les Chansons mozarabes*.[2] El segundo se ha transmitido en dos redacciones. He aquí sus textos:

> *a)* Al-ṣabāḥ bono garme d'on venis
>   Ya lo se que otri amas
>   a mibi no queris.

Esta poesía pudo haber sido compuesta (o transcrita) entre los siglos XI y XIII.

> *b)* Yā matre'l-rahīma   Non dormiray mamma
>   a rayo de mañana   a rayo de mañana
>   Bon Abu'l-Ḥajjāj   Bon Abu'l-Qāsim
>   la faj de matrana   la faj de matrana.

El primer poema es ambiguo, pero una interpretación identifica al alba con el amado: en la versión francesa de Stern se lee: «Aube belle, dis-moi, d'où viens-tu? Pourquoi aimes-tu

---

1. *Eos. An enquiry into the theme of lovers' meetings and partings at dawn in poetry,* edited by Arthur T. Hatto, La Haya, 1965, pp. 299-301.
2. Palermo, 1953, pp. 17 y 30-31.

une autre et ne m'aimes pas?[3] También observa Stern que
en este caso el verso no tiene, estrictamente hablando, nada que
ver con el alba, a pesar de que se puede, naturalmente, suponer
que la escena sucede en la madrugada y que la metáfora para el
amado está sugerida por la hora del encuentro.[4] La sugerencia
parece ser suficientemente válida.

Stern interpretó el segundo, en sus dos versiones, así: «No
puedo dormir, madre [o mi tierna madre] al primer rayo de la
mañana, el buen Abu'l-Qāsim [Abu'l Ḥajjāj], la faz del alba».
Da entonces esta paráfrasis: «A los primeros albores de la mañana, el buen Abu'l Qāsim [Abu'l Ḥajjāj], cuya faz es tan
bella como el alba, vendrá a encontrarme». Después de referirse
a la interpretación que doy más abajo, señala que no parece
haber tradición alguna en la poesía clásica árabe que aluda a las
citas de amantes al amanecer.

Me referiré más adelante a la interpretación que hace Stern
de un famoso *zéjel* de Ibn Quzmān.

Poemas convencionales acerca de cómo los amantes se separan al alba son difíciles de hallar en la poesía española y portuguesa antes de finales del siglo xv.[5] Pueden haber existido
numerosas composiciones de este género con anterioridad a esa
fecha, pero no podemos demostrar esta hipótesis con sólo unos
cuantos vestigios que han sobrevivido. Sin embargo, si no prestamos atención en este ensayo a las canciones medievales peninsulares, no podremos apreciar la verdadera importancia del
tema en España y Portugal. Porque en la lírica de estos países
existen pruebas de la presencia de algún género de poesía del
alba desde, por lo menos, principios del siglo xiii. Son diferentes de los famosos tipos provenzales y germanos y quizá ese

3. *Les Chansons*, p. 17.
4. *Eos*, loc. cit.
5. Luego de citar la parodia a lo divino de los versos que comienzan «Ya
cantan los gallos [...]», M. Pierre le Gentil señala: «La mélodie et le refrain
doivent être fort anciens; on a reconnu en effet le thème de l'*aube* provençale,
genre rare du reste au sud des Pyrénées» (*La Poésie lyrique espagnole et portu-
gaise à la fin du moyen âge*, I, Rennes, 1949, p. 323, nota 115).

hecho sea suficientemente importante como para justificar su estudio. El hecho de que el amanecer tenía otras asociaciones poéticas puede ser alegado como explicación de que en la España y el Portugal medievales no se hayan compuesto poesías sobre la separación de los amantes al llegar el alba.

Las canciones más antiguas en lengua vernácula en España datan, por lo menos, de 1040, pero bien pueden haber existido incluso antes. Estas canciones están incluidas en poemas árabes y hebreos, a imitación del género de la moaxaja. En este tipo de composición, la última estrofa presenta a la persona (o personas) que había hablado en la jarcha —una poesía en dialecto o lengua vernácula— y así la unía al cuerpo principal del poema.[6] Estas jarchas están constituidas por varios versos (generalmente en número de tres o cuatro) en español y a veces contienen palabras o frases en árabe. Los problemas de transcripción e interpretación de estos texos son complicados ya que aparecen en árabe o hebreo sin puntos y, en ocasiones, se diría que parecen haber sido copiadas por amanuenses que no entendían la lengua vernácula. Los versos romanceados contienen indicios de ser canciones tradicionales por derecho propio; probablemente mera literatura oral de los mozárabes. Estos poemas han perdurado accidentalmente porque algunos poetas árabes o judíos vieron en ellos el medio de completar sus más refinadas y cultas composiciones. Una de estas jarchas, por lo menos, parece tener una posible relación con nuestro tema.

Esta poesía, la primera que hemos copiado más arriba, está tomada de la obra de Todros ha-Levi Abulafia que floreció en la segunda mitad del siglo XIII. En otro poema el mismo autor usó otra jarcha que a su vez había sido aprovechada por Yehuda ha-Levi un par de siglos antes. El poema que nos ocupa es, cier-

---

6. Para mí, la principal autoridad, para esto y lo que sigue, aparte los escritos del doctor S. M. Stern, es el magnífico artículo de Dámaso Alonso, «Cancioncillas "de amigo" mozárabes», *RFE*, XXXIII (1949), pp. 297-349. El reciente trabajo de Eugenio Asensio, *Poética y realidad en el cancionero peninsular de la edad media*, Madrid, 1957, reimpreso con adiciones en 1970, tiene gran importancia para todo estudio sobre las canciones peninsulares medievales.

tamente, mucho más arcaico en el estilo que otros documentos literarios de la época de Alfonso el Sabio (1252-1284). Es también, casi con seguridad, del siglo XI. En la lectura de este poema que el propio Stern considera preferible, una joven se dirige a su amado como *Al-ṣabāḥ,* palabra árabe que significa «albor». Él llega y ella le reprocha su supuesto amor por otra:

> Decid, buen albor, de dónde venís;
> ¿por qué amáis a otra, no me amáis a mí?

Se supone que el amado ha llegado tarde. No lo sabemos, pero la lectura implica que el amado y el amanecer se identifican, que ambos llegan juntos. En otras palabras, se nos presenta el más famoso tipo de poesía peninsular sobre el alba; aquel en el que el amanecer une a los amantes, en vez de separarlos. Dámaso Alonso ha observado cómo la misma pregunta e igual respuesta que aquí se repiten se encuentran también en un cancionero español de 1547:

> ¿De dónde venís, amore?
> ¡Bien sé yo de dónde!

El tema —celosos reproches de una joven que sospecha la existencia de una rival— no aparece en poemas españoles sobre el alba hasta el siglo XVI. La identificación del alba con uno de los amantes surge a menudo en composiciones posteriores.

Esta interpretación está respaldada por dos textos diferentes.

La mayoría de los poemas mozárabes son, como las primitivas cantigas de amigo gallegas, composiciones donde una joven habla de su amado ausente. La ausencia le hace imaginar que su corazón se le va al partir su amado, y le lleva a preguntar a Dios cómo puede seguir viviendo todavía, sin estar él a su lado. En otras poesías suplica al amado que no se marche, le pregunta cuándo volverá o le anuncia su intención de volar tras él a buscarlo. En estas sencillas y conmovedoras declaraciones hay ideas que pueden aparecer en poemas más cultos sobre la separación de amantes a la llegada del día. Las primitivas jarchas parecen haber sido uno de los remotos orígenes de muchas poesías posteriores españolas, tanto cultas como populares.

Además de las jarchas, existían otras posibles fuentes para los poemas españoles y portugueses sobre el alba, en la misma Península, antes de que la poesía provenzal —como sabemos hoy— empezase a ser conocida allí. Tenemos que pasar por alto las obras hispano-árabes sobre el alba recogidas por compiladores de la zona árabe, pues no coinciden, ni en el tema ni en la forma, con la primitiva poesía ibérica del alba. Pero un verso corrupto en lengua vernácula, en un poema de Ibn Quzmān, debe ser cuidadosamente considerado. Stern lo interpreta, con cierto recelo, como *alba alba es (?) de ... luz en uno día* [? 'es luz'], y, en contra de la opinión de Ribera, halla más que dudoso que tenga nada que ver con la poesía amorosa. Ibn Quzmān lo utilizó para referirse a una fiesta musulmana movible que debía tener lugar en un plazo de tres días. Así pues, no existe argumento convincente para interpretar *uno* (suponiendo que *uno* esté bien) en sentido estrictamente numérico. ¿Se refería tal vez, en su aplicación original, a un determinado día del ritual cristiano? Por el testimonio de poemas ibéricos posteriores en los cuales el alba se toma en sentido religioso, vemos la existencia de dos fiestas cristianas para las que tal lenguaje pudiera ser aplicado: Pascua de Resurrección y Navidad. Un origen religioso para el lamento de Ibn Quzmān no es, de ningún modo, inconcebible. Pero aunque las jarchas nos revelen tanto sobre la primitiva poesía ibérica, no por esto hay que suponer que otras influencias no son igualmente importantes.

II. Las galaicas «cantigas de amigo»

Las antiguas canciones mozárabes han sido descritas como «cantigas de amigo» tanto por su descubridor Stern como por Dámaso Alonso en su estudio sobre las consecuencias de los hallazgos de aquél. Es decir, que aquellas canciones son como los primitivos poemas galaico-portugueses cuyo tema son las consideraciones que hace una joven a su madre, a otra persona, o a sí misma, sobre el amado ausente («amigo»). El actual acervo de este tipo de poemas consta de 512 composiciones extraídas de las tres grandes colecciones medievales gallegas.[7] Otros tipos de poesía (lamentos amorosos según un modelo provenzal, llamados «cantigas de amor» y las más o menos procaces «cantigas de escarnio») fueron también compuestos por primitivos poetas gallegos, pero los poemas que nos interesan aquí son sólo las «cantigas de amigo». Algunas de estas poesías pueden fecharse en los principios del siglo XIII; ninguna de ellas es posterior a 1325, cuando murió Dionís, el rey trovador portugués. Las más elegantes de estas obras tienen algún parecido con las de escritores provenzales; otras son más sencillas y han sido llamadas «populares».

Una buena descripción del estilo nativo gallego ha sido expuesta por W. J. Entwistle.[8] Hizo una lista de las diversas características que distinguen los poemas «populares» de los más provenzalizados. En primer lugar, se fija en la cualidad de «inmovilidad». Ésta es, a menudo, evidente en repeticiones y paralelismos, aunque también se manifiesta en otras composiciones que no poseen esos distintivos. El término «inmovilidad» debe ser aceptado en un sentido relativo: como veremos, existe una forma de progresión en algunas obras, pero menor de la que se puede encontrar en la mayoría de los poemas castellanos posteriores. En segundo lugar, Entwistle señala cómo la unidad estaba formada generalmente por un dístico con un estribillo. Éste podía consistir en más de un verso, pero no era tan esencial al poema en sí como lo será

---

7. *Cantigas d'Amigo dos trovadores galego-portugueses*, edição crítica acompanhada de introdução, comentário, variantes e glossário por José Joaquim Nunes, 3 vols., Coimbra, 1928.

8. William J. Entwistle, «Dos "cossantes" às "cantigas de amor"», en Aubrey F. G. Bell, C. M. Bowra, William J. Entwistle, *Da poesia medieval portuguesa*, tradução do ingles por Antonio Álvaro Dória, 2.ª edição ampliada, Lisboa, 1947, pp. 75-99.

más adelante el estribillo castellano. Podía consistir en una simple copla, una frase apropiada o tan sólo algo que prestara un leve color adicional a la composición. En tercer lugar, Entwistle expone las diferentes clases de paralelismos (duplicación, triplicación, cuadruplicación) y las repeticiones incrementadas (*leixa-prén*), que se pueden hallar en estas poesías. El significado de estos términos puede verse examinando algunos de los poemas incluidos más adelante. En los antiguos manuscritos se encuentran a menudo poemas con estas cualidades, al lado de otros mucho más provenzalizados, generalmente llamados «cantigas de amor». Los que vamos a examinar en esta sección se incluyen, en su mayoría, en la primera clase; es decir, son los que tienden a usar los recursos expuestos en la lista de Entwistle. Los portugueses los llaman «cantigas paralelísticas». Asensio ha demostrado que la palabra *cossante,* a veces usada para denominarlos, es un imaginario nombre inapropiado.[9] Así pues, tienen que seguir llamándose poemas paralelísticos que constituyen un grupo incluido en el más amplio de las cantigas de amigo.

El mismo crítico ha señalado recientemente que, tras las cantigas de amigo y quizás incluso de las cantigas de amor, yace una arcaica tradición lírica oral.[10] Los poemas en sí están artísticamente trabajados, pero encierran algún contenido tradicional. Ni el paralelismo ni la repetición incrementada son exclusivamente gallegos, y su aparición en poesías inglesas, galesas e incluso chinas sugiere que su origen puede atribuirse a ciertos esquemas de danza. La maestría de las cantigas de amigo es, quizá, lo que las hace particularmente notables. Además, hay en ellas detalles ocasionales que nos hacen pensar en las jarchas mozárabes.[11]

Existen copiosas pruebas para demostrar que, después de 1135, numerosos trovadores y juglares de Provenza visi-

9. Eugenio Asensio, *Poética y realidad...*, pp. 225-241.
10. Ibid., p. 19.
11. Ibid., p. 192.

taron la Península ibérica. Giraut de Bornelh, por ejemplo, estuvo en las cortes de Castilla y Aragón; Peire Vidal fue a Aragón, Castilla y León. Éstos y otros menos ilustres cantaron en castillos y palacios donde se les agasajaba espléndidamente. Probablemente ensayaban gran parte de su repertorio ante este auditorio extranjero que prefería determinada clase de canciones: por eso pueden hallarse algunos vestigios de albas provenzales, aunque haya pocos indicios de imitaciones españolas o gallegas. Guiraut Riquier, por ejemplo, compuso una *Declaratió del senhor n'Amfos de Castela* para el rey Alfonso el Sabio, recogiendo probablemente preceptos del propio rey poeta. Según esta obra, aquellos que escribían albas tenían derecho a llamarse trovadores.[12] Podemos suponer, por consiguiente, que las albas provenzales se cantaban en España; tenemos, sin embargo, que contar con el hecho de que los poemas ibéricos concernientes al comportamiento de los amantes al amanecer tienen poco que ver, hasta un período mucho más avanzado, con este tipo de poesía provenzal.

Dos consideraciones deben ser tenidas en cuenta. La primera es el hecho confirmado de que los españoles no apreciaban los muy enrevesados tipos de poesía provenzal. El mismo Bornelh observó cómo los catalanes preferían los poemas sencillos; el español Guillén de Bergadán se enorgullecía de escribir versos ligeros, fáciles y poco altisonantes.[13] Si los catalanes no gustaban de la extremada complicación de la poesía de sus vecinos, no puede causar sorpresa que los castellanos y portugueses, con una barrera lingüística más difícil de franquear, rechazasen también el *trobar clus* y similares refinamientos. La otra consideración es la existencia de un distinto tipo de poesía en la Península: la representada por las

---

12. R. Menéndez Pidal, *Poesía juglaresca y orígenes de las literaturas románicas*, Madrid, 1957. Véase especialmente Parte segunda, cap. V: «Los primeros tiempos y el predominio occitánico. Hasta 1230». Referencias a Vidal y Bornelh, pp. 118, 123 y 129; Alfonso X, p. 12. Para algunas extremadamente interesantes ideas sobre esta cuestión, véase Eugenio Asensio, *op. cit.*, pp. 61-74.

13. *Poesía juglaresca...*, p. 119.

jarchas mozárabes. Entre éstas hemos visto ya un poema sobre el alba; pudo muy bien haber existido una tradición en vigencia que rivalizara con éxito con las formas llegadas de Provenza.

Repetidas veces Entwistle llamó la atención sobre el hecho de que mientras en la poesía provenzal el alba separa a los amantes adúlteros, en la España medieval hace que los amantes se reúnan.[14] En el estudio ya citado, señala que el guardián no es un marido celoso sino la madre de la muchacha,[15] a pesar de que el rey Dionís se refiere en un poema a «el encolerizado».[16] Entwistle admite que cierta composición pertenece a la familia de las «albas» porque en ella se pide al amante que mire la flor del pino (¿«pequeñas piñas»?) y se apresure a emprender el camino.

> Amad'e meu amigo,
> valha Deus!
> vede la frol do pinho
> e guisade d'andar...

La alusión carece de sentido, a menos que antes fuese de noche. El poema, sigue diciendo, se parece al tipo primitivo provenzal de alba en el cual los enamorados se encuentran en un *vergier sotz fuella d'albespi,* pero no hay mención de guardián ni de avecillas y la llegada del amanecer está sólo delicadamente sugerida, no expresamente mencionada.[17] El parecido es menos claro de lo que Entwistle supone. La posible alusión a una despedida al amanecer es la única similitud entre ambos poemas. En otra poesía del rey Dionís puede haber una reminiscencia de las albas provenzales.

---

14. *European balladry*, Oxford, 1939, p. 134; «A originalidade dos trovadores portugueses», *Biblos*, Coimbra, XXI (1946), p. 18; Bell, Bowra, Entwistle, *op. cit.*, p. 90.
15. Bell, Bowra, Entwistle, *op. cit.*, p. 92.
16. Ibid., p. 96. El poema del rey Dionís lleva el n.º XXXVI en Nunes.
17. Ibid., p. 98. El señor Asensio disiente aquí de la opinión de Entwistle.

—«De que morredes filha, a do corpo velido?»
—«Madre, moiro d'amores que mi deu meu amigo.»
Alva é, vai liero.

La palabra *alva* aparece en el estribillo, por ello el poema ha sido considerado del alba.[18] Desgraciadamente, el estribillo también contiene el ininteligible vocablo *liero*. Un erudito alemán del siglo xix sugirió que esta palabra era una forma del portugués moderno *ligeiro* (ligero, rápido); [19] los filólogos modernos se muestran escépticos en cuanto a esta interpretación. Aun cuando podríamos traducir «El alba es, vete velozmente», o «el alba, y vete velozmente» (ambas interpretaciones son posibles, pero es preferible la primera), sería poco apropiado en un poema donde una muchacha está hablando con su madre. La sugerencia de una separación al amanecer permanece, pero el contexto es tan oscuro que resulta casi imposible de interpretar.

El título de «albas» fue dado por su editor portugués a tres conmovedores poemas de Julián Bolseiro.[20] Son diferentes en estilo y contenido de los del rey Dionís que acabamos de examinar. La joven permanece despierta durante noches interminables mientras piensa cuán de prisa pasaban cuando su amado dormía a su lado. Uno de ellos es un poema del alba tan sólo porque la muchacha suspira por el amanecer que tarda en llegar; ruega a Dios que la noche termine, pero éste, en cambio, le muestra las largas noches de Adviento. Otro nos da una descripción más alegre: la pasada noche fue más corta que la antepasada porque en aquélla tenía a su amado junto a sí, pero la llegada del día la acortó sin piedad: el alba representa la separación. El tercer poema es una variación sobre el tema del primero.[21] El editor portugués considera que las tres obras

18. Rodrígues Lapa, *Das origens da poesia lírica em Portugal na idade-media*, Lisboa, 1929, p. 137, nota 2.
19. Nunes, III, p. 25.
20. Nunes, I, p. 15.
21. Nunes, n.º CCCCV, *Aquestas noites tan longas*.

proceden probablemente de una tradición popular, en vista de su semejanza con poemas posteriores castellanos.[22] Este razonamiento tiene sus peligros; no toda poesía popular es necesariamente antigua porque alguna indudablemente lo sea. El tratamiento es, hasta cierto punto, provenzal: si el poeta tomó el tema del pueblo, lo recreó en un estilo más cortesano y sin el paralelismo convencional. El lenguaje es sencillo y efectivo. El simple relato y el estribillo nostálgico ocupan el sitio del ornamento figurativo. En estos tres poemas, una joven espera que su amado venga por la noche. Si el amado viene, el amanecer se presenta demasiado pronto. Si no lo hace, la noche transcurre larga y monótona.

En otro poema, Juan Airas (burgués de Santiago) nos dice cómo, cuando los pájaros cantaban al amanecer, encuentra a una pastora en el soto de Crexente. La aborda con gran timidez y es rechazado. Se trata más bien de una *pastourelle* que de un alba, a pesar de que lo relatado tiene lugar al comenzar el día.

> Pelo souto de Crexente
> ūa pastor vi andar
> muit 'alongada da gente,
> alçando voz a cantar,
> apertando-se na saia,
> quando saia la raia
> do sol nas ribas do Sar.
>
> E as aves que voavan,
> quando saia l'alvor,
> todas d'amores cantavan
> pelos ramos d'arredor,
> mais non sei tal qu'i'stevesse
> que en al cuidar podesse
> senon todo en amor.

---

22. *Op. cit.*, III, pp. 133-134. Véanse los argumentos de Menéndez Pidal resumidos en la sección III de este estudio para más autorizadas consideraciones sobre esta relación.

Ali 'stivi eu mui quedo,
quis falar e non ousei,
empero dix'a gran medo:
—«Mia senhor, falar-vos-ei
um pouco, se mi-ascuitardes
e ir-m'ei, quando mandardes,
mais aqui non 'starei.»

—«Senhor, por Santa Maria,
non estedes mais aqui,
mais ide-vos vossa via;
faredes mesura i,
ca os que vos aqui chegaren,
pois que vos aqui acharen,
ben diran que mais ouv'i.»

El poema se sirve de los motivos convencionales del alba para un propósito poco común en la poesía gallega. Con el alba van asociados el canto de los pájaros, los rayos solares en las orillas del Sar, la visita de una muchacha al río y un frustrado cortejo.[23] Veremos cómo la idea del encuentro al amanecer era utilizada también por otros poetas gallegos.

Una poesía de Pedro Meogo no menciona específicamente el alba, pero describe lo que le sucede a una joven después de levantarse por la mañana temprano. Sale a lavarse el cabello en una fuente, se encuentra con su amado y «el ciervo del monte enturbia las aguas».

[Levou-s'a louçana,]
levou-s' a velida;
vai lavar cabelos
na fontana fria,
   leda dos amores,
   dos amores leda.

23. *Cantigas d'amigo*, CCCXCV.

[Levou-s' a velida,]
levou-s' a louçana;
vai lavar cabelos
na fria fontana.
    leda dos amores,
    dos amores leda.

Vai lavar cabelos
na fontana fria;
passa seu amigo,
que lhi ben queria,
    leda dos amores,
    dos amores leda.

Vai lavar cabelos
na fria fontana,
passa seu amigo,
que a muit' ama,
    leda dos amores,
    dos amores leda.

Passa seu amigo,
que lhi ben queria;
o cervo do monte
a agua volvia,
    leda dos amores,
    dos amores leda.

Passa seu amigo,
que a muit' ama;
o cervo do monte
volvia a augua,
    leda dos amores,
    dos amores leda.[24]

El tema tiene un gran parecido con una poesía del rey Dionís en la cual menciona el alba, pero parece suprimir el amado.

24. Ibid., CCCCXV.

Meogo puede haber tomado el alba como algo obvio (¿por qué insistir en un convencionalismo que estaba en la mente de todos sus oyentes?). El principio («levantóse la bella») es suficientemente explícito. El amanecer es el momento de empezar una tarea que ha de terminar con el encuentro de los amantes, idea que encontraremos de nuevo en la poesía española posterior. La historia se narra lentamente, pero —con todos sus paralelismos y repeticiones— la aparición del ciervo es inesperada y transporta al lector desde el mundo real al simbólico. El simbolismo, sin embargo, es francamente erótico y a pesar de que una imagen bíblica pudo haber estado en la mente del poeta (Salmo XLII [Vulgata XLI]), tenemos aquí una descendencia directa de la danza del ciervo que tanto escandalizó a un obispo de Barcelona en el siglo IV.[25] El motivo se repite en todos los poemas existentes de Meogo.

La poesía del rey Dionís tiene un tema semejante al de Meogo. La palabra alba surge dos veces en cada estrofa y parece representar tanto el amanecer como la muchacha cuyas aventuras se describen.[26] El vocablo, por tanto, aparece utilizado con deliberada ambigüedad; al principio aparenta significar sólo el alba, pero al seguir leyendo, nos damos cuenta de que representa a la joven también. Sube y baja para lavar camisas en el río, el viento se las lleva y ella, la joven-alba, se enfada con él. Hay una progresión similar a la del poema de Meogo, exceptuando que no se menciona ningún amante. Meogo nos presenta: levantarse — lavarse en la fuente — llegada del amado — el ciervo que enturbia las aguas; el rey Dionís nos da: levantarse — lavado en el río — el viento que arrebata las camisas — el enojo de la joven. Parece como si el rey Dionís parodiase a Meogo, pero, si así fuese, la parodia es de tal delicadeza, que deja de serlo. Más probable es que el augusto poeta, apoyándose en el hecho de que sus oyentes estaban familiarizados

---

25.   Eugenio Asensio, *op. cit.*, pp. 50-57.
26.   Nunes, III, pp. 27 y 582; véase también Eugenio Asensio, *op. cit.*, p. 72.

con el estilo de progresión usado por Meogo, transformó en una
alusión vaga lo que el otro decía explícitamente. El viento que
se lleva las camisas se convierte en recordatorio del encuentro
de los amantes y su querella. Meogo presenta al amado antes
de convertirlo en ciervo; el rey Dionís hace que el viento cum-
pla el cometido de ambos.

Levantou-s' a velida,
levantou-s' alva
e vai lavar camisas
   eno alto:
vai-las lavar alva.

Levantou-s' a louçana,
levantou-s' alva
e vai lavar delgadas
   eno alto:
Vai-las lavar alva.

[E] vai lavar camisas:
levantou-s' alva:
o vento lh'as desvia
   eno alto:
vai-las lavar alva.

E vai lavar delgadas;
levantou-s' alva;
o vento lh'as levava
   eno alto:
vai-las lavar alva.

O vento lh'as desvia;
levantou-s' alva;
meteu-s' alva en ira
   eno alto:
vai-las lavar alta.

O vento lh'as llevava;
levantou-s' alva;
meteu-s' alva en sanha
   eno alto:
vai-las lavar alva.[27]

En estos tres poemas (de Airas, Meogo y Dionís) vemos que
el alba representa el momento oportuno para comenzar la tarea
de una joven que terminará o será interrumpida por el encuentro
con su pretendiente. Una vez más el alba reúne a los enamorados. El tema reaparece en la moderna poesía popular portuguesa y brasileña.

El famoso poema de Torneol, debería considerarse, creo,
como una alborada.[28]

---

27. *Cantigas d'amigo*, XX.
28. En el *Tesoro de la lengua castellana* de Sebastián de Covarrubias
(1611), aparecen las siguientes definiciones: «*Alborada*, la madrugada; *dar la
alborada*, dar los buenos días muy de mañana» (artículo *Albor*, p. 68 en la edición de Barcelona, 1943).

Levad', amigo, que dormides as manhãas frias;
todalas aves do mundo d'amor dizian:
  leda m' and' eu.

Levad', amigo que dormide'-las frias manhãas;
todalas aves do mundo d'amor cantavan:
  leda m' and' eu.

Toda-las aves do mundo d'amor dizian;
do meu amor e do voss' en ment' avian:
  leda m' and' eu.

Toda-las aves do mundo d'amor cantavan;
do meu amor e do voss' i enmentavan:
  leda m' and' eu.

Do meu amor e do voss' em ment' avian;
vós lhi tolhestes os ramos en que siian:
  leda m' and' eu.

Do meu amor e do voss' i enmentavan;
vós lhi tolhestes os ramos en que pousavan:
  leda m' and' eu.

Vós lhi tolhestes os ramos en que siian
e lhis secastes as fontes en que bevian:
  leda m' and' eu.

Vos lhi tolhestes os ramos en que pousavan
e lhis secastes as fontes u se banhavan:
  leda m' and' eu.

Se ha supuesto que esta composición [29] está influenciada por modelos extranjeros, pero son escasas las razones para mantener semejante opinión.[30] Un crítico sugiere que las «aves» que

---

29. J. J. Nunes, *Cantigas d'Amigo*, LXXV.
30. Según Rodrígues Lapa (*Origens*, p. 136), Carolina Michaelis de Vasconcellos supuso que se trataba de una imitación del francés.

«d'amor dizian» han reemplazado a un guardián provenzal, pero esto parece ser una idea inverosímil; ¿quién ignora que los pájaros suelen cantar por la mañana?[31] Asensio sugiere que el escenario del poema se convierte en un lugar silencioso al marcharse el amado y añade que se trata de un paisaje simbólico sólo explicable como signo equivalente de un cambio psicológico («mudanza íntima»).[32] La obra en sí es sorprendente y más compleja de lo que algunos críticos revelan haber comprendido.

Rodrígues Lapa observa que el poeta ha usado una medida de catorce sílabas (o quizá originariamente quince), con otros versos de sólo doce.[33] Los primeros versos de las dos primeras estrofas son más extensos que los restantes del poema. El mismo crítico también indica que hay una considerable diferencia en actitud y sentido literarios entre el primer verso del poema y el segundo, entre el cuarto y el quinto. En otras palabras, el verso «Levad, amigo [...]» parece haber sido sacado del acervo común para convertirse en el comienzo de un desarrollo más personal.[34] La comparación con el verso sobre el alba de Ibn Quzmān («alba alba esid luz [...] en uno die») es interesante, pero sería poco aconsejable generalizar sobre lo que acaso es un ligero parecido. El poema de Torneol empieza por la llamada de una joven a su amado; después recuerda cómo los pájaros cantaban los amores de ambos hasta que él agitó las ramas en que se posaban y secó la fuente donde bebían. (En otra cantiga de amigo, de Fernand' Esquio, la joven rememora cómo su amado, arco en mano, renuncia a matar a los pájaros que cantaban.)[35] El encanto del poema reside en que la bienvenida al amado está acompañada de reproches porque ha destruido la natural armonía que había sido el decorado a sus amores. Ponemos en duda si esto es una mera consecuencia de la ausencia

31. Nunes, *op. cit.*, I, pp. 13-14.
32. Asensio, *op. cit.*, p. 128.
33. El análisis métrico de Nunes puede alegarse en apoyo de esta observación, *op. cit.*, p. 75.
34. *Origens*, pp. 339, 340.
35. Nunes, II, n.º DVI.

del amado o si existe una sutil perversidad en el hombre, que destruyó la paz de aquellos que publicaron sus amores, lo cual constituye un sorprendente final para el sencillo principio. La interpretación de Asensio es, en conjunto, la más plausible.[36]

Tenemos ahora ya la posibilidad de resumir las asociaciones del alba en la poesía antigua gallega. Helas aquí:

a) El poema del rey Dionís que puede ser una separación al alba y al aire libre.

b) El otro poema del mismo autor que tiene un estribillo tal vez relacionado con la separación al alba.

c) Los poemas de Bolseiro en los cuales el alba llega demasiado lentamente después de una noche sin amor, o muy pronto si el amante acude a la cita.

d) Poemas de Meogo, el rey Dionís y quizá también la *pastourelle* de Airas. El alba es el momento en que la joven empieza una tarea que termina (o parece terminar) con la llegada del amado.

e) La alborada. Poema de Torneol. Una muchacha llama a su amado al amanecer y empieza a recordarle sus pasados placeres.

Todos estos poemas son cantigas de amigo; en su mayoría son paralelísticos. Me es difícil aceptar el concepto de inmovilidad de Entwistle para los apartados *d*) y *e*). El paralelismo y las repeticiones en aumento retardan la acción, pero hay una progresión en estos poemas: el ciervo de Meogo, el viento del rey Dionís y el comportamiento del amante de Torneol son sorprendentes distintivos en estas obras, después de sus cándidos comienzos. La inmovilidad es solamente relativa y el mérito de estas canciones parece consistir en el grado al que llega su modificación. Pero en los apartados *a*) y *b*) la inmovilidad es obvia.

Estas antiguas composiciones portuguesas o gallegas no son

---

36. A. D. Deyermond, *A literary history of Spain. The Middle Ages*, Londres, 1971, pp. 18-19, interpreta que el amante abandona a la muchacha y provoca los estragos.

poemas semejantes a las albas provenzales o los *tageliet* alemanes. Implican otros convencionalismos y una menos compleja teoría del amor. Su lenguaje es más sencillo y, en los poemas paralelísticos, el lento, repetido, antifonal desarrollo actúa como una música interna o como un ensalmo. Más tarde, las canciones serán más variadas o bien, aunque sencillas de estilo, más directas. El arte elegante, delicado y a la vez franco, de estos poemas es una de las glorias literarias de la Península.

III. Las desveladas jóvenes y la llamada del alba en la posterior poesía peninsular

Para darnos cuenta de cómo se desarrolló la canción popular española durante los siglos xiv y xv, tenemos que escudriñar entre los versos de composiciones de escritores cortesanos o retroceder en busca de canciones conservadas en pliegos sueltos o cancioneros musicales manuscritos del siglo xvi, y de canciones incrustadas en las obras teatrales de Gil Vicente (1469-1536?), de Lope de Vega (1562-1635) y de sus seguidores. Si el mismo tema aparece en un cancionero del siglo xvi y en una cantiga de amigo gallega, podemos deducir con cierta razón que pueden hallarse relacionados ambos tratamientos, aun cuando no se pueda probar que uno de ellos sea descendiente directo del otro. El descubrimiento de las *jarchas* sugiere que puede haber una fuente común para los poemas castellanos y portugueses; y no hay razón para que temas y técnicas de alguno de ellos no haya cruzado de vez en cuando una fácil frontera lingüística. Muchos de los poemas castellanos fueron escritos a principios del siglo xvi, pero probablemente son mucho más antiguos. En un estimulante artículo, Ramón Menéndez Pidal demuestra que la poesía lírica castellana es mucho más antigua de lo que parece a primera vista,[37] ya que de hecho existía una copla popular cas-

---

37. «La primitiva poesía lírica española», en *Estudios literarios*, Buenos Aires, 1938, pp. 197-269.

tellana que se cantaba profusamente después de la derrota de Almanzor en la batalla de Calatañazor en el año 998. Esta interpretación de la prueba ha recibido sólido apoyo con el descubrimiento de las jarchas mozárabes. En la actualidad, Asensio ha demostrado que hay pruebas fehacientes de la existencia de un gran conjunto de versos paralelísticos en Castilla.

La tentación de considerar los poemas paralelísticos en castellano como desgraciados huérfanos extraviados a través de la frontera lingüística gallega ha sido definitivamente desechada por el último crítico. Si las cantigas de amigo del rey Dionís y Meogo proceden —como es probable— de un primitivo tipo de verso para la danza, no hay razón para pensar que la poesía popular hubo de limitarse a los confines de un rincón de la Península. Sabemos que existen en otras partes de Europa y Asia: Francia, Italia, Inglaterra, Gales, China... Probablemente abundaban en Castilla con anterioridad al siglo XV, y tenemos una docena de poemas completos y más de cincuenta fragmentos que pertenecen al siglo XV y principios del XVI. Poco después de 1520, un pliego suelto titulado *Cantares de diuersas sonadas con sus deshechas muy graciosos ansi para baylar como tañer* se imprimió en un lugar no identificado; contiene diecinueve poemas de los cuales una docena son paralelísticos. Pero estas obras emergieron sólo durante poco tiempo de la tradición oral, donde tales composiciones continuaron circulando esporádicamente en coplas, canciones para juegos y otras por el estilo. Uno o dos de estos antiguos ejemplos se verán más adelante en este estudio.[38]

La otra forma de canción tradicional castellana es el villancico. En sus orígenes se puede relacionar con el zéjel, y algunos de los villancicos antiguos están escritos en una similar forma

---

38. Asensio, *Poética y realidad...*, pp. 181-224. El contenido de este pliego suelto ha sido reimpreso por Margit Frenk Alatorre en el *Cancionero de galanes y otros rarísimos cancionerillos góticos*, Valencia, 1952, pp. 57-75. El señor F. J. Norton de la Biblioteca Universitaria, Cambridge, me comunica que el reducido facsímile que encabeza la p. 57 indica una fecha más tardía que la supuesta por Salvá de 1520.

estrófica. El estribillo respaldaba las estrofas que seguían. Iban al principio del poema y eran glosados al proseguirse las estrofas. Este procedimiento permite un desarrollo más rápido que en los poemas gallegos, a incluir mayor variedad de contenido. El estribillo puede ser un pequeño poema en sí, pero es generalmente más amplio en significado y de estilo más sencillo que los versos en que se desarrolla. El estribillo es, generalmente, tradicional; las glosas pueden ser sencillas, cortesanas, religiosas y aun eruditas.[39] Esta corriente de poesía era a veces completamente desatendida por los poetas cultos, pero, con mucha más frecuencia era usada por ellos y sus obras se empapaban en ella. El compilador del *Cancionero de Baena*, del siglo xv, apenas permitió que se incluyese un solo verso de aquel tipo en su culta antología; pero los poetas del siglo xvi (incluso San Juan de la Cruz) y otros tan elevados como Góngora y Lope de Vega, usaron sus temas y coplas para sus propios fines.

La relación entre los poemas gallegos de Bolseiro sobre el insomnio y la manera de tratar el mismo tema por la poesía castellana posterior ha sido estudiada en el mismo artículo por Menéndez Pidal. La conclusión alcanzada es que probablemente no existía una descendencia directa desde los anteriores a los más recientes, pero que tanto Bolseiro como los poetas castellanos se inspiraban en un tema tradicional peninsular. Esta teoría se publicó por primera vez en 1919 y recibió poderosas confirmaciones desde los modernos descubrimientos mozárabes.[40] La jarcha sobre Abu'l Qāsim es, sin duda, un poema de esa clase. Entre los posteriores tipos de composición sobre el insomnio, existe uno que se halla en las últimas adiciones a la novela *La Celestina* de Francisco de Rojas, cuya primera edición conocida se publicó en Burgos, en 1499, pero las interpolaciones se añadieron en 1502. Melibea, llevada de su amor por Calisto, canta esta canción para entretener el tiempo antes de que él llegue a su última cita:

39. *Estudios*, pp. 260-261.
40. Véase Dámaso Alonso, *op. cit.*, p. 321.

Papagayos, ruyseñores,
que cantáys al aluorada,
lleuad nueua a mis amores
cómo espero aquí assentada.
La media noche es passada
e no viene;
sabed me si ay otra amada
que lo detiene.[41]

Empieza refiriéndose a los ruiseñores y papagayos que saludan al alba (alborada) y termina incorporando un estribillo popular [42] que no deja de parecerse a la jarcha que figura como primer ejemplo en nuestra selección. Alba, llegada tardía, celos: los tres temas principales son comunes. El poema probablemente no es de Rojas. Aunque está lejos de ser la mejor composición sobre el alba en español, se mezcla agradablemente el deseo de ser cortesano con la ingenuidad popular.[43] Una copla asturiana en la cual aparece este tema fue recogida por Torner en el siglo actual:

Canta el gallu, canta el gallu,
canta el gallu y amanez;
la neña que tién amores
tarde o nunca se adormez.[44]

Los gallos que tan a menudo aparecen en este tipo de composición, forman parte aquí de una casta escena.

Tres alboradas castellanas —poemas de citas al amanecer— parecen mostrar el desarrollo gradual desde el paralelismo a la glosa de un estribillo. El primero es quizá el más famoso pe-

41. Edición facsímile hecha por don Antonio Pérez Gómez del ejemplar de la BNM fechado en Sevilla, «1502».

42. Menéndez Pidal, *Estudios*, pp. 256-259.

43. El tema de la dama insomne que espera a su amante puede hallarse también en el marqués de Santillana, en Cristovam Falcam, y en el anónimo *Estas noches atán largas* de la colección de Upsala. Eduardo M. Torner añadió otros ejemplos de la poesía popular moderna en su *Lírica hispánica*, Madrid, 1966.

44. Torner, *Lírica hispánica*, p. 108.

ninsular sobre el alba después del de Torneol. La muchacha pide
a su amado que venga al alba, que venga a la luz del día, que
venga solo.

>   Al alba venid, buen amigo,
>   al alba venid.
>   Amigo, el que yo más quería,
>   venid al alba del día.
>   Amigo, el que yo más amaba,
>   venid a la luz del alba.
>   Venid a la luz del día,
>   non trayáis compañía
>   Venid a la luz del alba,
>   non trayáis gran compaña. [45]

Aunque está escrito en castellano, sigue las reglas galaicas
del paralelismo y la repetición. Algunos críticos han supuesto
por eso que el poema debe ser de origen gallego.[46] Hay, sin
embargo, en esta canción una firmeza y una sinceridad que la
diferencian de la de Torneol; no hay en ella pájaros ni alusión
a otras asociaciones con el alba o la aventura amorosa. Lo directo
de este poema parece castellano, no gallego. Está conservado en
un famoso manuscrito de principios del siglo XVI; y probablemente es mucho más antiguo de lo que la fecha sugiere.

El siguiente está tomado de otro manuscrito de la misma
época. Aquí el amante pide a la muchacha que se encuentre con
él en el valle al romper el día.

>   Decendid al valle, la niña,
>   que ya es venido el día.
>   Decendid, niña de amor,
>   que ya es venido el albor.
>   Veros [h]a vuestro amador

---

45. *Cancionero musical*, ed. Barbieri, Madrid, 1890, p. 59.
46. H. R. Lang en *Cancionero Gallego-castellano*, Nueva York, 1902, p. 139.
A. R. Nykl le sigue, *op. cit.*, p. 300. Véase, no obstante, el justificado desdén
del señor Asensio, *op. cit.*, pp. 137-138.

que en veros se alegraría,
que ya es venido el día.[47]

Los cuatro primeros versos, considerados aisladamente, son toscamente paralelísticos. Los tres últimos parecen formar una estrofa rudimentaria, compuesta como si el segundo verso de la composición fuese el estribillo. Parece como si el poema originalmente hubiese sido paralelístico, según el patrón de «Al alba venid». En cierto modo es el complemento a esta poesía, pues aquí es el hombre quien invita a la joven a reunirse con él. Más tarde, los versos fueron quizá torpemente adaptados para formar un villancico. Otra versión del estribillo aparece en el pliego suelto ya mencionado. Aquí, sin embargo, no hay paralelismo: el poema es, en realidad, un villancico.[48]

El siguiente es fragmento de un poema narrativo entremezclado con coplas más o menos populares (llamado «ensaladilla») que se publicó en una colección de romances en 1597. La composición describe cómo un grupo de aldeanos asiste a una fiesta del día de San Juan e incluye las canciones allí cantadas. Una campesina espera que su Andrés venga con el alba, pero él no llega. Entonces canta su alborada en la cual la identificación amado-alba vuelve a aparecer.

. . . .
Luego Iuana Santorcaz
y Aldonza la de Valbuena,
Úrsola de la Patena,
y Agustina Fuenteelsaz,
porque aguardaua a su Andrés
que allá a buen alua vendría,
aqueste cantar dezía,
ordenando vn passa tres:

47. A. Paz y Melia, *Series de los más importantes documentos del archivo del Excelentísimo Señor Duque de Medinaceli*, 1922, t. II, p. 154.
48. *Cancionero de galanes y otros rarísimos cancionerillos góticos*, pp. 59-60; véase también la valiosa nota de Margit Frenk Alatorre en p. XXXIX.

«¿Quándo saldréys, el alua galana,
quándo saldréys el alua?

»Resplandece el día,
crecen los amores,
y en los amadores
augmenta alegría,
alegría galana,
¿quándo saldréys el alua?»[49]

El hilo narrativo es torpe, pero la canción es sencilla y encantadora. Puede, probablemente, llamarse popular.

Este poema fue parodiado a lo divino por el poeta José de Valdivieso. Algunos poemas religiosos españoles sobre el alba se examinarán más adelante en este ensayo, pero éste tiene tan cercana relación con su fuente que debe ser incluido aquí.

. . . .
Tirsi, que está codicioso
del Alua, que ver procura,
porque es Alua la blancura
que encierra aquel Sol hermoso,
que salga deuoto espera
a aquel balcón de crystal,
y por engañar su mal
le canta desta manera:

«¿Quándo saliréis, Alua galana,
quándo saliréis, el Alua?

»¿Quándo miraré,
Alua de mi cielo,
esse blanco velo,
blanco de mi fe,
fe de mi esperança,

49. *Flor de romances novena parte*, Madrid, 1597, ed. A. Rodríguez-Moñino, Madrid, 1957, fol. 43 vº.

¿Quándo saliréis, Alua galana,
[Quándo salireis el Alua?»] [50]

El Sol es Dios en la blanca Alba de la Hostia. La adaptación
a un tema sacro es más bien fría: el juego de palabras sobre
blanco en sus dos significados, «blanco color» y «blanco al que
se tira» es trivial. El poema demuestra cuán fácil resulta adap-
tar un tema profano a un propósito religioso. Ejemplos mejores
se hallarán más adelante.

En otra obra poética publicada a principios del siglo XVII,
hay una versión más pretenciosa de este popular tema.[51] La
dama requerida por Celio lleva el nombre de Marfisa. Cuando
empieza a amanecer los cielos semejan bordados de nácar sobre
tela azul. La alfombra de la campiña está entretejida con iris y
lirios. Los arroyos, inevitablemente, son de plata. El poema es
mediocre, pero demuestra que la técnica barroca se podía usar
tanto para adornar temas populares como cultos.

Los coleccionistas modernos de canciones populares han encontrado alboradas en Asturias, en la provincia de Salamanca y
en Cataluña.

Los poemas asturianos parecen combinar las alboradas con
el tema del alba.

Levántate, morenita,
levántate, resalada,
levántate, morenita,
que ya viene la mañana,
levántate.

Que ya viene la mañana,
la mañana ya viniendo;
¡cómo descansa la niña
en los brazos de su dueño!
Levántate.[52]

---

50. *Romancero espiritual*, Toledo, 1612, fol. 36.
51. «Despertad Marfisa», A. González Palencia, *Segunda parte del Romancero general*, 1947, p. 334, n.° 1339.
52. Torner, *Lírica hispánica*, Madrid, 1966, p. 233. Asturias.

La llamada a la joven para que se levante parece puesta en boca del amante; pero la segunda estrofa demuestra que está en sus brazos cuando oye la llamada. El alba aquí se burla socarronamente de la alborada. El principal interés de las otras dos composiciones radica en que son vestigios posteriores de un tema medieval.

> Caracol,
> cómo pica el sol;
> los pájaros pían.
> Levántate, morena,
> que viene el día.[53]

El ejemplo catalán es sólo un fragmento: toscamente paralelístico en su forma y burlesco de espíritu.

> «Marieta lleva't, lleva't de mati,
> que l'alua és clara, el sol vol sortir.»
> «Com m'en llevaré, si gipó no tinc?»
>
> «Marieta lleva't, de mati lleva't,
> Que el sol vol sortir, que l'alba és clara.»
> «Com [...]» [54]

Este estudio parece demostrar que dos temas peninsulares del alba, el insomnio de la joven y la llamada al amanecer, se han mantenido en la poesía peninsular desde principios del siglo XIII hasta hoy. Se hallan principalmente en las canciones populares pero, de vez en cuando, poetas más ilustrados los adoptaban y adaptaban. Atestiguan la fuerza de la tradición popular española, que a menudo influenciaba o daba color a la

---

53. Ibid. Salamanca.
54. Recogido por Audrey F. G. Bell en *Portuguese Literature*, Oxford, 1922, p. 345. Se dice que el poema fue publicado por Milá y Fontanals, pero no me ha sido posible encontrar su versión, que puede ser también incompleta. En las líneas 2 y 5 se lee: «l'aygua»; mi enmienda parece justificada.

obra de poetas cuya primordial fama consistía en un tipo más culto de literatura.

Desde que por primera vez se publicó este ensayo en *Eos* (1965), A. D. Deyermond ha señalado que existe una cita al amanecer en el *Libro de Buen Amor,* estrofas 376-378:

> Desque sientes a ella, tu coraçón espaçias;
> con la maytinada cantate, en las friurias laçias;
> laudes aurora lucis, das les grandes graçias;
> con miserere mey, mucho te le engraçias.

> En saliendo el sol, comienças luego prima;
> deus in nomine tuo, rruegas a tu saquima
> que la lieve por agua e que dé a todo çima,
> va en achaque de agua a verte la mala esquima.

> E sy es tal que non usa andar por las callejas,
> que la lyeve a las uertas por las rrosas bermejas;
> ssy cree la bavieca sus dichos e conssejas,
> Quod eva tristis trae de quicunque vult rredruejas.

Y añade:

> Éste es indudablemente un poema del alba: las Horas parodiadas —laudes y prima— son precisamente las de antes y después del amanecer; las palabras *aurora* y *salyendo el sol* lo indican con claridad y el contexto es erótico. Los amantes no son, sin embargo, mancebo y muchacha, ni siquiera adúlteros románticos, sino un lujurioso sacerdote y su condescendiente feligresa. Juan Ruiz, por lo tanto, ha escrito no sólo un poema sobre el alba mucho antes que los poetas reunidos en *Eos*; también ha parodiado la alborada [...] al mismo tiempo que lo hacía con las Horas Canónicas.

Luego añade en una nota al pie:

> Todas las composiciones sobre el alba galaico-portuguesas aparecidas en *Eos* son anteriores al *Libro* [*de Buen Amor*] y en su mayoría son alboradas; el volumen también ilustra

el alcance de la tradición en latín medieval, provenzal y francés antiguo. Existía, pues, gran abundancia de material para que el arcipreste lo parodiase, aunque no fuese castellano.[55]

Yo, naturalmente, acepto la rectificación del profesor Deyermond y confirmo su declaración. La brillante y original parodia de Juan Ruiz resalta aún más colocada en el contexto de las posteriores tradiciones castellanas del alba.

IV. LAS SEPARACIONES AL AMANECER ESPAÑOLAS [56]

Ya cantan los gallos,
buen amor, y vete,
cata que amanece.

He aquí un estribillo que aparece en cancioneros y romanceros; fue glosado por lo menos cinco veces durante el siglo XVI. El crítico que lo considera «fort ancien» [57] está seguramente en lo cierto, pero existen algunas dificultades para demostrar que se compuso antes de comenzar el siglo XVI.

El poeta franciscano fray Ambrosio Montesino publicó la primera edición de su *Cancionero* en 1485, y otra, más completa, en 1508.[58] Su poema «el rey de la gloria» apareció en

55. «Some aspects of parody in the *Libro de Buen Amor*», en «*Libro de Buen Amor*» *Studies*, edited by G. B. Gybbon-Monypenny, Londres, 1970, p. 62.
56. Lo sustancial de esta sección apareció ya en una contribución a los *Estudios dedicados a Menéndez Pidal*, Madrid, 1954, t. V, pp. 335-348. Su título es «Ora vete, amor, y vete, cata que amanece»; está escrito en inglés. En dicho artículo se recogen uno o dos ejemplos no incluidos aquí. El libro de Torner arriba citado ha permitido a quien esto escribe rastrear mucho de este material.
57. M. Pierre le Gentil; véase nota 5.
58. Sir Henry Thomas reimprimió en facsímile la edición de 1485 de las *Coplas sobre diversas devociones y misterios de nuestra Santa Fe católica*, en Londres, 1936. El *Cancionero de diversas obras de nuevo trobadas* de 1508 es asequible en la edición facsímile de don Antonio Pérez Gómez, Cieza, 1964, fol. LXIX. El señor Pérez Gómez publicó otra edición facsímile de la de 1485 en su *Segunda floresta de incunables poéticos castellanos*, Valencia, 1957.

ambas ediciones pero con diferentes advertencias. En 1485 se nos dice que estos versos fueron escritos por encargo de la duquesa de Alburquerque; en la edición posterior, el encargo se atribuye a don Álvaro de Zúñiga, prior de los Caballeros de San Juan de Jerusalén, y se dice que deben ser cantados al son de «Ya cantan los gallos». Si en realidad fray Ambrosio puso letra piadosa a la canción profana, las palabras no se parecen a las que reemplazó. No se puede decir si lo que afirma la primera edición es más de fiar que lo expresado en la segunda. Se contradicen en lo relativo al nombre del mecenas del poeta. El estribillo de tres versos y la estrofa de siete hexasílabos son fórmulas características comunes a una glosa primitiva y a «El rey de la gloria» de Montesino. Si lo que afirma la edición de 1508 es cierto, ¿por qué el autor no lo hizo imprimir en el texto más antiguo? Quizá el poema compuesto antes de 1485 como obra original, fue considerado apto para encajar en una música profana sólo poco antes de 1508. En ese caso, la obra devota no tiene sino una leve relación con el estribillo profano. Por lo tanto, hasta donde pueden alcanzar los hechos comprobables, podemos decir tan sólo que el estribillo estaba en circulación antes de 1508; probablemente es más antiguo.

La suerte de las separaciones al alba en la poesía española es, en gran parte, la del estribillo, el cual no sólo fue glosado varias veces en el siglo XVI, sino que dejó su huella en más reciente poesía popular, y de aquí que fuese adoptado por la extraordinaria poetisa del siglo XIX, Rosalía Castro, y por uno de los más grandes poetas del siglo XX, Federico García Lorca, quien escribió una elegía a la muerte de aquélla. No tendría sentido imprimir todas las glosas antiguas, pero tres de ellas tienen algún interés. La primera existe en dos versiones de principios del siglo XVI, una de las cuales es, casi con seguridad, la pretendida fuente de la poesía de Montesino. No hay mucho que escoger entre estas dos versiones; la primera estrofa de la glosa es casi igual en ambas. Incluimos la menos retórica. El poeta anónimo habrá imitado un modelo extranjero. El poema consiste en un sencillo diálogo entre los amantes. No hay vigilante y el único indicio del alba es el canto del gallo.

«Ya cantan los gallos,
buen amor, y vete,
cata que amanece.»

'Sy cantan los gallos
¿yo cómo me yrya?
pues tengo en los vraços
a quien yo más querya.
Antes moryrya,
que de aquy me fuese,
aunque amanecyese.'

'No creays, señora,
sus voces yncyertas,
porque las más cyertas
es cantar syn ora;
mi fe, que os adora,
ace que parece
que agora anochece.'

«No querays, señor,
por poco placer,
con sovra de amor,
echarme a perder.
Podyaos ver
por do yo os perdyese,
antes yo muryese.»

«Vete, alma mya,
más tarde no esperes,
no descuvra el dya
los nuestros placeres.
Cata que los gallos,
según que parece,
dycen que amanece.» [59]

En otro poema de la misma procedencia, la métrica ha cambiado de hexasílabos a octosílabos. En vez de dedicar a cada amante una estrofa alterna, la discusión entre los jóvenes consiste en frases de un sólo verso o de un par de ellos. Desgraciadamente no siempre es fácil decir cómo están distribuidos los parlamentos. Copio una estrofa para mostrar cómo se desarrolla el animado diálogo; el lector se dará cuenta de que el gallo ha desaparecido del estribillo:

Ora vete, amor, y vete.
cata que amanesce.
. . . .

59. R. Menéndez Pidal, «Cartapacios literarios salmantinos», *BRAE*, I (1914), p. 303.

—'Di, ¿huelgas con mi venida?'
—«Si me huelgo Dios lo sabe.»
—'Pues dime ¿en qué razón cabe
apresurar mi partida?'
—«Porque quien quiere otra vida
la suya propia aborresce.
Ora vete, amor, y vete,
cata que amanesce.» [60]

El tono coloquial de estas dos glosas fue pronto reemplazado
por elegantes o ingeniosos conceptos cuando el Renacimiento
dio paso al manierismo y al barroco.

El siguiente poema aparece en el famoso *Romancero general*
de 1600. El estribillo aún se reconoce, pero el cambio de estilo
es completo. Los gallos desaparecen. El escenario es ahora ur-
bano. La primera señal del amanecer es el hecho de que la
gente ya camina por la calle. Los amantes deben separarse por
temor a que el hombre sea visto al salir de casa. Él permanece
silencioso; sólo la dama habla:

OTRO ROMANCE

«Vete, amor, y vete.
mira que amanece.

»Gente passa por la calle,
y pues passa tanta gente,
sin duda que la mañana
ya sus alas blancas tiende.
Y pues de la vezindad
tanto me temo, y te temes,
porque al vulgo no declares
lo que te quiero y me quieres,
vete, amor, y vete,
mira que amanece.

»Si el Sol en saliendo varre
la aljófar que el campo tiene,
también de mi lado quita
la perla que me enriqueze.
Lo que a otros parece día,
a mí noche me parece,
pues, luego que sale el alua,
la noche de ausencia viene.
Vete, amor, y vete,
mira que amanece.

60. Ibid.

»Si quieres echar rayzes
al passatiempo presente,
sin que el ayre de embidiosos
tan presto no nos le lleue,
si quieres que nos veamos
como esta vez muchas vezes,
donde a letra vista pago
lo que te deuo y me deues,
vete, amor, y vete,
mira que amanece.

»Dexa los dulces abraços,
que si entre ellos te entretienes,
vn mal nos podrá dar largo
aqueste contento breue.
Vn día de purgatorio
no haze mucho quien le tiene,
pues la esperança de gloria
sus graues penas descrece.
Vete, amor, y vete,
mira que amanece.» [61]

Perlas de rocío cubren la hierba y la dama habla de que «a letra vista pago», del purgatorio y del cielo. Nos encontramos en el mundo teatral de Lope de Vega; la separación al alba se interpreta primordialmente como una cuestión de honor. En su estilo, el poema no es malo, pero los conceptos, más que reforzar la situación, distraen de ella. A pesar de las referencias a la vida futura, existe poco idealismo en la obra, ya que las razones expuestas por la dama sólo son una súplica a su amado para que se marche al instante y así poder gozar de otro encuentro. La glosa está escrita en estrofas con métrica de romance; octosílabos con la asonancia (*e-e*) en los versos pares.

Los gallos fueron suprimidos por los elegantes poetas de finales del siglo XVI. No obstante, vuelven a aparecer en la poesía popular moderna española e hispanoamericana. El estribillo primitivo resurge como copla moderna, con sólo ligeras modificaciones.[62] La copla inspiró a Rosalía Castro un agradable aunque sentimental diálogo entre dos rústicos amantes. Cuando Federico García Lorca escribió su «Canzón para Rosalía morta», aludió también al estribillo.[63]

61. Antonio Rodríguez-Moñino, *Las fuentes del Romancero general*, XII, *Suplemento: Romances diversos no incluidos en los once tomos precedentes*, pp. 78-79.
62. Eduardo M. Torner, *Lírica hispánica. Relaciones entre lo popular y lo culto*, Madrid, 1996, n.º 52, pp. 109-113.
63. El poema de Rosalía comienza: «Cantan os galos pr'o dia [...] (*Obra poética*, ed. A. Cortina, Buenos Aires, 1943, pp. 46-48. La canción de cuna de Lorca aparece en primer lugar en *Seis poemas galegos*, 1935 (*Obras completas*, II, Buenos Aires, 1938, p. 229).

Versiones castellanas de derivaciones de este antiguo estribillo han sido recogidas en Andalucía:

—Vete, que ya canta el gallo,
vete, que amanece el día.
—Adiós, morena del alma,
adiós, morenita mía.

En la Argentina:

Ya cantaron los gallos
ya viene el día;
cada cual a su casa
y yo a la mía.

Y en México:

—Ya los gallos ya cantaron,
chiquitita, ya me voy.
—No se va mi trigueñito
hasta que no raye el sol.
—Siempre me voy y te dejo
para no seguirte un mal;
nos seguiremos mirando
cada vez que haya lugar.[64]

La copla argentina pertenece a esta familia, pero es, probablemente, canción de despedida cantada por un grupo de rondadores.

La existencia continuada de nuestro estribillo desde la España de los Reyes Católicos hasta la Argentina y México actuales es poco menos notable que el caso de las alboradas vistas algunas páginas atrás. España tardó en crear las despedidas al amanecer, pero florecieron —y probablemente aún florecen— gracias al hallazgo de un sólo estribillo.

Fernando de Rojas publicó su *Comedia de Calisto y Melibea,*

64. Estos y otros ejemplos en Torner, loc. cit.

más corrientemente llamada *La Celestina*, en 1499. Esta obra se basa en la trágica historia de dos jóvenes que se amaron demasiado apasionadamente y no velaron bastante los medios para satisfacer sus amores. Calisto se mata al caer desde la tapia cuando abandonaba el jardín de Melibea después de haberla seducido; ella, poco después, se lanza desde lo alto de una torre. Ésta es, al menos, la historia en la primera edición que se conoce, de Burgos, 1499, pero en ediciones posteriores (i.e., desde 1502 en adelante), se añade una larga interpolación entre la partida y la muerte de Calisto. En la primera edición, Calisto observa que el amanecer no tardará en llegar. Melibea le dice que ahora es completamente suya. Él trepa al muro y encuentra la muerte. Tal es la situación esencial, pero existen también otros ingredientes: una criada de Melibea que duerme hasta que Calisto escala el muro, un satírico sirviente de Calisto que se mofa de los lamentos de Melibea por haber perdido su castidad, otro fiel sirviente que llora la muerte de su amo porque murió sin confesión y deshonrado. La asociación de la despedida al amanecer con la muerte es terriblemente impresionante. El placer sensual es efímero y la separación al alba ocasiona la verdadera despedida. Otra separación al amanecer entre más humildes amantes aparece en la misma obra.

La segunda mitad del siglo XVI fue el período durante el cual los romances elaborados, literarios, sustituyeron a los tradicionales en la estima general. La antigua métrica se conserva, pero la llaneza, concisión e impersonalidad de aquella poesía desaparecen, siendo sustituidas por poesías descriptivas, ingeniosas y más personales. Poemas de Lope de Vega, Góngora y otros aparecieron en varias colecciones, finalmente recopiladas en el *Romancero general* de 1600. Entre otros reimpresos en esta colección hay un largo romance de Flérida y Albano (o, según un manuscrito de la época, Florida y Albanio). Esta, más bien prolija, obra conceptista relata el casamiento bígamo y encarcelamiento del joven duque de Alba en 1590.[65] El alba

65. Véase María Goyri de Menéndez Pidal, «El Duque de Alba en el ro-

llega mientras los amantes están juntos. Ella ruega al galán que se quede, pero él debe volver a su prisión en las riberas del Tajo. Las imágenes son artificiosas: él, Albano, es el alba; ella, Flérida, el sol. Son marido y mujer. En otras partes, las albas se asocian con el adulterio, pero ésta ejemplariza la fidelidad conyugal así como la sumisión a poderes más altos. El adulterio no se presupone, ciertamente, en la literatura española al separarse los amantes al amanecer, aunque por lo general no están casados.

También podemos señalar que el famoso romance de la primera época de Góngora que empieza «Servía en Orán al Rey [...]» está basado en el mismo convencionalismo literario. Aquí, sin embargo, los amantes se ven separados por el ataque de un grupo de moros hostiles, no por el amanecer. La conversación entre ambos amantes pudiera muy bien proceder de albas primitivas.

Las separaciones al alba surgen también, de vez en cuando, en el teatro del siglo XVII. Una de las más encantadoras canciones teatrales de Lope de Vega es indudablemente una rama de esta tradición.

> Si os partiéredes al alua
> quedito, pasito, amor,
> no espanteys al ruyseñor.
> Si os leuantáys de mañana
> de los braços que os dessean,
> porque en los braços no os vean
> de alguna embidia liuiana,
> pisad con planta de lana,
> quedito, pasito, amor,
> no espanteys al ruyseñor.[66]

---

mancero de Lope de Vega», reimpreso en *De Lope de Vega y el romancero*, Zaragoza, 1953, pp. 175-194 (este poema está mencionado en la nota 13, p. 184).

66. *Decimaséptima parte de las comedias de Lope de Vega Carpio*, Madrid, 1621, fol. 206 vº.

El mérito poético de esta canción de *El ruyseñor de Sevilla* es obvio; contiene también mérito dramático. El ruiseñor es una invención de los protagonistas para engañar al padre. Al cantarse la canción, ellos y el público se dan cuenta de todos los significados: pero el padre y el pretendiente a quien aquél prefiere lo interpretan como una fantasía sobre un auténtico pájaro. Y así, como con frecuencia acontece de acuerdo con los recursos escénicos españoles, son engañados por la verdad; los demás saborean la picante realidad.

En la magnífica tragedia de Lope de Vega *El caballero de Olmedo* —en parte derivada de *La Celestina*— los amantes son separados por el alba, unas escenas antes de que el héroe cabalgue valiente pero precipitadamente hacia su muerte. La separación acentúa la pasión de los amantes, causa que contribuye a la catástrofe. Acrecienta la trágica tensión de esta vigorosa obra. La escena, en realidad, procede de la segunda versión de *La Celestina;* quizá si Lope hubiese conocido la primitiva, a su vez hubiese presentado la separación algo más tarde, haciéndola así aun más dramática.

Completo esta sección con dos coplas modernas, ambas probablemente andaluzas:

> Lusero de la mañana,
> préstame tu claridá
> para seguirle los pasos
> a mi amante que se ba.[67]

> Clareando viene el día,
> ya lo avisa la corniz.
> Adiós, prenda de mi vida.[68]

---

67. Francisco Rodríguez Marín, *Cantos populares españoles*, Sevilla, 1882, II, n.° 3.407, p. 515.

68. Gerald Brenan, *The literature of the Spanish people*, Cambridge, 1953, p. 368.

V. POEMAS RELIGIOSOS DEL ALBA

El señor Rodrígues Lapa ha presentado los argumentos para apoyar los orígenes litúrgicos de los poemas del alba. Antes que él, otros eruditos han sugerido que proceden de canciones del mes de mayo en honor de la Virgen María. Rodrígues Lapa recoge un número de canciones populares del alba religiosas, la mayor parte fragmentarias.

> Vindas são as alvoradas,
> que são da Virgem sagrada...
>
> É levad'a alba!

Se refiere también a cuatro villancicos de Navidad (tres de ellos en castellano, a pesar de que se cantaban en Lisboa) en los cuales el Alba es la Virgen María, y el Sol, Jesucristo. Usa estos ejemplos para reforzar su afirmación de que el alba de los trovadores es una deformación de un tema religioso que, a su vez, es quizá una purificación de las canciones paganas del culto al sol.[69] La teoría no es convincente. El más antiguo poema peninsular del alba no es nada litúrgico. Los villancicos de Navidad del siglo XVII citados son muy de su época; aun cuando usan antiguas tradiciones religiosas, no podemos probar que éstas son tan antiguas como las profanas que se pueden señalar como su fuente inmediata. Adaptaciones y parodias religiosas eran a menudo compuestas en la España de los Felipes.[70] Y los poemas religiosos del alba probablemente surgieron en esa época por la misma razón. El hecho de que puedan existir cientos de poemas religiosos del alba en español y portugués, escritos y cantados durante las postrimerías de los siglos XVI y XVII, no quiere decir que ese género descienda inmediatamente de una ininterrumpida tradición de poesía religiosa del mismo estilo que se remonte a los tropos de los siglos X y XI. Sería muy

---

69. Rodrígues Lapa, *op. cit.*, pp. 135-143.
70. Véase B. W. Wardropper, *Historia de la poesía lírica a lo divino en la cristiandad occidental*, Madrid, 1958.

difícil probar que los antiguos villancicos no eran meramente sino otra derivación a lo divino de un tipo más reciente de poesía profana. Por lo menos, algunos de estos poemas —el de Valdivielso, por ejemplo— siguen claramente la tradición profana que ya hemos expuesto.

Por otra parte, las imágenes usadas por los poetas del alba en esa época datan del Nuevo Testamento y han sido constantemente utilizadas por predicadores y escritores religiosos durante toda la era cristiana. Sólo es necesario mencionar aquí las dos principales ideas: el hombre va de las tinieblas hacia la luz cuando abandona el pecado y vuelve a Dios; Cristo es el Sol que se levanta par dar término a la noche que ha dominado al mundo.

Esta jornada espiritual, desde el pecado hacia la salvación, puede asociarse con la imagen del alba, pero la relación es frecuentemente accidental. Sería forzado hacer derivar estos poemas de los de Meogo y de los del rey Dionís sobre la joven que fue a la fuente. (La «jornada» es una alegoría religiosa común que emplearon Bunyan y San Juan de la Cruz.)

Entre las numerosas canciones religiosas de Lope de Vega se halla la que procede de su auto sacramental *Bodas entre el alma y el amor divino*:

> Tocan los clarines
> al alborada,
> los remos se mueven,
> retumba el agua.
>
> Cuando Margarita
> que es el alma santa,
> viene al dulce puerto
> de la esperanza;
> cuando llega a Cristo,
> y está en su gracia,
> los remos se mueven,
> retumba el agua.[71]

71. *Obras de Lope de Vega*, publicadas por la Real Academia Española, Madrid, 1892, t. II, p. 32.

El alma en su barca llega sana y salva al puerto de la Esperanza, donde puede gozar de la gracia divina de Cristo. Aquí es la llegada, no la partida, la que ocurre al alba, y el ruido de los remos en el agua es el eco natural de la sobrenatural experiencia del alma.

En una colección de refranes del siglo XVII, aparecen, una al lado de otra, las dos siguientes aleluyas:

> Ya viene el día con su alegría.
> Ya viene el sol con su resplandor.[72]

Ya hemos examinado una alborada en la cual aparece la misma rima o asonancia, «Al alba venid [...]»; y en otra, «Decendid al valle [...]», la palabra *alegría* se relaciona también con el alba y con el día. No podemos decir si estas aleluyas están basadas en la corrupción de algún estribillo sobre el alba o si los estribillos citados se basan en las aleluyas. En la provincia de Burgos, se canta en Navidad un estribillo parecido:

> Alegría
> que ya viene el día.

y también se canta por otras zonas en la misma festividad. Torner se dio cuenta de la semejanza existente entre estas dos modernas rimas populares y dos villancicos navideños del siglo XVII: uno de Lope de Vega; el otro de José de Valdivielso.[73] El de Lope es sencillo y sin pretensiones. El de Valdivielso es más elaborado y requiere algún comentario.

La canción va precedida de 24 versos en romance. A través de esta introducción —omitida en nuestro estudio—, hay dos persistentes metáforas: Cristo es el Sol y Cristo es un Príncipe real. Un chambelán abre las puertas del alba para que el Príncipe de los Cielos pueda sentarse en Su trono de cristal: el sacerdote abre el Tabernáculo para colocar la Hostia en la

---

72. Gonzalo Correas, *Vocabulario de refranes y frases proverbiales*, Madrid, 1906, p. 145.
73. *Op. cit.*, n.º 13, p. 37.

custodia. Entonces un humilde pastor canta esta canción en rústico lenguaje; el estribillo está asociado popularmente con la Navidad y es explícitamente religioso.

ROMANCE Y LETRA PARA QUANDO SE COLOCA EL SANTISSIMO
SACRAMENTO PATENTE

.   .   .   .

Venga con el día
el alegría,
venido ha al aluore,
el Redentore.

El Alua loçana   5
nazca entre arreboles,
con frente de plata,
con boca de flores;
vístanse las nuues
ricos tornasoles,   10
los valles de perlas,
de nácar los montes.

Echen contrapunto
tiernos ruiseñores,
sobre el canto llano   15
del cristal que corre,
el Redentore.

Al Príncipe eterno,
Vida de los Orbes,
Amor de las almas,   20
Padre de los pobres;
al Sol que amanece
y nunca se pone,
al hombre hecho Dios,
al Dios hecho hombre; 25
al Rey que madruga
a ver sus amores,
pues si justos ama,
busca pecadores,
el Redentore.   30

Que es vn manirroto
se dize en la Corte;
y que está empeñado
Por dar a los hombres:
que no ay ningún día   35
que no se reboce
sus ventanas mire.
y sus puertas ronde;
que anda tan humano,
que mesa les pone,   40
que beue con ellos,
y con ellos come
el Redentore.

Consigo los sienta,
sin que se lo estorue 45
saber que le cuestan
no pocos açotes.
En medio de todos
en cuerpo se pone,
y vn tiempo se puso   50
entre dos ladrones.
Sábelo su Padre,
y blando responde,
que no ay que espantar
de excessos de amo-
                        [res, 55
del Redentore.[74]

7. — LAS JARCHAS

El simbolismo del alba cesa aparentemente después de la segunda estrofa, pero no es así. La repetición del verbo *poner* (*mesa les pone-40, en cuerpo se pone-49, se puso-50*) nos hace recordar al Sol que *nunca* se pone en el verso 23. Cristo, por tanto, «pone» una mesa para el hombre, «se pone Él mismo» (*en cuerpo* = sin manto, en el sentido usual de la palabra, pero literalmente «en cuerpo») entre ellos y en una ocasión Él se «puso a Sí mismo» entre dos ladrones. Estas repeticiones no se deben sólo a la asonancia *o-e* del poema, porque la forma pretérita *puso* aparece en un punto crítico en la última estrofa. El Sol que nunca Se pone, Se puso una vez entre dos ladrones. Tenemos aquí un deliberado subyacente matiz de ambigüedad en una afirmación supuestamente sencilla. Y en medio de tantas paradojas divinas, sería crítica poco acertada pasmarse ante una aparente contradicción. Valdivielso agrupó los grandes misterios cristianos con agudeza y, al mismo tiempo transmitió la íntima ternura que encierran. Fue maestro en piadosas sorpresas, como Crashaw y George Herbert.

El simbolismo religioso del alba aparece también en la más bella letrilla sacra de Góngora:

> Caído se le ha vn CLAVEL...
> oi a la AURORA del seno:
> ¡qué glorioso que está el heno,
> porque ha caido sobre él!

> Quando el silencio tenía
> todas las cosas del suelo,
> i coronado del ielo
> reinaua la noche fria,
> en medio la monarchía
> de tiniebla tan cruel,
> caído se le ha vn CLAVEL...

---

74. *Romancero espiritual*, Toledo, 1612, fols. 10 r°-11r°.

De vn solo Clauel ceñída
la Virgen, Aurora bella,
al mundo se le dio, i ella
quedó qual antes florida;
a la púrpura caída
solo fue el heno fïel.
Caído se le ha vn CLAVEL...

El heno, pues, que fue dino,
a pesar de tantas nieues,
de ver en sus braços leues
este rosicler diuino,
para su lecho fue lino,
oro para su dosel.
Caído se ha vn CLAVEL...[75]

Entre las múltiples resonancias de este poema, las imágenes del alba son prominentes. El clavel caído en el heno es una soberbia metáfora del Dios hecho Hombre, y la descripción de la noche de tinieblas (como la de Belén), en la primera estrofa, es magnífica. La ingenuidad de la referencia a la Inmaculada Concepción, en la segunda, hace resaltar la emocionante idea de que:

a la púrpura caída
solo fue el heno fiel.

Mas, a través de todo el poema, está la idea del Alba representando a la Virgen María y el Sol a Jesucristo.

En cuatro autos sacramentales de Calderón se incluyen canciones religiosas sobre el alba. Son poemas relativamente sencillos, estilizados, no muy apasionantes en sí. En realidad, Calderón no se esforzó en competir con las ardientes, aparentemente espontáneas, encantadoras canciones de Lope y los críticos han expresado el punto de vista de que, como poeta, era muy infe-

75. Don Luis de Góngora, *Obras poéticas*, Nueva York, 1921, t. II, pp. 356-357.

rior a este gran precursor. Es indudablemente cierto decir que poemas como los que hemos citado de Lope de Vega no se hallan en las obras teatrales de Calderón. Tenía éste, por otra parte, intenciones muy diferentes. Las canciones de Lope pueden separarse del contexto sin gran pérdida; las de Calderón están ideadas menos como poemas independientes que formando parte de un conjunto. Calderón compone sus canciones para cumplir una función dramática en una más amplia totalidad: no tenía el más leve propósito de escribir piezas antológicas. Una de ellas es el final de un auto sacramental sobre la Piel de Gedeón (Jueces, VI, 36-40), la cual, de acuerdo con la interpretación alegórica de la Sagrada Escritura, se presenta como símbolo de la Sagrada Virgen.

> Ven, hermosa blanca Aurora:
> ven, divina Aurora, ven
> a fecundarnos a todos,
> pues ya concibió la Piel,
> porque se logre la dicha de oy,
> la soledad, y la pena de ayer.[76]

El poema da término al auto y depende de él para su efecto. No se le ha de pedir más.

El tratamiento más elaborado del simbolismo del alba en Calderón se halla en su auto *A tu prójimo como a ti,* basado en la interpretación alegórica de la parábola del Buen Samaritano y, probablemente, representado por primera vez en 1657. El Hombre yace en la oscuridad, despojado de sus bienes por sus enemigos, habiendo suplicado en vano socorro al Levita (la Ley de la Naturaleza). El lucero del alba (San Juan Bautista) aparece y los músicos empiezan a cantar la alborada que se desarrolla gradualmente en las siguientes escenas. Entonces, el sacerdote (que representa la Ley de Moisés) se presenta y es tan incapaz

---

76. De «La piel de Gedeón», en *Autos sacramentales, alegóricos, y historiales del insigne poeta español Don Pedro Calderon de la Barca...,* Madrid, 1717 (portada en rojo y negro), t. III, p. 114.

de socorrer al Hombre como lo fue el Levita. El Lucero del Alba se oculta y es sustituido por el Alba, con túnica blanca y manto azul, mientras la Gracia hace su aparición en el escenario. La Culpa se ha dormido y los enemigos del Hombre conspiran sin éxito. Sale el Sol y el Samaritano (Cristo) aparece en escena; después de esto, el Hombre es capaz de sentirse verdaderamente contrito y acepta la redención. (He tenido que mutilar brutalmente para hacer un resumen de la acción.) A través de todo esto, la alborada se canta a trozos cortos para ilustrar las múltiples progresiones (noche, lucero del alba, alba, sol; San Juan Bautista, María, Jesús; Levita, Sacerdote, Samaritano.) El modo en que Calderón emplea aquí la maquinaria escénica, la alegoría, convencionalismos literarios y material bíblico es magistral. Y la alborada, si la consideramos como elemento independiente en el todo, aumenta enormemente el efecto. Cito tan sólo los versos clave:

Canta el Luzero

Luzero	Albricias, mortales, albricias, albricias.
Música	¿De qué, si eres voz, que clama en Desierto?
Luzero	De que ya vencida la Noche,
	noticias del Alva os trae el Luzero.
Música	Albricias, mortales [&c...]
[*Luzero*]	Penitencia.
Música	Penitencia.
Luzero	Y cobre esperanças el Hombre en su ruego,
Música	pues que ya vencida la Noche,
	noticias del Alva nos trae el Luzero...
[*Música*]	Albricias, mortales, albricias,
	que como a la Noche el Luzero siguió,
	al Luzero le sigue el Aurora,
	y es fuerça a la Aurora también siga el Sol...
Sol	Albricias, mortales.
Música	Albricias, mortales.
Sol	Que el Dia compuesto de todos los Dias
Música	Que el Dia [compuesto de todos los Dias.]

Sol	Sigue a la Noche el Luzero, al Luzero
	el Alva, y al Alva el Sol de Justicia.
Música	Albricias, albricias [&c...] [77]

En los autos de Calderón, la alborada se convierte en un instrumento; no constituye un fin por sí misma.

El tema del alba fue argumento de muchas canciones religiosas en el siglo XVII español. Algunas proceden de llamadas al alba. En cuanto al resto, parece que nos encontramos con el típico uso de las imágenes basadas sobre ideas incluidas en el Nuevo Testamento, pero expresadas con todo el artificio del siglo XVII.

VI. Conclusión

Existen unos pocos indicios de que las albas provenzales fuesen cantadas en la Península durante los siglos XIII y XIV por trovadores y juglares. Ni una sola canción gallega puede ser llamada alba sin algunos reparos. La suposición de que otros temas sobre el alba, ya establecidos en la poesía peninsular, disuadieran de la imitación de un estilo extranjero, parece plausible. El tema del alba se remonta a la primera edición de *La Celestina* en 1499; el estribillo sobre el canto del gallo y la separación bien puede haber existido muchos años antes. Este estribillo fue glosado por poetas del siglo XVI, sencilla o elaboradamente; ha sobrevivido como canción popular en España e Hispanoamérica. La situación al alba fue tema de otras poesías y acrecentó los recursos de los dramaturgos de la Edad de Oro. Las albas españolas tienen raíces medievales, pero más modernas flores: demuestran la asombrosa continuidad de tema en gran parte de la poesía española.

Estos poemas —aunque a veces su expresión es bastante rebuscada— no poseen el complejo, cortesano estilo de Provenza. Los amantes son, a veces, marido y mujer. Nunca son

---

77. Edición cit., t. VI, pp. 350-353.

adúlteros. El hombre se marcha a causa del posible daño a la reputación de su dama si se le encuentra con ella, no por temor a un marido celoso. La literatura española es, por lo general, intolerante con el adulterio: estas composiciones no constituyen excepción a la regla.

El típico estilo ibérico del poema del alba es la alborada, poesía de salutación al romper el día, en la cual el amante pide a su amada una cita al amanecer. Estas composiciones en las cuales «rompe el alba y reúne a los ingenuos amantes» [78] pueden ser relativamente sencillas o más complejas. Incluyen tratamientos de temas tanto religiosos como profanos, pero las pruebas parecen demostrar que los primeros proceden de los segundos. Como literatura, las alboradas son generalmente superiores a las albas españolas.

El tema del insomnio de la enamorada existe independientemente del alba. El amanecer aparece en algunos poemas sobre este tópico, pero no es indispensable para todos ellos. La joven se siente sola por la noche; así como el alba hace desaparecer la noche, también la llegada del amado pondrá fin a su soledad. Por tanto, el alba se convierte en una metáfora de él, como ocurre en algunas albas y alboradas. En otras composiciones, la dama es el sol. La idea de que el sol y el alba son esencialmente diferentes fenómenos, a pesar de que existe una cercana relación entre ellos, refleja la diferencia de sexo y la armonía en el amor entre hombre y mujer.

Estos poemas, considerados cronológicamente, representan una interesante muestra de la poesía española y portuguesa. Hemos visto la canción mozárabe española primitiva, cantigas de amigo gallegas, un puñado de antiguas canciones populares castellanas, algunas glosas del siglo XVI sencillas y otras más complicadas de un presunto estribillo popular, romances artísticos de finales del mismo siglo, algunas intrincadas canciones del barroco español, un atisbo de la riqueza poética en el teatro del siglo XVII y un número de canciones populares recogidas

---

78. W. J. Entwistle, *European balladry*, p. 134.

durante los últimos cien años. No hemos encontrado más que una sola alba en la métrica italiana importada a España en el siglo XVI; imágenes del alba son frecuentes en esta métrica, pero hay pocos poemas del alba. Cuando la aurora es retóricamente requerida para simbolizar las mejillas de una dama y el sol concede luz a sus ojos, cuando es llamada luz que da vida a la naturaleza y eclipsa al sol, nos encontramos en un mundo poético distinto, donde las clásicas o petrarquianas normas dictaban cómo los poetas tenían que expresar sus sentimientos y donde las tradiciones populares estaban ahogadas por otras más cultas. Pero en España lo popular y lo culto estaba a veces separado por dos sistemas diferentes de métrica y muchos autores pasaban de uno a otro libremente.[79] De este modo, los temas populares continuaron en la antigua métrica en las obras de muchos poetas (Góngora y Lope de Vega, por ejemplo) que también escribieron hábil y aun brillantemente en el nuevo estilo. Esta situación duró hasta la decadencia en las postrimerías del siglo XVII; sólo en el XVIII los fervorosos neoclásicos esquivaron ambos estilos, lo popular y lo barroco. Albas, alboradas y lo demás sólo perduraron como canciones populares que, no obstante, fueron usados más tarde por Rosalía Castro y García Lorca.

En esta sección se ha intentado representar a la Península ibérica como un todo, no expone un número de estudios dictados por la existencia de varias lenguas. Quizá se haya cometido alguna injusticia con la poesía portuguesa y la catalana por un recopilador que está más versado en el castellano. Pero hubiera sido imposible considerar los poemas del alba españoles aisladamente, sin referirse a las cantigas de amigo gallegas.

79. Véase Rafael Lapesa, «Poesía de cancionero y poesía italianizante», en *De la edad media a nuestros días*, Madrid, 1967, pp. 145-171. La única composición es un soneto de Góngora, de 1582: *Al Sol porque salió estando con vna dama, y le fue forçoso dexarla*. Comienza con el verso: «Ya besando vnas manos cristalinas [...]». El enemigo de Góngora, padre Juan Pineda S. J. lo describió como «indecente como lo es el título». Véase el facsímile de la primera edición de los poemas de Góngora (*Obras en verso del Homero español*, Madrid, 1627) con prefacio de Dámaso Alonso, Madrid, 1963, p. XXXII y fol. 18 rº.

Cuando tratamos de poesía popular o semi-popular y de tradición, estas diferencias de lenguaje se convierten en algo artificial. Durante la Edad Media, muchos castellanos preferían escribir canciones en gallego; después del Renacimiento, escritores portugueses utilizaban con frecuencia el castellano. Hay poco que decir sobre levantar barreras donde nunca existieron.

3

TEMAS TRÁGICOS
EN EL ROMANCERO ESPAÑOL

Tragic themes in Spanish ballads, colección Diamante, VIII, Londres, 1958.

Y torno a decir que si vuestra señoría no me quisiere dar la ínsula por tonto, yo sabré no dárseme por discreto; y yo he oído decir que detrás de la cruz está el diablo, y que no es oro todo lo que reluce, y que de entre los bueyes, arados y coyundas sacaron al labrador Wamba para ser rey de España, y de entre los brocados, pasatiempos y riquezas sacaron a Rodrigo para ser comido de culebras, si es que las trovas de los romances antiguos no mienten.

—Y ¡cómo que no mienten! —dijo a esta sazón doña Rodríguez la dueña, que era una de las escuchantes—: que un romance hay que dice que metieron al rey Rodrigo, vivo vivo, en una tumba llena de sapos, culebras y lagartos, y que de allí a dos días dijo el Rey desde dentro de la tumba, con voz doliente y baja:

«Ya me comen, ya me comen
Por do más pecado había»;

y según esto, mucha razón tiene este señor en decir que quiere más ser labrador que rey, si le han de comer sabandijas.

El ingenioso hidalgo don Quijote de la Mancha, II, XXXIII.

Cualquiera que hable hoy en día de los romances españoles tiene que admitir dos deudas. Una de ellas a W. J. Entwistle, en cuyo extraordinario libro *European balladry* [1] situó el tema

1. Oxford, 1939. segunda edición, 1951.

en un marco europeo; la otra, al venerable investigador don Ramón Menéndez Pidal quien, a sus ochenta y ocho años de edad,
vio la obra de toda su vida coronada con la publicación del primer volumen del gran corpus del *Romancero tradicional*.[2] Estos
dos hombres han prestado enormes servicios al estudio de la
cultura hispánica y, en cierto sentido, obras mucho más recientes están ya implícitas en las suyas; posteriores generaciones de
críticos pondrán, a menudo, los puntos sobre las íes. Así pues,
quiero declarar inmediatamente que a ambos debo mucho y
recordar que el primero de ellos dio la primera conferencia
publicada en Canning House[3] y ayudó todo lo que pudo a la
joven generación de investigadores hispanistas en Inglaterra;
mientras el otro, que fue una de las grandes personalidades de
nuestro tiempo, no sólo dispuso a seguirle a una brillante generación de estudiosos sino que descubrió la España del medioevo
a la Europa intelectual. Por lo tanto, mi deuda a don Ramón
será obvia y explícita; la que tengo con Entwistle es menos
manifiesta y más personal, ya que recibí de él aliento y estímulo
cuando más lo necesitaba, y su libro sobre romances me ayudó
más a cristalizar mis ideas que a dármelas nuevas. Sólo puedo
esperar que lo que expongo más adelante no será desmentido
por ninguna de las autorizadas opiniones de estos dos grandes
eruditos.

Desde que empecé a leer romances, me han parecido enig-
máticos. ¿Por qué razón es tan conmovedora esta poesía? Porque, según mi parecer, siendo buena poesía, rompen las leyes
de cualquier otro tipo de buena poesía. Algunos de los mejores
poemas de Donne o de Quevedo existen en diferentes versiones
pero, en general, comparándolas entre sí, podemos darnos cuenta de que una de ellas es mejor que las demás. Los romances,
como dijo Menéndez Pidal, viven en variantes y una versión no
es necesariamente mejor que otra. Cuando leemos a Donne o a

---

2. *Romancero tradicional de R. Menéndez Pidal. I. Romancero del Rey
Rodrigo y de Bernardo del Carpio*, Gredos, Madrid, 1957.
3. *The adventure of Spanish*, Diamante, I, 1951.

Quevedo quedamos impresionados por la originalidad de su denso lenguaje, el modo cómo las palabras corrientes, al entrelazarse, nos producen nuevas sensaciones; los romances, en cambio, parecen a menudo estar compuestos sobre patrones que se pueden encontrar en otros. Aun así, siguen emocionándonos, algunas veces incluso más profundamente que otros buenos poemas superiores en originalidad. No pretendo haber explicado este enigma, pero creo que algo se puede conseguir estudiando en su conjunto algunos romances españoles que he releído frecuentemente.

Sin embargo, antes de hacerlo, me parece útil recordar que los romances son el producto de un sistema social casi desaparecido. Se recitaban y cantaban en comunidades muy frecuentemente incultas, y su lenguaje bien puede haber sido el eco del habla habitual de sus recitadores. Sabido es que los viejos campesinos hablaban de manera pintoresca y en refranes,[4] mientras que el hombre moderno de la ciudad se expresa por medio de abstracciones imprecisas y metáforas gastadas. ¿Podemos tal vez decir que los clichés de los romances son, en algún modo, superiores a los de nuestros periódicos y discursos públicos del siglo xx? Es muy posible que así sea. Ahora se suele disimular la falta de ideas claras o se intenta escamotear el designio envolviéndolo en verbosidad. En los romances, la fraseología recubre el sentido, pero no trata de ocultarlo, y de vez en cuando aparecen expresiones sorprendentemente directas que quizás recuerdan las locuciones gráficas del anticuado lenguaje popular. No tiene mucha importancia si aquéllas se repiten en diferentes romances, e incluso en uno mismo, siempre que sean oportunas en el contexto.

Las metáforas campesinas se inspiraban en los objetos con los cuales trabajaba el labrador: la tierra, las cosechas, los animales, las herramientas. Trabajando con estos elementos, generalmente mantenía las metáforas dentro de sus límites. De vez

---

4. Véase E. M. Wright, *Rustic speech and folk-lore*, Oxford, 1914, especialmente cap. XI.

en cuando había Sanchos Panza que se dejaban arrastrar por su afición a los refranes y los usaban de modo inadecuado, pero eran excepciones. El uso diario del objeto o la vista de él hacía mantener la metáfora dentro de ciertos límites, y así el habla campesina influía a través de su vívida adaptabilidad al contexto. La adecuación existe aun cuando la frase sea hiperbólica. Recuerdo a un hombre de Westmorland que me contó cómo un vecino suyo se había casado por dinero y pasó la vida arrepintiéndose. «¡Sí! fue a la cuadra por estiércol y se envenenó con el hedor.»

Podemos hallar muchas expresiones de éstas en la literatura antes de que la prosa europea fuese debilitada por el buen gusto, la teoría literaria del Renacimiento y los pulidos ideales de la época de Luis XIV. La riqueza y el vigor de las locuciones populares españolas son casi proverbiales. Me bastará mencionar sólo los títulos de dos colecciones modernas de refranes: *Más de 21.000 refranes castellanos y 12.600 refranes más.* Modismos campesinos han venido a reforzar algunos de los mejores relatos y diálogos españoles: en *La Celestina,* el *Lazarillo de Tormes* y en el *Quijote.* No hay necesidad de ilustrar este hecho tan conocido, pero quizás se me permita traer aquí los comentarios de Teresa Panza sobre lo absurdo de convertirse ella en una dama:

No quiero dar que decir a los que me vieren andar vestida a lo condesil o a lo de gobernadora, que luego dirán: «¡Mirad qué entonada va la pazpuerca! Ayer no se hartaba de estirar de un copo de estopa, y iba a misa cubierta la cabeza con la falda de la saya, en lugar de manto, y ya hoy va con verdugado, con broches y con entono, como si no la conociésemos». Si Dios me guarda mis siete o mis cinco sentidos, o los que tengo, no pienso dar ocasión de verme en tal aprieto; vos, hermano, idos a ser gobierno o ínsulo, y entonaos a vuestro gusto; que mi hija ni yo, por el siglo de mi madre que no nos hemos de mudar un paso de nuestra aldea: la mujer honrada, la pierna quebrada, y en casa; y la doncella honesta, el hacer algo es su fiesta. Idos con vuestro don Quijote a vuestras venturas, y dejadnos a nosotras con nuestras malas venturas; que Dios nos las mejorará como seamos buenas...[5]

El discurso de Teresa está logrado no sólo por ser pintoresco sino porque sus refranes son apropiados. Aunque de manera absurda se hace un lío con el número de sus sentidos o sobre la naturaleza de las ínsulas, sus afirmaciones quedan claras. Usa una gráfica metáfora para proyectar una inesperada luz sobre la idea que sostiene. Refranes como éstos ayudaban a prosistas anteriores a nosotros —pienso en Bunyan y en Nashe, en Inglaterra— y contrastan con nuestros modernos discursos limados y con nuestra vana e hinchada prosa.

Esta rica clase de lenguaje se puede a veces encontrar en romances, pero no siempre. En realidad, este tipo de literatura es raras veces metafórica y aún los símiles son infrecuentes en ella. No obstante, lo directo de su lenguaje y las menciones de objetos cotidianos que la «poesía artística» a menudo ignora, me recuerdan el modo de hablar de los viejos campesinos. Cito un par de ejemplos españoles:

Ya le toman los corajes
que le solían tomar;
así se entra por los moros
como segador por pan;
así derriba cabezas
como peras de un peral;
por Roncesvalles arriba
los moros huyendo van [...] [6]

Dábame la vida mala,
dábame la vida negra:
de día majar esparto,
de noche moler cibera,
y echóme un freno a la boca

---

5. *El ingenioso hidalgo don Quijote de la Mancha*, II, v.
6. «Ya comienzan los franceses [...]», F. J. Norton y E. M. Wilson, *Two Spanish verse chap-books*, Cambridge, 1969, p. 76.

porque no comiese della,
mi cabello retorcido,
y tornóme a la cadena [...] [7]

Y, de vez en cuando, este mundo realista de segadores, recolectores de fruta, esclavitud y trabajos forzados existe al lado de caballos con herraduras de metales preciosos, barcos con velas de seda y palacios reales de lujo increíble. Un mundo de fantástico esplendor coexiste con la vida tal como la conoce el hombre común: la existencia entre cosas conocidas, estimadas o temidas, y en los términos en que el hombre y la mujer del pueblo expresaban los problemas de su vida diaria. Éste es, en los romances, uno de los contrastes que me parecen reveladores.

Las baladas inglesas y escocesas, siendo bellas como lo son algunas, quedan, aunque parezca mentira, fuera de la literatura inglesa culta, poética y dramática. Shakespeare los cita incidentalmente y algunos poetas románticos los imitan, pero están lejos de ser una influencia dominante en la historia de nuestra poesía ni de nuestro drama. En España y en el mundo de habla española el romance ha ejercido una influencia mucho más fuerte.[8] Los romances orales fueron imitados por poetas cultos en el siglo XVI y en el XX; se llevaron a la escena en el Siglo de Oro por algunos de los más grandes dramaturgos españoles. Y no sólo eso; de vez en cuando, obras de los grandes poetas en España se han convertido en algo tradicional y se han transmitido oralmente como lo fueron los poemas más antiguos. Así, el romancero representa una parte más homogénea de la literatura española, «pertenece» más a ella que las baladas a la de Inglaterra o Escocia. Yo no diría que los romances españoles son siempre superiores a las baladas inglesas y escocesas, pero sí que (de manera especial porque su métrica atraía poderosamente a los grandes poetas españoles) forman parte de un modo más consistente de la cultura de España que las baladas

7.   «Mi padre era de Ronda [...]», *Cancionero de romances*, Amberes, 1550, ed. A. Rodríguez-Moñino, 1967. p. 284.
8.   Véase R. Menéndez Pidal, *Romancero hispánico*, Madrid, 1953, passim.

lo hacen de la británica. Los poetas ingleses preferían el verso
suelto, y el octosílabo a las estrofas casi monótonas de las baladas. Los poetas españoles sabían que la métrica del romance
podía vigorizar todas sus obras, salvo las más refinadas. Mucho
de lo que voy a decir aquí puede aplicarse a este tipo de poesía
en ambos países, pero, con pocas excepciones, me referiré exclusivamente a los romances españoles: y la principal excepción
será el caso de un romance español que pudo haber influido en
una versión de una de las baladas inglesas.

Cien años atrás, el tema de muchos romances españoles era
bastante conocido por los ingleses cultos. El biógrafo de sir
Walter Scott, J. G. Lockhart, fue la figura principal del grupo
que los popularizó. Publicó algunas versiones de romances históricos en una traducción del *Quijote* impresa en 1822, y la primera edición de su *Ancient Spanish ballads historical and ro-
mantic* apareció en el año siguiente. Fue reimpresa numerosas
veces durante los siguientes cincuenta años y creo que lord
Macaulay encontró sus versiones muy superiores a los originales.[9] Los tiempos han cambiado. Todo lo más, podemos encontrar en los versos de Lockhart románticas evocaciones de
una imaginaria edad caballeresca, tal como se nos muestra en
la portada grabada de la primera edición y en las deliciosas
ilustraciones de David Roberts y otros hasta la edición de 1842.
Lockhart dio a su público lo que él vio en los originales, pero
ello es algo muy diferente a lo que podemos descubrir hoy en
estos poemas.

La certera expresividad se puede hallar en muchos romances
españoles, pero otros —hay que confesarlo— son reiterativos y
difusos. Pocos de ellos tienen metáforas o símiles como los que
he citado. En cierta época creí que las versiones antiguas de los
siglos XV y XVI en cancioneros y pliegos sueltos eran siempre
más breves, más concisas que los conservados oralmente en la
España actual, en Hispanoamérica o en los grupos judíos de
habla española en el cercano Oriente. Pero Menéndez Pidal ha

---

9.   Lamento no poder concretar esta referencia.

dicho —y su recopilación puede demostrarlo— que la belleza puede deslizarse en un romance en cualquier estado de su transmisión. Su material moderno, recogido desde Nuevo México al Plata y desde Chile a Palestina, contiene muchas joyas hasta ahora desconocidas. Hasta no poseer todo el conjunto completo de su obra ante nosotros, sería imprudente generalizar. Así pues, mis ejemplos serán tomados, en su mayor parte, de textos escritos hace más de cuatrocientos años, pero ello es debido a que me han sido asequibles desde hace bastante tiempo, mientras que muchas de las versiones modernas tan sólo ahora están llegando a serlo.

Menéndez Pidal ha tratado de demostrar que algunos de los romances más antiguos sobre héroes nacionales proceden de los primitivos cantares épicos medievales; de ellos, sólo dos se conservan completos, aunque otros pueden ser reconstruidos. Sus pruebas sobre estas derivaciones son demasiado complejas para ser resumidas aquí, y algunos eruditos extranjeros las rebaten. Según don Ramón, algunos romances del Cid y de la tremenda historia de los siete Infantes de Salas provienen directamente de aquellos cantares épicos. El romance del rey Rodrigo procede de una novela histórica o crónica novelada escrita hacia 1440. Es factible, por consiguiente, comparar algunos romances españoles con sus posibles fuentes, que no son romances, y cabría esperar que los romances —tan frecuentemente forma de poesía peculiar del iletrado— fuesen siempre inferiores como literatura a los cantares épicos, más artísticos, o a otras obras de las cuales se derivan. Pero no es así. Dejemos que cualquier lector sin prejuicios examine los fragmentos épicos de los siete Infantes y los romances que surgen de ellos; dejémosle hacer lo mismo con las secciones pertinentes de la *Crónica sarracina* de Corral y los romances del rey Rodrigo; ese lector, creo yo, encontrará que los romances son más impresionantes y más intensos en su expresión que sus inmediatas fuentes. Los romances son dignos de estudio por sí mismos, y no sólo por ser, como quien dice, fantasmas de algo más antiguo y más artístico.

Describir su poesía es muy difícil. Algunas valiosas tentativas han sido hechas por eruditos, pero su criterio es, a veces, demasiado general. Conceptos como la intensidad, la fuerza narrativa o dramática o la vislumbre mágica de mundos desconocidos no ayudan mucho ni a explicar por qué gozamos con los romances ni a describir sus peculiares méritos. No espero alcanzar una mayor precisión. Pero quizás algunos ejemplos de lo que a mí me parece ser su mejor poesía puedan proporcionar un intento de solución. La idea más eficaz expuesta por Entwistle es la de haber observado la relativa impersonalidad del romance comparada con el estilo o la actitud personal del poema artístico, sea lírico o narrativo.[10] El romance nos cuenta lo que se supone haber sucedido y deja que saquemos nuestras propias conclusiones. Y la narración implica un número de estilizaciones y convenciones que nos limitan a ser meros testigos simpatizantes de lo que está pasando. Podemos sentir *a favor de,* pero no siempre sentimos *con* aquellos cuyas palabras y hechos se nos relatan.

Ahora me propongo tomar ciertos episodios y escenas de romances españoles que me han conmovido y trataré de explicar lo que significan según mi criterio. Escogeré algunos poemas que terminan tristemente, pero el mismo método puede servir, naturalmente, para cualquier otro tema. Hay, por ejemplo, en España pocos romances de asunto sobrenatural que se puedan comparar con las baladas inglesas o escocesas, y esos pocos son inferiores. Pero abundan los romances españoles que describen cómo un héroe local prueba ser superior en hombría y honor a un rey, e incluso al Papa; o que relatan los peligros y angustias del amor o el heroísmo de los españoles en el campo de batalla y aún lo que pudieron haber sentido los moros cuando los españoles les iban ganando ciudad tras ciudad. El tema escogido por mí me parece ser más rico que esas otras posibilidades y más revelador; y mi enfoque consistirá en considerar primero,

10. Véanse los capítulos introductorios de *European balladry*; R. Menéndez Pidal, *Romancero hispánico*, I, pp. 60-63.

en algunos romances, la función de quienes son testigos de los acontecimientos descritos. El testigo permanece apartado de la acción principal y su apartamiento parece tener ciertas implicaciones para la comprensión de los poemas en sí mismos.

Ocupémonos ahora del rey Rodrigo, cuya lascivia fue causa de la destrucción de España por los moros y que escapó, ensangrentado y maltrecho, al cabo de ocho días de batalla. He aquí sus reflexiones:

> Ayer era rey de España   oy no lo soy de una villa;
> ayer villas y castillos   oy ninguno posseía...
> oy no tengo una almena   que pueda dezir que es mía.[11]

Su caballo le lleva monte arriba. Allí encuentra a un pastor y le pide algo de comer. El pastor le da pan negro, de sabor amargo; el rey llora al comerlo, recordando las ricas vituallas de que ha gozado cuando era un verdadero rey. El pastor lo encamina hacia un ermitaño y éste, después de haberle absuelto, lo encierra en una tumba con una serpiente de siete cabezas. El rey, aniquilado por su pecado, tiene que suplicar al pastor que lo mantenga vivo para cumplir la terrible penitencia con la que finalmente salvará su alma. ¡Cómo caen los poderosos!

Situación semejante se produce en una balada de Northumberland: *The death of Parcy Reed*. Traicionado Parcy Reed por los tres falsos Halls de Girsonfield, es atacado por los escoceses y abandonado, dándolo por muerto, en las colinas. El texto antiguo de esta balada termina con la despedida de Parcy Reed después de que los Halls lo abandonaron. Otra versión más amplia, enviada por James Telfer a sir Walter Scott en 1824, incluye una conversación entre el noble moribundo y un pastor que lo encuentra. El pastor se queda horrorizado al descubrir a Parcy Reed, señor de Troughend, desgarrado por treinta y tres heridas: «¿Es posible que sea lord Troughend?», se pregunta. Parcy Reed ruega al pastor que le traiga agua de una fuente;

---

11. *Romancero tradicional...*, I, p. 48.

ahora no importa ser o no lord Troughend: es simplemente un moribundo desamparado.[12] Todo el contenido adicional que se halla en esta versión y no en la más antigua tiene un tono sospechosamente literario, incluyendo este incidente. Aun así hay algo emocionante en él y yo lo he leído repetidas veces. Después de meditarlo, considero que Telfer encontró la historia de Rodrigo y el pastor en Lockhart y rehízo el viejo texto inglés añadiéndole este episodio. Los *Ancient Spanish ballads* fueron impresos en 1823 y Telfer envió su primera versión de Parcy Reed a Scott al año siguiente. La aparente autenticidad de su final se debe al hecho de que Telfer imitó una situación tomándola de un romance español.

El noble rango de Parcy Reed es algo muy bello y magnífico, pero no le sirve de nada cuando yace herido, sediento y moribundo. Rodrigo había vivido para mandar; se ve ahora esclavo de los caprichos de su caballo y es también otro ser desgraciado que espera de algún modo salvar su alma antes de morir. Los pastores sirven para hacer resaltar estos hechos. Ellos no son nobles, pero no es fácil que lleguen a encontrarse en situaciones tan desventuradas como las que afligen a sus superiores. Son los llamados a cantar, cuando no están pastoreando, romances sobre el destino de quienes están por encima de ellos. Son dobles testigos del esplendor y de la caída de los grandes; y los de mayor alcurnia caerán aún más bajo que sus más humildes vasallos. Rodrigo tiene que aceptar el mendrugo del pastor; Parcy Reed se ve obligado a rogar a su pastor que le traiga un poco de agua de un riachuelo. Tanto el noble como el rey se dan cuenta de que no pueden prescindir de algo que es gratuito para cualquier plebeyo.

No todos los testigos en los romances son tan importantes como estos dos pastores. El mensajero que dice al conde Dirlos que un rival está a punto de casarse con su mujer, y el otro que comunica al supuesto peregrino que Carlomagno está oyendo misa, son individuos cuyo significado para nuestra investigación

---

12. Child, n.º 193, IV, pp. 24-28, 520-521.

es escaso, excepto por el hecho de que ambos ven al héroe tal como lo que éste pretende ser (un desconocido extranjero o un humilde peregrino), en vez de como realmente es (un gran noble o el hijo de Carlomagno). El cazador que espía al conde Claros y a la princesa es un despreciable delator y nada más; los campesinos que acusan a los hermanos Carvajales de destrozar sus tierras y violar a sus mujeres son meros perjuros malintencionados. Estos seres, así como el esclavo cristiano interrogado en Zaragoza por don Gaiferos y cuyas aflicciones le impedían pensar en otra cosa, se mencionan aquí sólo para que no se me reproche el omitirlos. Son lo que yo llamaría testigos insignificantes: ayudan al relato, pero lo que tienen que decir no influye de modo importante en la actitud del recitador ni en la del público ante los acontecimientos que se describen. Estimo, en cambio, que eso es, precisamente lo que sí hacen los dos pastores.

También aparecen observadores que previenen a los nobles acerca del destino que les espera, pero el rey, el noble o el príncipe no hacen caso y encuentran la muerte. El rey don Sancho sitió a su hermana doña Urraca en Zamora. Un traidor llamado Vellido Dolfos salió de Zamora y se dirigió al campamento de Sancho. Fingía querer mostrarle el punto débil de las fortificaciones y, cuando Sancho estaba desprevenido, lo asesinó y volvió a la ciudad sitiada en busca de seguridad. Un centinela en las murallas de Zamora (un enemigo, ya que habló desde ellas mientras Sancho estaba fuera) avisó al rey, advertencia que fue desatendida. He aquí el texto del romance que empieza con el aviso y termina con la fuga del asesino:

¡Guarte, guarte, rey don Sancho,   no digas que no te aviso,
que de dentro de Zamora   un alevoso ha salido:
llámase Vellido Dolfos,   hijo de Dolfos Vellido;
cuatro traiciones ha hecho,   y con éste serán cinco!
Si gran traidor fue el padre,   mayor traidor es el hijo;
si te engaña, rey don Sancho,   no digas que no te aviso.
    Gritos dan en el real: ¡A don Sancho han mal herido!

¡Muerto le ha Vellido Dolfos;   gran traición ha cometido!
  Desque le tuviera muerto   metióse por un postigo;
por las calles de Zamora   va dando voces y gritos:
¡Tiempo era, doña Urraca,   de cumplir lo prometido! [13]

La importancia de este texto no reside solamente en el hecho de que un centinela enemigo demuestre lealtad; estriba también en que un plebeyo ve el peligro que el rey no percibe.

Algo similar, pero menos patente, es la situación que se produce en el romance sobre la muerte de don Fadrique, Maestre de Santiago y hermanastro de don Pedro el Cruel. Pedro lo llama para que venga desde Coimbra a Sevilla. En el camino acontecen varios incidentes: su mula cae al cruzar un vado, el Maestre pierde una daga dorada y un paje favorito se ahoga. A las puertas de Sevilla, aparece un hombre en hábitos de diácono que le comunica que él, don Fadrique, ha sido padre de un niño y debe volver atrás para asistir al bautizo. El Maestre no lo escucha y sigue hacia palacio, donde Pedro lo separa de sus seguidores y secretamente lo hace decapitar. La cabeza de Fadrique es llevada a la amante de Pedro y ella la arroja a un mastín que había pertenecido a don Fadrique. El perro aúlla por la muerte de su amo, y una anciana tía es encarcelada por reprender al rey fratricida. Las palabras del diácono significaban claramente el medio por el cual don Fadrique hubiera podido escapar a su suerte, pero las desdeñó y fue asesinado. El noble no hace caso de la advertencia hecha por un plebeyo, el cual no puede forzar al noble a escucharle. No se nos dice si el diácono sabía las intenciones de don Pedro; sin embargo, nadie que oyese el romance podía dudar de que se trataba, de hecho, de mostrar a don Fadrique cómo hubiera podido escapar a la muerte si tan sólo se hubiera detenido a escuchar. [14]

Existen también otros testigos. Después de la batalla de Roncesvalles, un anciano va en busca de su hijo entre los mon-

13. *Cancionero de romances,* Amberes, 1550, p. 214.
14. *Romancero del Rey don Pedro,* ed. Antonio Pérez Gómez, Valencia, 1954, pp. 110-114.

tones de cadáveres. Ve a un moro con armadura y le pregunta por su hijo. El moro le replica:

> Esse caballero, amigo,
> muerto está en aquel pradal,
> dentro el agua los pies
> y el cuerpo en un arenal;
> siete lanzadas tenía,
> pásanle de parte a parte.

Aquí termina el romance. Se nos da simplemente la descripción de una búsqueda y de una conversación: un testigo moro—el viejo—el hijo muerto. La economía de palabras y la concisión de este romance —fragmento de un cantar épico español desaparecido— son quizás mejores que lo que pudieran haberlo sido en el cantar.[15]

Y como ejemplo último de testigos, veamos la historia de una dama llamada doña Alda quien, vestida con sus mejores galas, va a la iglesia acompañada por otras damas, entre ellas su suegra. Un vaquerizo que la ve le dice:

> ¡Qué viudita tan hermosa,
> viuda y de grana vestida!

La madre dice que el vaquero les advierte que llegarán tarde a misa. Pero el vaquero sabe lo que saben todos, menos doña Alda: que el cuerpo de su marido yace en la iglesia. Cuando la viuda llega allí, llora y grita. Muerde y retuerce las sortijas de oro que lleva en los dedos y rasga las vestiduras de oro y grana, color sobre el que el vaquero había llamado la atención. Y —según se sobreentiende en el romance— invoca a la Virgen porque se siente morir.[16] Este romance es un texto moderno recogido en el siglo actual. Produce un fuerte contraste con el

---

15. *Cancionero de romances*, Amberes, s. a., ed. R. Menéndez Pidal, Madrid, 1945, fol. 188.
16. «Romance de la muerte ocultada», de la *Flor nueva de romances viejos*, de Ramón Menéndez Pidal, Madrid, 1943, p. 260.

otro que acabo de citar. Pero en ambos encontramos la contigüidad del pastor y del moro, personajes a quienes no afecta la tragedia y que comunican a los interesados en ella la verdad que desconocían. El aspecto del testigo varía, pero su condición esencial es la de testigo. Presencia la gloria del héroe y su caída. Representa al humilde auditorio de romances que siente admiración, simpatía y quizás lástima por sus héroes, pero que no se siente afectado por sus destinos.

Riquezas, posición, poder y atavíos no protegen contra el dolor, el triste sino y la muerte. Hacen que el cambio de fortuna resalte aún más. La desgracia está constantemente subrayada por violentos contrastes. Almanzor saca a Gonzalo Gustios de prisión para llevarlo a palacio... y allí lo enfrenta con las ocho cabezas cortadas de sus hijos y la de su tutor.[17] El prisionero en la oscuridad está ligado tan sólo por el canto de un pájaro al mundo exterior donde cantan otras aves y los amantes rinden culto al Amor: un ballestero mata al pájaro.[18] Guarinos, encadenado de pies y manos, sumergido en el agua hasta la cintura en su mazmorra, oye los preparativos del moro Marloto para el torneo que se ha de celebrar en la fiesta de San Juan.[19] Una y otra vez los romances muestran este contraste de salud y prosperidad con miseria y muerte, en estrecha proximidad lo uno y lo otro.

En algunas colecciones de baladas inglesas, las de asunto trágico están consideradas como clase aparte. ¿De qué manera son trágicas? ¿Qué queremos decir con tal palabra? Algunos héroes merecen su terrible destino, pero otros son completamene inocentes. El rey Rodrigo, por su lascivia, había destruido España, y el rey Sancho quizás no debió alzarse en armas contra su hermana. Pero don Fadrique era inocente; y tanto don Beltrán, muerto en Roncesvalles, como la dama que supo la muerte de su marido en la iglesia eran sin duda alguna inocentes. El título

---

17. *Silva de varios romances*, Barcelona, 1561, ed. A. Rodríguez-Moñino, Valencia, 1953, fol. 10.
18. *Cancionero de romances*, Amberes, 1550, p. 300.
19. Ibid., p. 180.

de «romance trágico» puede ser aplicado a un gran número de romances si la palabra «trágico» quiere sólo significar que la desgracia abate al héroe o a la heroína al final de la poesía. Las causas de estos desastres no son siempre los que Aristóteles y sus seguidores aplicaron a la tragedia antigua. Algunos de los héroes tenían ciertas flaquezas (como, quizás, la confianza de don Fadrique en su sanguinario hermano Pedro) que les llevaban a su ruina. Otros eran totalmente inocentes: no habían hecho absolutamente nada para merecer su destino. La palabra «trágico» en estos casos no parece querer decir, en la crítica de romances, más de lo que significa en nuestros periódicos.

Aun así, creo que este vocablo puede tener algún sentido cuando se refiere a los romances. Robert Graves define de esta manera la octava cualidad de un romance: «Empieza en el último acto del drama y avanza hacia el punto culminante final, sin acotaciones».[20] Creo que la observación de Graves, frecuentemente citada —no siempre mencionando la fuente—, es reveladora. Existen algunos romances cómicos y otros románticos, pero el drama es casi siempre del género más sombrío. Si hemos de hablar de romances trágicos, tenemos que esforzarnos por encontrar alguna justificación al adjetivo. Debe aplicarse a situaciones como las siguientes: doña Alda, esposa de Roldán, se encuentra en su castillo; la acompañan trescientas damas: cien de ellas están hilando hilos de oro, otras tantas tejiendo sedas y cien más tañen instrumentos musicales; doña Alda tiene un sueño terrible que la hace gritar de tal forma, que sus gritos podrían haber sido oídos en París. Su corte de admiradores interpreta el sueño de modo halagüeño, pero la interpretación es falsa:

> Otro día de mañana   cartas de lejos le traen;
> tintas venían de fuera,   de dentro escritas con sangre,
> que su Roldán era muerto   en la caza de Roncesvalles.
> Cuando tal oyó doña Alda   muerta en el suelo se cae.[21]

20. Robert Graves, *The English ballad. A short critical survey*, Londres, 1927, p. 9.
21. *Cancionero de romances*, Amberes, 1550, p. 182.

O bien aquella dama llamada Julianesa (o Moriana en otras versiones) que goza de espléndida cautividad entre los moros. Su captor, Galván, duerme con la cabeza en el regazo de ella, mientras la cautiva mira por la ventana. Fuera ve a su amante cristiano, descalzo, lanzando maldiciones y lamentos por la captura de su dama. Él no puede verla; ella lo ve a él, pero no puede hacerle ninguna seña. Las lágrimas que derrama de sus ojos caen sobre el rostro del moro.[22] En algunas versiones, este poema termina felizmente, pero la parte que hemos resumido es la mejor. Ésta es la situación que me propongo llamar trágica: un entrelazamiento de felicidad y sufrimiento.

John Housman señaló cuán a menudo vemos en los romances «el conflicto entre dos mundos opuestos», por ejemplo, lo sobrenatural frente a lo real, o el conflicto entre la autoridad paterna y los deseos de una pareja de enamorados.[23] Quizás lo que trato de decir es parte de esta misma idea. Vida y muerte, felicidad y sufrimiento se juntan contrastando en todos los romances que he analizado. No importa cuán espléndida haya sido la carrera del héroe como militar, noble o príncipe; la muerte aparece bruscamente y apaga el esplendor. El héroe de la balada escocesa *Hughie Grame* fue capaz de saltar catorce pies de largo con las manos atadas a la espalda, pero eso no le salvaría cuando le llegó la hora de morir.[24] Así pues, los romances hacen resaltar con frecuencia el brillo, lujo, fortaleza o valentía de sus héroes antes de que éstos encuentren la muerte. Una doña Alda estaba atendida por trescientas damas, la otra se ataviaba de oro y grana; Rodrigo y Sancho eran reyes y los romances que hablan de su muerte están precedidos por otros que hablan de su poder y su fuerza. Los héroes son magníficos pero su grandeza, por lo común, termina en ignominia, desesperación y muerte.

Estos supuestos romances trágicos (incluyendo algunos generalmente agrupados en otra categoría) son, de hecho, un mo-

22. Ibid., p. 282.
23. J. E. Housman, *British popular ballads*, Londres, 1952, pp. 25-28.
24. Child, n.º 191, IV, pp. 8-16.

delo de mutabilidad. Demuestran cómo el poderío y la gloria
con frecuencia llegan de improviso a un fin desastroso. Señalan
cómo hombres y mujeres pueden destruirse a sí mismos por sus
vicios o por confiarse a personas indignas. Y repetidas veces
indican que, por muy intachable que haya sido la vida de un
hombre prominente, no podrá escapar a su destino, al igual que
otros de conducta reprobable. Podemos considerar estas historias como «casos de fortuna», narraciones de catástrofes que
muestran los peligros de la vida en las altas esferas. Algunas
veces el infortunio está redimido por el valor o, a lo menos por
la audacia del héroe, pero esto no sucede siempre. A veces la
historia no es trágica en el sentido aristotélico. Pero sí lo es
casi siempre según el sentido que se daba a esta palabra en el
medioevo. El 1444, Íñigo López de Mendoza, Marqués de Santillana, escribió: «E tingencia [sic] es aquella que contiene en
sy caydas de grandes reys e prínçipes, asy como de Ercoles,
Panto e Agamenon e otros tales, cuyos nasçimientos e vidas alegres se començaron, e grande tiempo se continuaron, e despues
tristemente cayeron».[25] Un siglo antes, Chaucer, en su traducción de Boecio, había preguntado: «What other thing biwailen
the cryinges of tragedies but only the dedes of Fortune, that
with an unwar stroke overtorneth realmes of grete nobley?».
Y añade esta glosa: «Tragedie is to seyn, a ditee of a prosperitee
for a tyme that endeth in wrecchednesse».[26] ¿Acaso no abarca
esta definición los casos que he resumido? El rey Rodrigo, el rey
Sancho, don Fadrique, don Beltrán, las dos Aldas y los demás.

Los romances españoles en sus momentos «trágicos» dan a
entender la misma clase de sentimientos que encontramos en
otras obras medievales sobre la caída de los príncipes. Nos po-

25. *Cancionero de Juan Fernández de Ixar*, J. M. Azáceta, Madrid, 1956,
II, p. 562.
26. Boecio, *De consolatione philosophiae*, lib. II, prosa 2. Según la versión de fray Augustín López (Valladolid, 1604): «¿Qué otra cosa pregonan y
lamentan cada día las tragedias, sino los hechos de la fortuna, cómo derriba
con sus saetas indiscretas los Reyes prósperos y bienaventurados?». La glosa
de Chaucer puede traducirse así: «La tragedia, es decir, un canto de la
prosperidad que dura algún tiempo y termina en la miseria».

demos preguntar si, en realidad, los romances no son sino una especie de eco de lo que se expresaba mejor en obras de las cuales procedían. El centinela de Zamora, por ejemplo, ciertamente aparece en el cantar épico del cual proviene el romance citado; y el patetismo de Gonzalo Gustios en prisión también se hace sentir en el cantar de los siete Infantes de Salas. En cada uno de estos casos encuentro una mayor concentración en la versión del romance, a pesar de que la comparación no sea justa, ya que apenas conocemos las fuentes épicas originales. En otros romances no ocurre esto. En la novela histórica de Corral no existe el pastor que da de su pan al rey Rodrigo; si el romance de doña Alda y la muerte de Roldán y el de don Beltrán proceden ambos del poema perdido *Roncesvalles,* no poseemos medio de saber cómo ese poema trataba aquellos temas. Los otros romances no tienen, que sepamos, predecesores. La historia de don Fadrique, la de la dama cautiva cuyas lágrimas caían sobre el rostro del moro captor y la de la viuda que fue a la iglesia con atuendo demasiado vistoso son romances que no poseen claros precedentes artísticos. Por lo tanto, yo sostengo que con frecuencia los romances recrean tanto como conservan una sutil actitud hacia la mutabilidad que puede hallarse también en otras obras, pero que en el romance está expresada con fuerza inusitada. Ese vigor se debe, en parte, al modo en que las figuras se aíslan o se manifiestan en contraste con hombres y mujeres corrientes, quienes a menudo aparecen en los romances como meros testigos de la buena o mala suerte de sus superiores.

El profesor William Empson, uno de los más profundos críticos británicos modernos, ha escrito algunos interesantes comentarios sobre la sociedad tal como está representada en las baladas británicas; el contraste entre quienes toman parte en la obra y quienes la transmiten. Dice así: «La mayoría de los cuentos fantásticos y baladas, aunque 'por' y 'para', no son 'sobre' la gente». Y añade: «Las baladas de frontera representan una sociedad de clanes guerreros protegidos por sus jefes porque los jefes pueden permitirse armas costosas; el aristócrata tiene

una misión clara para el pueblo, y éste se complace en describir
la grandeza y elegantes vestiduras de aquél. (Placer que como
motivo de fantasía es normal, pero, generalmente existen fuerzas
en otro sentido). Eran, desde luego, conscientes de la diferencia
de clases, pero no de la guerra de clases».[27] Considero que esta
afirmación, aunque criticable en algunos detalles, es profundamente cierta. Al decir «las fuerzas que actúan en otro sentido»,
Empson parece referirse a las que provocan la muerte del héroe.
Mi teoría está realmente implícita en sus palabras. Uno de los
pasajes más agudos en *The ballad of tradition* del profesor Gerould es aquel en que enumera las ideas que esperamos encontrar y que no hallamos en las baladas. Entre ellas aparece la
envidia de clases: «La gente que ha cantado baladas durante
tanto tiempo ha sido, al menos, sencilla de clase y mente [...]
Al parecer han sido pocas veces tentados por la envidia hacia sus
superiores, puesto que la envidia no es tema utilizado. La envidia personal, como el orgullo personal es bastante frecuente;
pero el descontento con el esquema de las cosas en general, no
aparece. Incluso los forajidos se quejan sólo de las injusticias de
la administración».[28] Seguramente la envidia de los pobres hacia
los ricos era menos aparente en el siglo XVII de lo que lo es hoy.
Quizás el romance era una especie de válvula de escape para la
envidia social. El héroe es rico, valiente, admirable, fuerte y noble; pero, a causa de estas cualidades, es más fácil para él caer
en desgracia y morir violentamente que para los campesinos y
labradores. El rayo sólo fulmina los árboles altos. Así pues,
estos hombres quizá se dijeron: si no podemos poner herraduras
de oro y plata a nuestros caballos, ni dar a nuestras mujeres e
hijas peines de oro, por lo menos podemos pensar que tampoco
seremos encerrados en una tumba con una serpiente de siete
cabezas, ni decapitados para que nuestras cabezas sean entregadas a los perros. Más vale ser humilde y pobre que deshonrado
y asesinado.

27. William Empson, *Some versions of pastoral*, Londres, 1950, p. 6.
28. G. H. Gerould, *The ballad of tradition*, Oxford, 1932, p. 65.

La actitud que he tratado de definir se encuentra en textos antiguos y en otros más modernos de diferentes romances. La tradición oral no ha corrompido este sentimiento básico de la caída de los poderosos. El sentido de mutabilidad, rango terrenal y fortuna se hallan en diversos textos de varias épocas. La miseria y el infortunio del menesteroso necesitaban alguna compensación. La fantástica magnificencia y el cambio de fortuna proporcionaban «un tema de fantasía» y, al mismo tiempo, un medio de llegar a adaptarse a la realidad.

En esta conferencia he tratado de mostrar por qué algunos romances me han impresionado. Después de haber seleccionado los que muestran cualidades del habla del pueblo, he examinado otros de acontecimientos catastróficos que hacen resaltar el contraste entre prosperidad y adversidad, poder y esclavitud, fortuna y pobreza, vida y muerte. Mi punto de vista es que tales contrastes están expresados con fuerza e intensidad de pensamiento aun en textos muy mediocres. He tratado también de manifestar que la razón de esta intensidad de pensamiento sobre la mutabilidad de la vida humana puede haber estado relacionada con una más general noción medieval de la tragedia, y que este espectáculo se consideraba un buen ejemplo para los humildes que continuaban conservando estos poemas. Los medios perfeccionados de comunicación, la capacidad de leer y escribir y los placeres mecanizados del siglo xx parecen proponerse la destrucción de la poesía en sí y las disposiciones de ánimo a que dio lugar. A cambio, tenemos ahora la televisión, el cine y una prensa vulgar. Se puede, con alguna justificación, dudar de si este cambio específico es una pura bendición.

4

HISTORIA DE UN ESTRIBILLO: «DE LA DULCE MI ENEMIGA»

(En colaboración con
Arthur L.-F. Askins.)

«History of a refrain: 'De la dulce mi enemiga'» (en colaboración con Arthur Lee-Francis Askins), en *Modern Language Notes*, LXXXV (1970), pp. 138-156.

Pero lo que más me hizo postrar y dar conmigo por el suelo fueron unas coplas que le oí cantar una noche desde una reja que caía a una callejuela donde él estaba, que si mal no recuerdo decían:

> De la dulce mi enemiga
> nace un mal que al alma hiere,
> y, por más tormento, quiere
> que se sienta y no se diga.

(*Quijote*, II, xxxviii)

Los comentaristas cervantinos, desde Pellicer en adelante, han rastreado este estribillo hasta llegar al original italiano del poeta de finales del siglo xv, Serafino Aquilano. Otros eruditos han hecho notar la frecuencia con que aparecía en la poesía española del Siglo de Oro.[1] Nuestro propósito consiste en recoger y clasificar sus hallazgos, aumentar sus descubrimientos y mostrar la amplitud y variedad de la influencia del estribillo, una vez nacionalizado en la lírica española.

Gracias a los excelentes estudios sobre la transmisión poética surgidos en España durante los últimos veinticinco años, nos damos cuenta cada vez más de las resonancias de estribillos tra-

---

1. Véanse las notas de Rodríguez Marín para el pasaje acotado del *Quijote,* II, xxxviii; León Medina, «Frases literarias afortunadas», *RHi,* XVIII (1908), pp. 206-208; José María de Cossío, «Notas de un lector: Un estribillo de Góngora», *BBMP,* V (1928), pp. 342-343; Luis de Góngora y Argote, *Obras completas,* ed. Juan Millé y Giménez e Isabel Millé y Giménez, Madrid, 1943; Miguel Querol Gavaldá, *La música en las obras de Cervantes,* Barcelona, 1948, pp. 71-73; *La música en la Corte de los Reyes Católicos. Cancionero musical de Palacio,* ed. José Romeu Figueras, Barcelona, 1965, t. IV, pp. 46 y 212.

dicionales en las obras de un mayor número de conspícuos poetas. Este ensayo puede señalar el significado de los diferentes ecos de una cuarteta —y no una cuarteta popular— durante siglo y medio. Esta clase de estribillos era como un bajo continuo para conseguir toda clase de variaciones sobre el tema. Los poetas, al escribir, sabían lo que hacían; lo mismo les pasaba a aquellos para quienes se escribía. Los lectores modernos quizá no conocen por completo aquella clase de continuo y, por tanto, las variaciones son admitidas como algo independiente y aislado. Buscar las huellas de una tradición puede revelar la naturaleza original de un poema; puede mostrar la diferencia existente entre una ingeniosa y sensitiva re-creación y una vulgar imitación.

I

Da la dolce mia nemica
Nasce un dol ch'esser non sole
E per piu tormento uole
Che si senta, e non si dica.[2]

Este estribillo de Serafino Aquilano es probablemente el texto más antiguo de los que ahora nos interesan. Pero Aquilano usaba frases que tenían empleo literario bastante corriente. Según Menéndez Pidal, la paradoja de una «dulce enemiga» puede hallarse desde Petrarca hasta Sordello[3] y su utilización no deriva necesariamente de la versión italiana ni de la española de la copla. Ciertamente, «dulce enemiga», «amada enemiga»

---

2. Serafino Aquilano, *Opera dello elegantissimo Poeta...*, Vinegia, 1544, fol. cxxxiii. Aquilano murió en 1500. La primera edición de sus obras apareció en Venecia, 1502.

3. Ramón Menéndez Pidal, *Poesía juglaresca*, Madrid, 1957⁶, p. 131. Para consideraciones sobre «enemigo/enemiga», véase Edward M. Wilson, «Notes on the text of 'A secreto agravio, secreta venganza'», BHS, XXXV (1958), pp. 72-82, especialmente pp. 77-78, y los comentarios de Romeu Figueras en su edición del *Cancionero musical de Palacio*, pp. 46-47.

y «querida enemiga» son bastante comunes en las *Rimas* y, por lo tanto, en la tradición del Petrarca:

> Ma molto più di quel ch'è per inanzi,
> de la dolce et acerba mia nemica
> è bisogno ch'io dica.
>
> (*Canzone* XXIII, vv. 68-70)

> Amor in guisa che se mai percote
> gli orecchi de la dolce mia nemica,
> non mia, ma di pietà la faccia amica.
>
> (*Canzone* LXXII, vv. 28-30)

> I'pur ascolto, e non odo novella
> de la dolce ed amata mia nemica.
>
> (*Soneto* CCLIV, vv. 1-2) [4]

Ejemplos de frases como ésas son también numerosos en obras peninsulares. La mayoría de ellas se puede explicar simplemente como resonancias petrarqueñas aunque, en verdad, la copla puede haber ayudado a mantener vivo el concepto.

He aquí algunas muestras:

> Aquella tan amada mi enemiga
>
> (Garcilaso, *Canción* IV, v. 146) [5]

> Dulce enemiga mía, hermosa fiera
> Si las obras de amor mirar queremos,
> Iguales con el sol las hallaremos
> Una regla guardar y una manera.
>
> (Gutierre de Cetina, *Soneto* LXXX) [6]

---

4. Acotamos de la ed. de F. Neri, y otros, vol. VI de la serie La *letteratura italiana. Storia e Testi*, Milano, s. a.

5. Garcilaso de la Vega, *Obras completas*, ed. Elias Rivers, Madrid, 1964, p. 44.

6. Gutierre de Cetina, *Obras de...*, ed. Joaquín Hazañas y la Rua, ed., Sevilla, 1895, I, p. 73.

No tan rebelde amor, ni desdeñosa
Piso yerua con planta,
Ni verde hoja cogio Nynfa con mano:
Cabello de oro fino no dio al viento
Ni en lino hermosos miembros ha cogido
Dama gentil, y bella, qual aquesta
Dulce enemiga mia.

(Alonso Pérez, *Segunda parte de
la Diana de Iorge de Montemayor*) [7]

Mas ¡ay! que con mis males más me ofendo
y la razón que hallo en mi fatiga
descubro a mi dolor quando me ençiendo.

Esta mi cruda y dulçe mi enemiga
sugeto a su desseo me condena,
y a más que padeçer mi mal me obliga.

(Fernando de Herrera, *Elegía* III, vv. 49-54) [8]

Porque, quando um chamava a quem queria,
o eco respondia da afeição
no brando coração da doce imiga.

(Camões. *Égloga* II) [9]

Sem ti, doce cruel minha inimiga,
a clara luz escura me parece.

(Camões, *Égloga* V) [10]

Dulce enemiga mia, por quien muero.

(Pedro de Padilla, *Thesoro*) [11]

7. Alonso Pérez, *Segunda parte de la Diana de Iorge de Montemayor*,
Venecia, 1568, fol. 94 vº. Nuestro texto nos fue amablemente proporcionado
por miss Clara Louisa Penney del ejemplar conservado en The Hispanic Society of America.
8. Fernando de Herrera, *Rimas inéditas*, ed. José Manuel Blecua, Madrid, 1948, p. 112.
9. Luis de Camões, *Rimas, Autos e Cartas*, ed. Álvaro Júlio da Costa
Pimpâo, Oporto, 1962, p. 285.
10. Ibíd., p. 317.
11. Pedro de Padilla, *Thesoro de varias poesias*, Madrid, 1580, fol. 66 vº.

Dulce enemiga mía,
vuelve tus ojos bellos

(Francisco de Figueroa, *Égloga
Codro y Lauro*) [12]

No es Razon dulce enemiga
si acaso me quieres bien
que por dar contento a Tarfe
tan sorda a mi llanto estés.

(Romance anónimo, *Romancero de Barcelona*) [13]

Sabed, mi dulce enemiga.

(Anónimo, Ms. *Tonos castellanos* [B]) [14]

O piadoso Cristàl, que me colocas
(estando en su querèr tan apartado)
de aquella dulce mi enemiga al lado,
mientras se cubre con injustas tocas.

(Lupercio Leonardo de Argensola, *Rimas*) [15]

«Mi buen escudero Sancho te hará relación, o bella ingrata, amada enemiga mía, del modo que por tu causa quedo.»

(*Quijote*, I, xxv)

Éste es un verso ajeno que Padilla glosó. Véase también el artículo de Alberto Blecua, «Algunas notas curiosas de la transmisión poética espoñola en el siglo XVI», *Boletín de la Real Academia de Buenas Letras de Barcelona*, XXXII (1967-1968), pp. 131-134, para adicionales usos de este verso.

12. Francisco de Figueroa, *Poesías de...*, ed. A. González Palencia, Madrid, 1943, p. 254.

13. Manuel Milá y Fontanals, «Nachricht von einem handschriftlichen Romancero der Bibliothek von Barcelona», *Jahrbuch für Romanische und Englische Literatur*, III, n.º 94 (1861), p. 167. Nuestro texto nos ha sido amablemente facilitado por don José Manuel Blecua. Una versión más extensa del mismo romance fue impreso en la *Séptima parte de la Flor de varios romances nuevos*, Madrid, 1595, fol. 23 v°, y pasó al *Romancero general*, Madrid, 1600, fol. 216 v°.

14. En el manuscrito de principios del siglo XVII «Tonos castellanos (B)», fol. 57; véase J. B. Trend, «Catalogue of the Music in the Biblioteca Medinaceli», *RHi*, Madrid, LXXI (1927), p. 516.

15. Zaragoza, 1634, p. 29.

«¡Oh memoria, enemiga mortal de mi descanso! ¿De qué sirve representarme ahora la incomparable belleza de aquella adorada enemiga mía?»

(*Quijote*, I, xxvii)

«Yo os juro por aquella ausente enemiga dulce mía...»

(*Quijote*, I, xliii) [16]

BENCOMO   Mas, ¡Santo Dios! ¿Qué es aquella
           mi bella enemiga? Sí,
           quiero escuchar desde aquí
           quién es el que está con ella.

(Anónimo, *Comedia de Nuestra
Señora de la Candelaria*) [17]

LICIDAS   Las que el cielo mercedes
           hizo a mi forma, ô, dulce mi enemiga,
           lisonja no, serenidad lo diga
           de limpia consultada ia, laguna.

(Góngora, *Soledad segunda*, vv. 570-573) [18]

Dulce enemiga Amada
que fuiste por ingrata, y por hermosa
candido exemplo de la nieve elada.

(Anónimo, Ms. de 1674) [19]

El material expuesto incluye odas, sonetos, églogas y elegía italianizantes; de la tradición nativa, un romance morisco, un

16. Todos estos ejemplos han sido acotados por M. Querol Gavaldá (cf. nota 1).
17. *Comedia de Nuestra Señora de la Candelaria*, ed. María Rosa Alonso, Madrid, 1944, p. 144.
18. Luis de Góngora, *Obras poéticas de...*, ed. Raymond Foulché-Delbosc, Nueva York, 1921, t. II, p. 106.
19. Manuscrito 2.478 de The Hispanic Society of America; véase Moñino-Brey, *Catálogo de los manuscritos poéticos castellanos (siglos XV, XVI, XVII) de The Hispanic Society of America*, I, Nueva York, 1965, n.º XXIX, p. 201. También este nuestro texto nos ha sido gentilmente facilitado por miss Clara Louisa Penney.

villancico, la prosa de Cervantes y el teatro. El verso de Herrera «Esta mi cruda y dulce mi enemiga» recuerda, por una parte, el del Petrarca, «de la doce et acerba mia nemica»; por otra, evoca directamente el primero de la copla. Los demás ejemplos, incluyendo los extractos del *Quijote,* parecen más bien derivar del mismo Petrarca. Se trata, pues, de una frase adoptada que se acopla igualmente a obras de ambas tradiciones, la italianizante y la nativa. Pero quizá el mejor resumen de aquella moda es el que ofrece Faria y Sousa en su comentario sobre el soneto XXII de Camões (Chara minha enemiga [...]):

> Esto de llamar enemiga chara o amada a la Querida Hermosura, es regalo o mimo de los Amantes; como el Poeta lo dize en la Cancion I, estancia 5. «Lágrimas, & suspiros Quem delles se queyxar, fermosa Dama, mimoso està do mal que por vos sente.» Con esta condición, pues, se quexan los Amantes de sus Amadas llamandolas, charas enemigas, y hermosas fieras ... [lista de cuatro ejemplos de Camões y diez del Petrarca] ... El Marteli, estancias primeras. —Quella gentil nemica mia—. Uberto Sala, en las estancias que empiezan-Quando la bella mia nemica etc. —Serafino; «De la dolce mia nemica.» *Pero esto es frequentissimo en todos.*[20]

Cuando en 1595 Lope defendió la métrica española contra la italianizante, se refirió a la copla de Aquilano como sigue:

> [...] y yo sé que algunos Italianos envidian la gracia, dificultad y sonido de nuestras *Redondillas,* y aun han querido imitallas, como lo hizo Seraphino Aquilino [*sic*], quando dixo:
>
> > Da la dolce mia nimica
> > Nasce un duol che ser nos suole
> > E per piu tormento vole,
> > Che si senta è non si dica:
>
> llamando nuestras coplas Castellanas Barzeletas o Frotolas,

20. Luis de Camões, *Rimas varias de...*, ed. Manuel de Faria y Sousa, Lisboa, 1685, t. I, p. 61.

que mejor las pudiera llamar sentencias y conceptos desnudos
de todo cansado y inutil artificio [...] [21]

Lope expuso su punto de vista tajantemente, pero el origen
de la copla —español o italiano— no es tan fácil de determinar.
Ambos orígenes son discutibles. Todo lo que se puede decir es
que el texto de Aquilano es el más antiguo que conocemos de
ella; el español, con música de Gabriel Mena, se halla en el
Cancionero musical de Palacio, que incluye diversas obras, al
parecer de Serafino, traducidas al español.[22] Lope pudo haber
tenido algún fundamento para su declaración pero, si lo tuvo,
lo ocultó.

El texto del *Cancionero musical de Palacio* dice así:

> De la dulçe mi enemiga
> nace un mal que all alma yere,
> i por más tormento quiere
> que se sienta y no se diga
>
> Mal que no puede sufrirse
> imposible es que s'encubra,
> forçado será dezirse
> o que muerte lo descubra,
> porque yere mi enemiga
> de un dolor que nunca muere,
> i por más tormento quiere
> que se sienta y no se diga.[23]

La estructura del villancico es bastante común, pero la fu-
sión de las palabras con la música, la sencillez del lenguaje subrayan la presión emotiva del estribillo. El verdadero enamorado

---

21. Lope de Vega, *El Isidro, Obras sueltas,* Madrid, 1777, t. XI, p. xxviii.
22. La hipótesis de la primacía del texto de Serafino ha sido firmemente
mantenida por Romeu Figueras en su edición del *Cancionero musical de Palacio,* p. 212.
23. *Op. cit.,* p. 255; n.º 147 en el *Cancionero musical...* de Asenjo Barbieri, Madrid, 1890. Una excelente interpretación del texto puede escucharse
en disco, n.º H-71.116 de «Nonesuch Records», titulado *The pleasures of
Cervantes.*

tiene que expresar su desesperado y perdurable amor, pero esto es precisamente lo que le está prohibido. Lo que empieza como una paradoja se convierte en un dilema intolerable e imposible.

No hemos hallado otro documento sobre este villancico durante la primera mitad del siglo XVI. Lo volvemos a encontrar en la primera edición del *Cancionero llamado Flor de Enamorados,* Barcelona, 1562, y reimpreso unas ocho veces hasta 1681:

> De la dulce mi enemiga
> nasce vn mal que la alma hiere
> y por mas tormento quiere
> que se calle y no se diga.
>
> Mal que no puede suffrirse
> impossible es que se cubra
> forçado sera dezirse,
> o que muerte lo descubra
> es tan grande mi fatiga
> que mi alma en ella muere
> y por mas tormento quiere
> que se calle y no se diga.
>
> Mi mal no puedo oluidar
> porque con el aprendi
> ni puedo que no hay lugar
> ni quiero que no es en mi:
> mi mal a llorar me obliga
> llorando que desespere
> y por mas tormento quiere
> que se calle y no se diga.[24]

En este texto, el último verso del estribillo ha perdido toda su fuerza. Las variantes con respecto a la antigua versión de la

24. *Cancionero llamado Flor de Enamorados*, Barcelona, 1562, ed. Antonio Rodríguez-Moñino y Daniel Devoto, Valencia, 1954, fol. 37 vº; don Antonio Rodríguez-Moñino nos informó también de que precisamente este texto fue añadido a la edición de la *Silva de varios romances,* Zaragoza, 1617, fol. 59, y fue incluido en las ediciones de 1657, 1658 y 1673.

primera estrofa parecen una desafortunada corrupción. La segunda es, casi seguramente, una adición posterior mucho más débil. No podemos decir cómo sobrevivió el texto del *Cancionero Musical* para reaparecer impreso en la *Flor,* pero no se deben descartar las tradiciones manuscrita, musical o en pliegos sueltos. La cuarteta del villancico original era de todos modos ampliamente conocida antes de 1562. El airoso soneto de Montemayor, impreso por primera vez en el *Segundo cancionero,* Amberes, 1558, es una buena evidencia:

> Cantando «de la dulce mi enemiga»
> halló Marfida un día a Lusitano,
> al pie de un verde sauze en aquel llano,
> do vio el principio e fin de su fatiga.
>
> Mas como amor, razón, piedad le obliga
> poder pasar de allí no fue en su mano
> y cuando él vio aquel rostro sobrehumano,
> llegaba a «que se sienta y no se diga».
>
> Paró en medio del verso el sin ventura
> calló y no dixo más; pero hablaban
> los ojos, cuerpo, rostro y la postura.
>
> Los ojos de Marfida en él estaban
> y con mostrar los dos cierta blandura
> se daban a entender lo que callaban.[25]

No sólo conocía Montemayor la cuarteta, sino que daba por hecho que la conocía también el lector. Podemos añadir que se presenta aquí otro caso de re-creación de un poema octosilábico en soneto. «Los poetas en agraz imitan; los maduros roban; los malos estropean aquello de que se apropian y los buenos lo convierten en algo mejor o, al menos, diferente. El buen poeta

---

25. Jorge de Montemayor, *Segundo cancionero*, Amberes, 1558, fol. 58 v°; miss Penney verificó para nosotros amablemente el lugar en el ejemplar conservado en The Hispanic Society. Texto de *El Cancionero del poeta...*, ed. A. González Palencia, Madrid, 1932, p. 417.

amalgama lo hurtado con una homogénea sensibilidad, única, totalmente distinta de la de su fuente; el malo lo incluye en algo con lo cual no guarda cohesión.» [26] Otra prueba —ésta portuguesa— de la popularidad de la copla se puede hallar en dos obras teatrales de la época. En el *Auto de Dom Andres,* la referencia se combina con otra a la *Égloga primera* de Garcilaso:

| Dom Belchior | Ficara la pera fora
hum soneto aqui agora
qual fizer mais ao caso
e yrnos hemos embora |
| Bras | qual diremos meu senhor
do de la dulce mi enemiga
ou assi deste theor
ho mais dura que marmol
a que for milhior se diga.[27] |

El otro es del *Auto do Mouro Encantado,* de Antonio Prestes, impreso por primera vez en 1587:

Grimaneza Pai Fernando	A fee que seja comigo E sobre que nora abriga Ela o diga pois o diz qu'eu nâo no digo
Grimaneza Fernando	Dizeyo vos, Dulce enemiga causam he de que letiga
Pai	Pois sus demandar bom triga.[28]

26. T. S. Eliot, «Philip Massinger», *The sacred wood,* Nueva York, 1921, p. 114.

27. *Autos portugueses de Gil Vicente y de la escuela vicentina,* ed. Carolina Michaëlis de Vasconcellos, Madrid, 1922, fol. A, VIII v°, col. b., de la obra mencionada.

28. *Primeira parte dos Autos e Comedias portuguesas,* ed. Alfonso López, Lisboa, 1587, fol. 131. Ya preparadas y en pruebas estas notas, llega a nuestra atención un nuevo uso directo del estribillo por otro dramaturgo portugués de este período. Los dos últimos versos de la cuarteta son citados por Camões en *El Rei Seleuco* (véase Luis de Camões, *Rimas, Autos e Cartas,* p. 449).

La popularidad del texto continúa también en España, y el estribillo del villancico original se convierte en base para glosas en la segunda mitad del siglo XVI. Una de las primeras existe, por lo menos, en tres versiones manuscritas: en el «Cartapacio de Francisco Morán de la Estrella», en el de Ramiros Çid y Piscina, y en el *cancionero* en All Souls' College, Oxford. He aquí el primero de estos textos:

LETRA

Dela dulçe mi enemiga
nace vn mal qu'el alma hiere
y por mas tormento quiere
que se sienta y no se diga.

GLOSA

Por tan extraño camino
me encamina mi dolor
que apenas a andar atino
que me manda hablar amor
mas yo no me determino
y quanto mas adelante
me pone a que mi mal diga
enmudezco en el instante
que veo el graue semblante
de la dulçe mi enemiga.

Y doyme por bien pagado
y quedo muy satisfecho
con solo auella mirado
tomando por mi prouecho
lo mismo que me a dañado
el cuerpo en aquel momento
que alcança a uer lo que quiere
Guoça con el pensamiento
mas luego deste contento
naçe vn mal que el alma hiere,

tan triste y de tal poder
que aunque a sufrille se esfuerça

no puede sino con ver
y en uiendo con mayor fuerça
se le dobla el padeçer
el remedio es oluidar
vn mal que tan reçio hiere
ved como podra llegar
si el alma por mas penar
y por mas tormento quiere.

Ama tanto su passion
que a trueco de no perdella
tiene por buen galardon
el morir por padeçella
que es paga y satisfaçion
Mirad que extremo de Amor
y que desygual fatiga
que rebiente de dolor
y manda por ser mayor
que se sienta y no se diga.[29]

La glosa es ciertamente un aceptable pero no inspirado desarrollo de conceptos que giran alrededor de cada verso de la cuarteta. El amor induce al enamorado a hablar, pero el ceño de su amada se lo impide. La íntima satisfacción que le produce su propia lealtad dura poco. De ello surge un sufrimiento más intenso. La idea de ignorar la situación —obvio remedio— es imposible al estar su pasión nutrida por tormentos más poderosos. Es ésta tan profunda que, antes que perderla, acepta la muerte como premio y recompensa. Su amor, por sí sólo, es arrollador; el hecho de que deba silenciarlo sólo sirve para ha-

29. El texto del «Cartapacio de Francisco Morán de la Estrella» (Ms. 531 de la Biblioteca del Palacio de Oriente, Madrid) aparece en el folio 131 vº. Dos textos aparecen en el «Cartapacio de Ramiros Çid y Piscina» (Ms. 1580 de la misma biblioteca), folio 18 vº. La cuarteta del segundo de ellos dice «se calle», variante de la *Flor de Enamorados*. El texto del *cancionero* del All Souls' College, Oxford, fol. 129 rº, nos fue amablemente facilitado por el doctor Cyril A. Jones del Trinity College, Oxford. Véase también Karl Vollmüller, «Mittheilungen aus spanischen Handschriften. I. Oxford All Souls' College. N.º 189», *ZRPh*, III (1879), p. 82.

cerlo más intenso. Nadie, en el siglo XVI, podía considerar estas
ideas como extremadamente originales. Son, a lo más, reafirma-
ciones de lugares comunes del *cancionero*. Al mismo tiempo,
el lenguaje es preciso y el concepto está coherentemente desarro-
llado a través de las cuatro estrofas. El estribillo ha sido por
completo incorporado al propósito de la glosa. Desde luego, la
segunda estrofa conduce directamente a la tercera. En esta misma estrofa se incluye el verso «el remedio es olvidar» que tan
larga y productiva historia tiene en la poesía peninsular.[30]

Gregorio Silvestre escribió una glosa mucho más elevada:

TEXTO

De la dulce mi enemiga
nasce vn mal que al alma hiere
y por mas tormento quiere
que se sienta, y no se diga.

GLOSA

Tan dulce mano es de ver
la que robó mis despojos
que padezco mil enojos
al sabor de aquel plazer
que en ver la sienten mis ojos.
Es tan dulce que me obliga
à no querer mas ventura
ni mas premio à mi fatiga
que mirar la hermosura
de la dulce mi enemiga.

Dulce de ver y gozar
de seruirla, y de querella
y tan cruda como bella

---

30. Véase Edward M. Wilson y Jack Sage, *Poesías líricas en las obras
dramáticas de Calderón*, Londres, 1964, p. 58. Hemos encontrado también el
concepto en la primera estrofa de la glosa escrita por Sã de Miranda a «Pu-
siera yo mis amores» (véase *Poesías de...*, ed. Carolina Michaëlis de Vasconcellos, Halle, 1885, p. 39).

en no querer remediar
lo que yo passo por ella.
Y aunque no quiera, ni espere
mi coraçon mas contento,
que la causa por quien muere
del mismo contentamiento
nasce vn mal que al alma hiere.

Viene à mi, mal tan derecho
que no se qual me desplaze
mucho mas me satisfaze
el mal que mi bien me à hecho
que el bien que mi mal me haze.
Porque amor assi me hiere
que la triste anima mia
morir del dolor que muere
por mas dolor, no querria,
y por mas tormento quiere.

Y viendo el acto cruel
de mi mal que si lo callò [sic]
y es impossible passallo,
porque me sostengo en el
con la gloria de contallo.
Mi congoxa, mi fatiga,
y mi pena lastimera
y el mal que à morir me obliga
quiere amor para que muera
que se sienta, y no se diga.[31]

La glosa de Silvestre lleva el estilo de *cancionero* a un límite extremo de inteligibilidad. Júbilo y pena, placer y dolor están tan entrelazados e interdependientes que, a pesar de que pueden distinguirse, no pueden separarse. La vista de la amada causa alegría y a la vez produce dolor pues ella, dulce enemiga, es bella y cruel. El dolor que surge del placer al contemplar la belleza de la dama tiene que ser postergado al placer que

31. Gregorio Silvestre, *Las obras del famoso poeta*..., Granada, 1582, fol. 64 rº, Edit. de Lisboa, 1592, fol. 93 rº, y Granada, 1599, fol. 63.

proviene del daño causado por su crueldad. Este dolor diferido es causa de la muerte del amador. Estas penas son tolerables sólo si se pueden contar, pero el Amor le prohíbe hablar, lo condena a morir. El exacto, casi escolástico, modo de razonar llega casi a rozar lo absurdo. Pero la complejidad del sentir humano puede incluir estas aparentes contradicciones; la tentativa de Silvestre para separarlas y combinarlas no es fútil. A la vez, los altibajos psicológicos hallan eco en sus versos. La antítesis «dulce» y «cruda» en la segunda estrofa, el difícil contraste de «el mal que mi bien me ha hecho» con «el bien que mi mal me hace» en la tercera, la explosión de sentimiento en el verso «con la gloria de contallo» de la cuarta, son obra de un poeta de más amplias aptitudes y más profunda penetración que las del anónimo de los *cartapacios*.

La glosa última que hemos encontrado es la del canónigo Francisco Tárrega, presentada para la reunión de la valenciana *Academia de los Nocturnos* que tuvo lugar el 23 de diciembre de 1591.

GLOSA

Satisfecho de mi mal
las puertas cierro a mi bien,
qu'en su congoja mortal,
regala más un desdén
que el favor de más caudal.
Esta certeza me obliga
á que en mis daños prosiga,
que son favor y dulzura,
la enemistad y amargura
de la dulce mi enemiga.

Los rayos de su belleza
rayos celestiales son,
pues con igual estrañeza
maltratan el corazón
sin mellar en su corteza.
Nadie de mi pena infiere

que se mejora ó que muere,
pues dejando el cuerpo sano,
de su poderosa mano
nace un mal que al alma hiere.

A ratos me favorece
cuando me ha de desdeñar,
y otras veces le acontece
quitar la fuerza al pesar
cuando las lástimas crece.
De su condición se infiere
que porque yo considere
su regalo y su rigor,
no quiere por más favor
y por más tormento quiere.

Mándame decir secretos
y callar publicidades;
yo siguiendo sus decretos
llamo á sus contrariedades,
leyes de acuerdos discretos.
Y quiero porque es amiga
de que al mal se contradiga,
que aquel dolor aparente
que se dice y no se siente,
que se sienta y no se diga.[32]

No puede haber comparación entre estos versos y los de la glosa sensitiva y lógica de Silvestre. Tárrega tenía que cumplir con las condiciones que se le habían dado para la reunión de la Academia. No se le puede culpar si su obra sólo posee un poco más del mérito esperado en tales exhibiciones. En realidad, las posibilidades emotivas del estribillo habían sido plenamente aprovechadas por Silvestre; Tárrega, a pesar de todo lo interesante que haya podido ser como dramaturgo, no pudo, como poeta, suplantar a su predecesor. Silvestre estaba comprome-

32. *Cancionero de la Academia de los Nocturnos de Valencia*, ed. Pedro Salvá, Valencia, 1906, t. II, p. 73.

tido imaginativamente en la trascendencia del estribillo; Tárrega se contentó con un elegante artificio.

II

Ya hemos observado la frase «Oh dulce mi enemiga» en la *Soledad segunda* de Góngora. Las mismas palabras aparecen en su anterior soneto «Qual del Ganges marfil o qual de Paro», imitado de Ariosto y fechado en 1583. La imitación se limita al primer cuarteto; el verso final, que nada debe a Ariosto, dice:

O bella Clori ô dulce mi enemiga.[33]

Aquí, en la serie de elaborados sonetos italianizantes escritos por Góngora entre 1582 y 1585,[34] existe un retorno directo al estribillo español. Como veremos enseguida, Góngora escribió otro poema durante el mismo año, en el cual pone en ridículo a toda aquella tradición. Robert Jammes, en su examen de este segundo poema «Manda Amor en su fatiga», alude a una posible relación con «De la dulce mi enemiga», pero llama nuestra atención hacia un villancico de Juan de Stúñiga, del *Cancionero general* de 1511. Ve esta última obra como fuente de la de Góngora:

Mi peligrosa pasión
me castiga
que se sienta y no se diga.
Que mi secreta tristura
con sello de fe sellada   5

33. El comentario de Salcedo Coronel sobre los sonetos de Góngora no da esta fuente. Véase Millé y Giménez, *op. cit.*, p. 1.040, nota 233; Joseph G. Fucilla, *Estudios sobre el petrarquismo en España*, Madrid, 1960, p. 253; y Robert Jammes, *Études sur l'oeuvre poétique de don Luis de Góngora y Argote*, Burdeos, 1967, p. 368.
    34. Jammes, *op. cit.*, pp. 355 ss.

mas quiere muerte callada
que publica desuentura.
Consiente mi coraçon
mi fatiga,
porque sienta y no se diga.   10

Sufrasse penosa vida
no quiero biuir sin ella;
venga la muerte escondida,
callese la causa della.
Mucho puede la razon,   15
pues me obliga
que se sienta y no se diga.[35]

En nuestra opinión, tanto el poema de Stúñiga como el de Góngora proceden, en el fondo, de la versión española de la cuarteta de Serafino.[36] Vale la pena anotar que Stúñiga tomó frases de otros: el verso 13 recuerda claramente la canción más famosa del Comendador Escrivá. A pesar de que el villancico de Stúñiga fue reimpreso en sucesivas ediciones del *Cancionero general*, no parece haber logrado un mantenido interés. Vemos en el texto de Stúñiga más bien un producto de la tradición y no el origen de obras posteriores. Refiriéndonos, por un momento, al uso que después de Góngora se hizo del único contraste «que se sienta y no se diga», se nos ofrecen dos pasajes de Calderón basados en él, evocando los conflictos del villancico original más que la resignación inmanente en el sencillo poema de Stúñiga.

Doña Ana de Castelví
(Ya he dicho quién es, ya puedo
aun más allá del discurso

35. *Cancionero general*, Valencia, 1511, edición facsímile por Antonio Rodríguez-Moñino, Madrid, 1958, fol. CXLVI vº; Jammes comenta en *op. cit.*, p. 199 y nota; véase también Luis de Góngora, *Letrillas,* ed. Robert Jammes, París, 1963, pp. 181-185.

36. Romeu Figueras es de la misma opinión. Véanse especialmente los comentarios en su edición del *Cancionero musical de Palacio*, p. 212, nota 56, donde cita una utilización parecida en una glosa a «Cautivo soy, pero cúyo».

pasar encarecimiento)
es quien me tiene en su amor
de mí mismo tan ajeno,
que no siento lo que digo,
aunque digo lo que siento.[37]

Beatriz   Mas, que es fuerza que se calle,
y que te trae disgustada,
de tus ojos descuidada
y enemiga de tu talle;
mal que a entristecer te obliga
y te obliga a enmudecer,
cuyo efecto puede hacer
que se sienta y no se diga;
mal que es mi propio dolor,
pues repite satisfecho
sus efectos en mi pecho
sin duda, Clara, es amor.[38]

Volviendo al poema de Góngora, Jammes, con razón, considera esta letrilla como una protesta contra el concepto cortesano del amor (amar y sufrir en silencio) y los trillados lugares comunes de la poesía amorosa del siglo XVI.[39] El texto completo dice:

Manda Amor en su fatiga
Que se sienta y no se diga;
Pero a mi mas me contenta
Que se diga i no se sienta.

En la lei vieja de Amor
A tantas fojas se halla
Que el que mas suffre i mas calla,
Este librarà mejor;

---

37. Calderón, *Nadie fie su secreto*, BAE, XIV, Madrid, reimpresión de 1874, p. 48, col. a.
38. Calderón, *Hombre pobre todo es trazas*, BAE, VII, Madrid, reimpresión de 1872, p. 509.
39. James, *op. cit.*, pp. 45-46 y 199.

Mas triste del amador
Que, muerto a enemigas manos,
Le hallaron los gusanos
Secretos en la barriga!

Manda [...]

Mui bien harè si culpàre
Por necio qualquier que fuere
Que como leño suffriere
I como piedra callare;
Mande Amor lo que mandàre
Que io pienso mui sin mengua
Dar libertad à mi lengua,
I a sus leies vna higa.

Manda [...]

Bien sè que me han de sacar
En el auto con mordaça,
Quando Amor sacare a plaça
Delinquentes por hablar;
Mas io me pienso quexar,
En sintiendome agrauiado,
Pues el mar brama alterado
Quando el viento le fatiga,

Manda [...]

Io sè de algun Ioueneto
Que tiene mui entendido
Que guarda mas bien Cupido
Al que guarda mas secreto;
I si muere el indiscreto
De amoroso toroçon,
Morirà sin confesion
Por no culpar su enemiga.

Manda [...] [40]

40. Luis de Góngora, *Obras poéticas de...*, I, p. 49.

Varios críticos españoles se han referido a esta letrilla. El comentario de Unamuno fue lacónico. Citó el estribillo y añadió: «frivolidad se llama esta figura».[41] Gerardo Diego hace una puntualización que no nos concierne aquí: que la forma estrófica de esta letrilla iba a ser instrumental para la aparición de la décima.[42] José María de Cossío ve el texto como un divertido buscapié que de ningún modo contradice el tono de los sonetos amorosos de Góngora.[43] Esta opinión precisamente está en desacuerdo con la nuestra porque, en la letrilla, Góngora parece hablar con su propia voz, sin reminiscencias italianizantes.

En el estribillo, Góngora expone el concepto de Aquilano desde su punto de vista. El recio sentido común ridiculiza al romántico, manido modelo. Sin referirse a ninguna glosa en particular, escribió con entera conciencia de la primitiva tradición. Cada estrofa subraya con realístico trazo la repulsa de lo absurdo. Todas las imágenes son deliberada y brillantemente antipoéticas: «la ley vieja», «A tantas fojas», «gusanos», «barriga», «como leño sufriere», «como piedra callare», «una higa»... Desde el principio al fin de sus estrofas, Góngora hace que el ritmo de la métrica se subordine al de las palabras. En las cuatro estrofas apenas hay una frase que no pudiese haber sido usada en la lengua coloquial de su tiempo. Al mismo tiempo, el lenguaje es variado y vivo. Las expresiones comunes están a veces compensadas por una agradable antítesis: «que como leño sufriere | y como piedra callare». En otro momento, con tesitura más literaria, se da un comentario irónico sobre la situación del poeta:

41. Miguel de Unamuno, *Obras completas*, XIV, Madrid, 1963, p. 289. El comentario se incluye en la «Presentación» a *Teresa*. Agradecemos a nuestro colega el profesor Demetrios Basdekis la localización que hizo para nosotros.

42. Gerardo Diego, «Góngora en la Academia», *BRAE*, XLI (1961), pp. 429-430.

43. José María de Cossío, «En el centenario de Góngora», *BRAE*, XLI (1961), p. 437.

> Mas io me pienso quexar,
> En sintiendome agrauiado,
> Pues el mar brama alterado
> Quando el viento le fatiga.

O parodia el lenguaje de *cancionero*: «Que guarda mas bien Cupido | Al que guarda mas secreto», y «Mande Amor lo que mandare». A pesar de que el orden de las estrofas parece ser accidental, están ligadas por «la ley vieja de Amor» y sus acompañantes metáforas legales. La comicidad continúa a través de todo el poema, pero la agudeza de la última estrofa, debida a los múltiples significados de *confesión,* insinúa un terrible fin para los que toman en serio toda esa tradición. La repetición final del estribillo restablece un humor menos agresivo. Estamos lejos de considerar esta letrilla de primera época como una de las obras maestras de Góngora. Pero tras esa ligera modalidad, se esconde un robusto juicio sobre la vida.

En este informe hemos tratado de mostrar la variada continuidad de la poesía procedente de un estribillo muy conocido. Nuestros hallazgos confirman quizá los estudios de Rafael Lapesa sobre «Poesía de cancionero y poesía italianizante».[44] Aquí también, un poema octosilábico influyó en la producción literaria española de ambas tradiciones, la nativa y la italianizante y su influencia no se redujo al género de origen. Se impuso no sólo directa y abiertamente como tema para ser continuado, sino que impregnó la textura poética de obras más originales. Nuestros ejemplos difieren mucho entre sí en cuanto a mérito, pero el primitivo villancico y la glosa de Silvestre representan la poesía corriente de *cancionero* en uno de sus más favorables remansos. Estas dos poesías desarrollan directamente el contenido del estribillo: otras se limitan a repetirlo. El soneto alusivo de Montemayor tiene otra clase de mérito: el conocimiento del estribillo es sólo un ingrediente. La parodia de Góngora nos

---

44. Rafael Lapesa, «Poesía de cancionero...», *Strenae. Estudios... dedicados al profesor Manuel García Blanco,* Salamanca (1962), pp. 259-279, reimpreso en su *De la Edad Media a nuestros días,* Madrid, 1967, pp. 145-171.

habla de la solidez de una tradición que él satiriza por disparatada. El estribillo fue usado, naturalmente, por otros escritores que no aceptaban el punto de vista de Góngora. No obstante, su poema posee quizá una más amplia humanidad de la que se puede hallar en versos anteriores.

Los textos se iluminan mutuamente. Aquello que poseen en común hace resaltar las cualidades particulares de los mejores y manifiesta la pobreza de los demás.

5

LA ESTÉTICA
DE DON GARCÍA DE SALCEDO CORONEL
Y LA POESÍA ESPAÑOLA DEL SIGLO XVII

I

La gran autoridad de los comentarios a las obras de Góngora
publicados desde 1629 hasta 1648 por don García de Salcedo
Coronel no llegó a ser universalmente reconocida en todos sus
detalles por sus contemporáneos y sucesores. Dámaso Alonso, en
un hermoso estudio, resume la historia de su guerra literaria
con don Josef Pellicer de Salas y Tobar.[1] E. J. Gates acaba de
darnos un artículo sobre las desavenencias en varias cuestiones
tocantes a la interpretación del *Polifemo* entre Coronel y Díaz
de Ribas,[2] y Robert Jammes ha puesto en claro cómo, a pesar
de la estrecha amistad que le profesó Nicolás Antonio, no estaba
conforme el gran bibliógrafo con las explicaciones de las canciones y del *Panegírico* del maestro,[3] publicadas en la segunda
parte del segundo tomo de las *Obras comentadas*. Podemos prescindir, creo, de las críticas mal intencionadas de Pellicer, pero
Antonio y Díaz de Ribas a veces tenían razón cuando señalaron
un punto flaco de interpretación o una falta de comprensión
del valor poético de un lugar citado en la obra generalmente
meritoria del comentarista.

En el ejemplar que tengo de las *Soledades...*, *comentadas*

1. «Todos contra Pellicer», en *Estudios y ensayos gongorinos*, Madrid. 1955,
p. 454-479.
2. «Sidelights on contemporary criticism of Góngora's "Polifemo"«, *PMLA,*
LXXV (1960), pp. 503-508.
3. «Études sur Nicolás Antonio. Nicolás Antonio commentateur de Góngora»,
BHi, LXII (1960), pp. 16-42.

por don García [4] hay unas diez notas marginales escritas en letra del siglo xvii. En la portada grabada de este tomo se encuentra la firma de un Pedro Soriano Carranza y una fecha 16..., ilegible, porque la tinta ha comido allí el papel. Creo que este Soriano (para mí desconocido) escribió las notas. Doy a continuación el lugar comentado, con la referencia a la numeración que tiene en la última edición de este poema hecha por Dámaso Alonso, las palabras de Salcedo que provocaron la nota, la nota misma y unas observaciones mías sobre cada caso. En las citas guardo la ortografía tanto de Salcedo como de Soriano.

1. [...] la playa [...] [I, v. 31].
[Salcedo:] los Dioses maritimos, que llamauan Littorales, de *Littus, que es la ribera* [...] [fol. 23 vº].
[Soriano subraya las palabras «la ribera»:] no es sino la plaia, ripa, es la riuera.
Corrección de un error de Salcedo.

2. Quando el que ves sayal, fue limpio azero [I, v. 217].
[Salcedo:] Quando este sayal $\bar{q}$ oy cubre mi persona, era limpio azero. Esto es, quando yo era soldado. Impropiedad me pareze introduzir a vn rustico cabrero blasonando de auer sido soldado, pues quãdo desengañado se huuiesse retirado de la milicia, le auia de fingir nuestro Poeta en mas decente ocupacion. Torquato Tasso introduciendo en el cant. 7. de su Ger. aquel rustico que encontró Erminia, quando le informa de su vida, dize, que siendo moço conocio la Corte, ocupandose en cultiuar los jardines del Real Palacio. No quiso aquel gran Poeta, que la ocupacion huuiesse sido diferente, sino solamente los lugares. Fue jardinero en el Palacio del Rey y agora cultiuaua el propio campo, y apacentaua su ganado [fol. 56 vº]. [La palabra «Impropiedad», subrayada.]
[Soriano:] luego todos los que an sido Soldados, no pueden tener oficio, o exercicio Vajo? niego la consequencia.
Soriano no está conforme con el concepto de verisimilitud de

---

4. *Soledades de don Luis de Góngora, comentadas por don García de Salzedo Coronel*, Madrid, 1636. El comentario del *Polifemo* forma parte del mismo tomo, con foliación seguida, aunque con nueva portada. La primera parte del segundo tomo (que contiene los sonetos) se publicó en 1644; la segunda parte del mismo tomo, en 1648. Las dos partes del segundo tomo están paginadas.

Salcedo, según el cual la profesión noble de un soldado no era compatible con la ocupación plebeya de un pastor.

3. Abetos suyos tres [...] [I, v. 413].

[Salcedo:] [...] no dexaré de culpar a don Luis, pues atribuye a la codicia, y no a vna ambición prudente la dilaciõ de la Monarquia Española. O España! quanto menos deues a tus naturales, que a los extrangeros, pues aquellos aunque embidiosos, confiessan tu grandeza, y estos maliciosamente desluzen tus vitorias. Que mucho, pues, nos llamassen barbaros, si nuestro estudio mayor es la propia ignominia? [fol. 97 rº].

[Soriano:] de donde infieres, q̄ que [sic] no fue Codicia, sino ambicion prudente? y si ai prudente ambición, por que no Codicia? [rúbrica].

Defensa acertada de don Luis contra la crítica de Salcedo.

4. [...] el paxaro de Arabia [...] [I, v. 462].

[Salcedo:] [...] Lee del Fenix a Herodoto [...] [da aquí una lista impresionante de autores que tratan de la fénix] [...] S. Epifanio in Anchor [fol. 110 rº].

[Soriano:] y a D. Joseph Pellicer en su fenix.

Véase el ensayo «Todos contra Pellicer», de Dámaso Alonso, Salcedo dejó sin citar el libro de su enemigo, aunque es seguro que lo conocía.

5. Que impide amor que aun otro chopo lea [I, v. 700].

[Salcedo:] Vno de los versos más culpables q̄ tiene D. Luis en estas Soledades a mi juizio es este vltimo, por la mala consonancia q̄ hazen aquellas dos dicciones, chopo, y lea. Esta figura es viciosissima, llamase, cacofaton [5] como otras vezes auemos dicho [fol. 149 rº].

[Las palabras «Vno de los versos mas», subrayadas.]

[Soriano:] luego positiue, Culpables todos?

Soriano no reconoce el vicio del cacofaton, cosa que en este verso depende mucho del oído individual del lector.

6. Del plomo fulminante [II, v. 282].

[Salcedo:] [...] Sin valerles esta preuĕcion, porque al fin el

---

5. Cf. Gonzalo Correas, *Arte de la lengua española castellana*, Madrid, 1954, p. 407.

más temeroso dellos, ignoraua mas el prouenido riesgo de las balas
disparadas de los arcabuzes [fol. 232 vº].

[Soriano:] de la munición, o perdigones, es más propio.

Corrección de un detalle de interpretación.

7. En torneado fresno [...] [II, v. 347].

[Salcedo:] Siruieron las hijas con silencio la comida en tornea-
da vaxilla de fresno [fol. 243 rº].

[Soriano:] llamanse Dornillos.

Adición al comentario: Según Covarrubias, *dornajo*. Por otro
nombre se llama dornillo o tornillo; es una artesuela pequeña y
redonda en que dan de comer a los lechones. Díjose dornajo, *quasi*
tornajo, por ser tornátil y redondo.

8. De las ondas al pez con buelo mudo
Deidad dirigio amante el Hierro agudo [II, vv. 484-485].

[Salcedo:] Dize agora, que alguna Deidad del mar amante de
Efire dirigió con mudo buelo el hierro agudo del dardo al pescado que ha referido. Reparo en que dixo antes que hizo gemir el
aire, arrojando el dardo [verso 482, «de la mano a las ondas gemir
hizo»], y aqui dize, que se dirigiò al pescado con mudo buelo.
Si se arrojò con tanta violencia, q̄ hizo gemir el aire, como fue
mudo su buelo? Casi todos los antiguos Poetas dixeron lo contrario,
y con mayor propiedad, pues arrojada qualquier cosa con grande
impetu forma cierto sonido, causado de aquella violenta division
del aire. Alude a esto scientificamente Virgilio [fol. 259 rº]. [Las
palabras «Reparo en que dixo antes», subrayadas].

[Soriano:] respondo que el dardo, mientras iua por el aire,
gemia, quando entro en el agua, enmudecio; [*sic*].

Acertada defensa de Góngora por Soriano.

9 *a*. Can, de lanas prolijo [II, v. 799].

[Salcedo:] Esta figura es viciosissima. Llamase como otras veces auemos dicho, Cacophatõ, porque juntandose las dicciones, hazen
vna de mal sonido, q̄ es *candelanas* [fol. 294 vº].

[Soriano:] esa culpa sera de el que leyere no de el Autor.

9 *b*. Buzo sera bien de profunda Ria [II, v. 800].

[Las palabras «profunda Ria», subrayadas. Añade Soriano:]
aqui podia hacer el mismo reparo, pues leido junto dira profun-
daria (véase el número 5).

10. La auecilla parece [II, v. 926].

[Salcedo:] Parecia la auecilla. Este diminutiuo viniera mejor a vn aue de menor grandeza que la cuerua [fol. 308 rº].

[Soriano:] luego auiendo otras de maior, dixo uien?

Otra acertada defensa de Góngora contra la pedantería de Salcedo.

Vemos cómo, del total de diez notas, hay unas seis en las que hace Soriano una defensa de Góngora en contra de las críticas de detalle hechas por Salcedo Coronel. En casi todas ellas creo que los buenos catadores de poesía de nuestra generación estarán con aquél más bien que con éste. Vamos ahora a tomar otras muestras de los juicios estéticos del comentarista sevillano.

Semejantes censuras hechas por Salcedo Coronel al *Polifemo* fueron a veces reprobadas por otros gongoristas del XVII y han sido estudiadas por los especialistas de nuestros días. Citaré algunas:

11. Cuando el gigante hizo sus albogues de cáñamo y cera, «que no deuiera», nos dice Salcedo que «No deuiera don Luis poner este, que no deuiera, pues fuera de ser término humilde en nuestro idioma, no dize [...] cosa de importancia» [fol. 332 vº]. Antonio Vilanova ha demostrado cómo esta crítica fue anticipada por Jáuregui y repulsada por Pellicer, y Dámaso Alonso se refiere a una defensa que hizo Cuesta, aunque «no sin alguna duda».[6]

12. También repugnó a don García la palabra «habido» en el verso 195 («En Simetis, hermosa Ninfa, auido»). Para él la palabra era «tosca y bárbara» [fol. 361 rº][7]

13. Grave discusión también hubo sobre si hay alguna distinción entre las palabras «carcaj» y «aljaba» que figuran en el

6. Antonio Vilanova, *Las fuentes y los temas del «Polifemo» de Góngora*, Madrid, 1957, I, pp. 585-586; Dámaso Alonso, *Góngora y el «Polifemo»*, Madrid, 1960³, p. 325; Zdislas Milner, «La formation de figures poétiques dans l'oeuvre cultiste de Góngora», *Les Langues Néo-Latines*, LIV, n.º 154 (junio 1960), p. 48.

7. Vilanova, II, p. 87; Dámaso Alonso, *Góngora y...*, p. 380.

verso 243. Salcedo opinó que no la había (fol. 369 rº); Pellicer y Díaz de Ribas intentaron demostrar lo contrario. En este caso estamos con Salcedo.[8]

14.   A pesar de los argumentos de Antonio Vilanova, creo que tenía razón don García cuando dijo del verso 442 («Ligurina haya») «que de la haya no se hazen nauíos, porque la madera deste arbol es porosa y se corrompe facilmente» [fol. 413 rº]. No creo que baste aquí la autoridad de don Luis Carrillo, cuatralbo de galeras, para justificar este pequeño lunar en el gran poema de Góngora.[9]

Resumamos ligeramente otros reparos de Salcedo:

15.   *Sol.* I, vv. 157-158.   El macho cabrío no es celoso; «assi pudiera don Luis escusar el descriuirle tan guerrero en materia que tan poco le desvela» [fol. 44 vº].

16.   *Sol.* I, v. 198.   «y ciega vn rio sigue». Alude Góngora «a la costumbre de los ciegos, que siguen a quien los encamina. No alabo esta maestría» [fol. 53 vº].

17.   *Sol.* I, v. 394.   «alado roble». Igual censura a la que dio al «haya» del *Polifemo* (véase nuestro número 14) [fol. 81 rº].

18.   *Sol.* I, v. 413.   El discurso del serrano es «más entendido que deuía para Serrano» [fol. 95 rº].

19.   *Sol.* I, v. 481.   «De firmes islas, no la inmobil flota.» No apreció Salcedo Coronel esta maravillosa estrofa. «En todas estas Soledades no ay alusion mas dura a mi parecer» [fol. 114 rº]. Un lector moderno opina todo lo contrario.

20.   *Sol.* I, vv. 678-679.   «el movimiento — verdugo de las fuerzas es prolijo». Dice Salcedo: «D. Luis a mi parecer se descuidò en dezir, que el exercicio del baile auia impedido el sueño de los Serranos, pues antes la fatiga abre los poros, y llenandose de humedad se engendra el sueño» [fol. 146 vº]. No vio que se trataba de una hipérbole.

8.   Vilanova, II, pp. 170-172; Dámaso Alonso, *Góngora y...*, p. 403; *La lengua poética de Góngora*, parte primera, Madrid, 1935, p. 147. E. J. Gates, *op. cit.*, p. 504.
9.   Vilanova, II, pp. 639-640; Gates, pp. 506-507.

21. *Sol.* I, v. 686. «Piedras son de su misma sepultura.» Salcedo: «Duríssima metafora» (!) [fol. 147 rº].

22. *Sol.* I, vv. 978-979. «descuido fue de don Luis dezir, que seis luchadores fueron premiados igualmente; luego el Palio no le consiguio ninguno? ó fueron seis los que auia para solo este certamen? Las leyes de la lucha que he visto yo en Italia [...]» (fol. 188 v). El comentador cree que las luchas reales de Italia pueden compararse con las ideales de la Arcadia gongorina, donde todos los mozos tienen que ser iguales en fortaleza y mañas como lo son las mozas en belleza.

23. *Sol.* I, v. 1.049. «los herculeos troncos». Es decir, son álamos. Antes, en el verso 659, eran olmos [fol. 197].

24. *Sol.* II, v. 249. «Con dilaciones sordas». Salcedo: «No dexa de hacerseme durissima esta translación, porque dezir sordas dilaciones por no sentidas, es cosa no recebida en nuestro idioma Castellano [...] aunque se suele dezir lima sorda [...]» [fol. 229 vº].

Continuamos con el resumen de otras censuras a los sonetos de don Luis de la primera parte del tomo segundo de 1644:

25. «En vez de las Heliades, agora» [Millé, p. 344].
«En este Soneto hallo vn defecto, en $\bar{q}$ alguna vez tropieza D. L. y verdaderamente, a mi juizio, es grande, y $\bar{q}$ hace infelize esta composicion, y assi le deue huir quien solicita escriuir cõ acierto. Passa nuestro Poeta del primer terceto, al segũdo, con la construccion de la sentencia, deuiendo terminarla en el vltimo verso del primero; porque de la suerte, que en los disticos Latinos no se permite passar cõ la sentencia del vno, al principio del otro, sino que precisamente se ha de fenecer en el fin del segundo verso del primero; assi en la cõposicion de nuestros tercetos, y quartetos los deuemos imitar. Los Poetas Italianos, a quien deuemos la composicion del Soneto, obseruaron con gran cuidado, no faltar a esta calidad, siendo vicio inexcusable este descuido. Y assi lo aduierte Geronimo Rusceli [...] Assí lo han obseruado nuestros mejores Poetas, $\bar{q}$ si bien algunos de los Italianos cometieron este error, ninguno negarà, que lo es; ni yo he podido escusar esta aduertencia,

porq̄ no sea ley en el Comentador, aplaudir los defectos del Poeta, o Autor, que pretende explicar, si bien deue en quanto pueda defenderle» [pp. 26-27].

26. «A los campos de Lepe a las arenas [...]» [Millé, p. 287]. Salcedo reprueba a don Luis porque se llama «pastor [...] con pocas vacas» [p. 58].

27. «Qual parece al romper de la mañana» [Millé, p. 222]. Censura el empleo de la palabra «canto» con el sentido «piedra». «En nuestra lengua Castellana se suele llamar canto la piedra: pero esta voz, en semejante significación, no està ya en vso entre los que se precian de hablar cultamente. Vsola D. Luis aquí, por el consonante que le obligò, no porque ignorase que era humilde en nuestra lengua» [p. 393].

28. «Cosas, Celalua mia, he visto estrañas» [Millé, p. 261]. En el verso 2 Millé y Foulché-Delbosc leen «casarse nubes»; aquí, «cascarse nubes». Salcedo habla de la palabra «cascar» y añade: «De aquí pues auemos deducido esta voz cascar, y al que esta viejo, dezimos, que está cascado: y también a lo que se cae, como D. Luis en este Soneto: Porque como las cosas antiguas estàn cerca de su ruina, con propiedad a lo q̄ cae, dezimos, que casca; si bien no està en vso entre los que hablan bien nuestra lengua Castellana: pero no por esto culparemos a D. Luis, que la supo colocar de suerte, que no disuena a los mas zelosos de nuestro Idioma» [p. 415].

29. «Prision del nacar era articulado» [Millé, p. 357]. Censura Salcedo las diéresis del verso: «Vn dïamante ingenïosamente».

30. «Al tronco descansaua de vna encina» [Millé, p. 370]. «Hierro luego fatal su pompa vana / [...] fulmina». «Faltò en algo a la propiedad don Luis en esta metafora, porque el laurel, segun escriuen los antiguos, està essento de los rayos [...] Y asi pudo escusar a mi parecer la voz fulminar, tratando de la ruina deste arbol, y aplicarla a los otros dos. Si ya no es que lo dixesse para ponderar quan justamente podia cōfiar a la sombra de arbol que parecia seguro a semejante violencia» [pp. 500-501].

31. «Esta, que admiras, fabrica, esta prima» [Millé, p. 343]. Discute Salcedo el último verso: «En campo açul estrellas pisan de oro», que critica por las mismas razones expuestas ya en el nú-

mero 5 y en el 9. «Es fuerça que cualquiera lea Pisandoro, nombre para vn libro de Cauallerias bien a proposito. Yo quisiera defender a don Luis siempre, y lo hago mientras no se arriesgue el propio credito; pero cautiuar mi entendimiento por el error ageno, fuera sobrada ignorancia, y que el mismo Don Luis la culpara si viuiera» [p. 731].

También añadiré algunos ejemplos de la segunda parte del tomo segundo, la cual contiene las canciones y otras composiciones de arte mayor.

32. «Levanta, España, tu famosa diestra» [Millé, p. 385]. Salcedo anota: «El humedo elemento dixo por el mar, no es propio epiteto suyo, y conuiene mas al viento que es mas humedo. Yo enmendara liquido elemento» [p. 46]. Ignoro las razones que tuvo Salcedo para hacer este juicio. Covarrubias dice (artículo *Humedad*): «Oponesele la sequedad, como la frialdad al calor. Es materia física, y assí se quede para los filósofos y médicos».

33. «Verde el cabello vndoso» [Millé, p. 392]. A don García no le gustaron los versos 25-6:

Si a vn Sol los caracoles
Dexan su casa, dexan su vestido...

«Humilde comparación, y no digna de la grandeza, y espíritu de don Luis» [p. 73].

34. «Corzilla temerosa» [Millé, p. 384]. En este poema se refiere don Luis a Apolo, quien quiso gozar a Dafne, y «la siguió Ninfa, y la alcançó madera». Salcedo se muestra cauto en esta ocasión, pero parece que culpa a don Luis porque llamó «madera al arbol, debiendose llamar assi solamente, el que està ya cortado, y sin vida vegetatiua» [pp. 96-97].

35. «Oy es el sacro, y venturoso dia» [Millé, p. 386]. En la estrofa cuarta emplea Góngora la palabra «segunda» con el sentido de «favorece». Comenta don García: «No està recebido de los doctos en la lengua hasta oy, ni creo que ha de valer la autoridad de don Luis, para que corra con felicidad» [p. 170].

36. *Panegírico*, estr. LI, vv. 400-401 «Dina / de pisar glo-

riosas luzes bellas». «Dura me pareze esta comparacion de nuestro Poeta» [p. 486].

No vamos a culpar a don García de que a veces se quejase de una falta cometida por don Luis. Si tiene razones fundadas para una crítica adversa, el deber de un comentador es hacerla. En aquella época de gongoralatría, Salcedo merece el respeto del lector del siglo xx, porque tuvo la valentía de explicar sus reparos, poniendo de vez en vez (por ejemplo, en el número 13) el dedo en la llaga. Creo que a sus contemporáneos (Pellicer, Díaz de Ribas y Soriano Carranza) les movió, aparte de posibles rencores personales hacia don García, un entusiasmo tan sin límites por toda la obra gongorina, que les hizo defender a toda costa a Góngora contra las censuras de aquél. No tenían principios estéticos diferentes de los de Salcedo, pero quisieron establecer la inviolabilidad de su ídolo. Según el mismo Salcedo, el doctor Juan Francisco Andrés de Uztarroz le reprochó el haber «comparado mis numeros a los de don Luis» y el «haberle notado [a Góngora] de poco atento en algunas partes, deuiendo defenderle y no injuriarle, siendo su comentador».[10] Pero todos aceptaban más o menos los preceptos generales de las teorías literarias post-herrerianas, que informaron las críticas de detalle ya citadas o resumidas arriba.

Dejando a un lado las anotaciones de Soriano, destinadas a corregir las explanaciones particulares de Salcedo (números 1, 4, 6, 7), podemos organizar nuestras citas como ejemplos de ciertas categorías generales. Habla Salcedo en sus detalladas críticas de impropiedades, de modismos o palabras poco elegantes y de comparaciones «duras». Vale la pena poner en claro cómo vio estas cuestiones, porque creo que están íntimamente relacionadas con la historia posterior de la literatura castellana, como intentaré explicar en otras páginas de este estudio.

Las «impropiedades» de Góngora censuradas por Salcedo son de varios tipos. En primer lugar figura la que podemos llamar

10. T. II, parte primera, p. 27.

«impropiedad de oficio». En la *Poética* de Aristóteles encontramos el germen de este concepto de la propiedad de carácter: «Hay —dice— un tipo de valentía viril; el valor, sin embargo [...], es impropio en la mujer».[11] Parecidas son las teorías de nuestro comentador. El serrano tiene que ser hombre rudo y fuerte; no es noble, no es sabio. Góngora nos presenta a un serrano anciano, que antes ha ejercido la profesión noble de soldado (núm. 2), y a otro (?) que conoce toda la historia de las exploraciones náuticas de los siglos XV y XVI (núm. 18). Tales censuras carecen de sentido para nosotros, porque estos serranos no son de una región determinada ni tienen semejanza alguna con los campesinos analfabetos conocidos por Salcedo en Extremadura. Igual reparo hemos hecho ya a su tacha de que ninguno entre los luchadores ganara el premio (número 22). En el mundo de Góngora cada serrano es igual a su vecino, y si llega a ser viejo, es un modelo de sabiduría. Estamos en un mundo ideal, no en el de la verdad, ni siquiera en el de la tragedia clásica.

Otras «impropiedades» eran más bien de la naturaleza de las cosas mismas. Góngora ponderó los celos de un macho cabrío particular; según los naturalistas clásicos, este animal no es celoso (núm. 15). Según Salcedo, el ejercicio fomenta el sueño, pero don Luis dijo que el trabajo de los serranos era tanto que no les dejaba dormir (núm. 20). Aquí vemos que el comentario no da el sentido de los versos, así explicados por Dámaso Alonso: «El sueño a que se entregan los aldeanos pone punto final al regocijo, pero no a la fatiga, porque el movimiento del baile [...] es, durante mucho tiempo aún, verdugo o atormentador de las fuerzas de los bailarines».[12] Es decir, aun dormidos sentían todavía el cansancio. En otro caso explica don García que el mar es líquido, el viento húmedo; por esta razón el poeta se equivocó al llamar al mar «el húmedo elemento» (núm. 32). El empeño de exigir una corrección científica en todos los epí-

11. *Poética*, XV, II.
12. *Las soledades,* tercera edición publicada por Dámaso Alonso, Madrid, 1956, p. 138.

tetos (y aun en las hipérboles) de un gran poeta nos parece hoy ridículo.

Podemos llamar «impropiedades verbales» a las que señala Salcedo cuando reprueba una equivocación (a su parecer) que afecta solamente a una o dos palabras. Soriano demostró hábilmente que el poeta no se equivocó cuando el harpón de la pescadora hizo gemir el aire y después penetró mudo en el agua (núm. 8). Quizá tenía razón don García cuando dijo que los álamos, y no los olmos, eran los árboles consagrados a Hércules (núm. 23),[13] pero, como se puede ver en el *Tesoro,* de Covarrubias,[14] los dos árboles se confundían a menudo en el siglo XVII. Más sentido tuvo cuando censuró las metáforas de «haya» y de «roble» para designar las naves de los conquistadores y de los genoveses (números 14 y 17), porque en estos dos lugares no se trata de un mundo irreal, sino del de la realidad. Soriano, en breves palabras, demostró que el diminutivo «avecilla» en la *Soledad segunda,* 926, se justificaba plenamente (núm. 10).

Dejo a los eruditos españoles las críticas minuciosas de la prosodia y de la versificación. El oído de un hispanista extranjero no puede juzgar con acierto cuestiones tan delicadas, que dependen de la práctica del idioma desde la niñez. No me atrevo a disputar si los cuatro casos de cacofáton («chopo-lea», núm. 5; «can-de-lanas» y «profunda ría», núm. 9; «pisan-de-oro», número 31) pueden justificarse o no. Razones de prudencia igual-

---

13. «Herculeos crines bicolor quod populus ornet,
    Temporis alternat noxque diesque vices.
El Alamo es dedicado á Hercules, porque dizen, que cuando baxó al infierno sintiendose cansado, hizo una corona de alamo, con la qual se refrescó algun tanto, y de aquí le llamó el Poeta [Virgilio] Ecloga 7. *Populus gratissima Alcidae* (v. 61)» (Diego López, *Declaración magistral sobre las emblemas de Andrés Alciato,* Valencia, 1655, Emblema 211, p. 705).

14. «Háseme antojado, que por la semejança que tiene el álamo al olmo, assi en esta propiedad de bolvérsele las hojas, como a ser infrutíferos y amar las riberas de los ríos y lugares húmedos y ser escuderos de honor y braceros de la vid, los castellanos confundimos el nombre, y por la semejança que tiene el pópulo al olmo, le llamamos álamo, como especie suya» (Sebastián de Covarrubias, *Tesoro de la lengua castellana,* ed. Martín de Riquer, Barcelona, 1943. artículo «Alamo»).

mente me impiden opinar sobre el sonido del verso: *Vn dïamante ingenïosamente* (núm. 27).

Creo, sin embargo, que Salcedo Coronel se mostró demasiado dogmático al censurar el que en un soneto una misma oración se desarrollase a lo largo de los dos tercetos (núm. 25).
Es el reproche de un formalista. Los grandes poetas pueden prescindir de las reglas generales de la prosodia cuando buscan un
efecto especial. Lo que para él representaba un defecto era
quizá ejemplo de una variación eficaz del ritmo, hermosa y
sutil. Generalmente el oído de un poeta verdadero es más de
fiar que el de un erudito contemporáneo, quien muchas veces
se deja llevar por cualquier dogma teórico humanista.

Cinco veces emplea Salcedo la palabra «dureza» para calificar comparaciones, metáforas, epítetos o neologismos de don
Luis. El uso de este término no tiene nada que ver con el sonido
de la palabra o frase en cuestión; más bien parece que se refiere
a la dificultad que puede sentir el lector en comprender el nexo
que liga el objeto con la metáfora o comparación, o con un
adjetivo, o con una acepción poco usada entre los poetas cultos
del siglo XVII. No deja de sorprendernos el caso de que calificase
de dureza la maravillosa comparación de las islas del Oriente
con los miembros de las ninfas de Diana (núm. 19). Casi igualmente extraño es el de las «piedras [...] de su misma sepultura»
(núm. 21), y aun el de las «dilaciones sordas» (núm. 24). Creo
que en estas ocasiones el comentador critica adversamente algunos de los mayores aciertos del poeta. Los otros casos son menos
graves (núms. 35-36). La dureza parece residir más bien en la
mente de don García que en otra parte. Ningún crítico de nuestros días hallaría dificultad alguna (por no emplear la palabra
«dureza») en la comprensión de los tres lugares citados. La
sensibilidad literaria de Salcedo tenía ciertas limitaciones.

Igualmente limitadas nos parecen otras apreciaciones de Salcedo cuando se refiere a lo que puede llamarse prosaísmo o ingeniosidad en la obra gongorina. Las censuras de aquel «que
no deuiera» (núm. 11) y de la palabra «auido» (núm. 12) del
Polifemo, de la implicación de que el río de las *Soledades* fuera

el lazarillo de un ciego —la vista del peregrino— (núm. 16), del empleo de palabras tales como «cascarse» (núm. 27) o «canto» —con el sentido de piedra— (núm. 28) en dos sonetos no burlescos, así como la de los «caracoles» de una canción (núm. 33), son terminantes. Según don García, estas palabras, estos modismos, no son para los buenos catadores de literatura: los que saben la lengua castellana y no ignoran la latina; los que se precian de hablar cultamente; los que hablan bien nuestra lengua, etcétera. Vemos aquí a un crítico más gongorista que Góngora, tan imbuido de la estética posrenacentista que es incapaz de valorar algunas de las bellezas de los textos que tan paciente y tan útilmente comenta. En este terreno la clave de su actitud se encuentra en la apología de la obra de don Luis, que aparece al principio del primer tomo de su comentario. En ella justifica la dificultad de los versos obscuros del poeta con bastante destreza, pero, antes de empezar la tarea, dice: «No dirá bien vn Poeta en heroicos versos *trigo ò pan,* quando Virgilio por huir desta humildad le llama *Ceres*».[15] Las consecuencias poéticas de esta teoría han sido magistralmente expuestas por Dámaso Alonso en su ensayo «Alusión y elisión en la poesía de Góngora».[16] Aquí quiero hacer constar que, para Salcedo, Góngora pecaba por falta de elisiones. El horror a los plebeyismos, por un lado, y a las ingeniosidades por otro, era la causa de muchas de las censuras citadas anteriormente.

Como era de esperar, esta actitud había sido expuesta con gran énfasis por don Juan de Jáuregui en su famoso *Antídoto contra la pestilente poesía de las Soledades.* En él habla el poeta sevillano de la «desigualdad perruna» del estilo de Góngora. «De bien plebeyo estilo son todos estos [versos]»; «Estos modos son muy viles»; «Vm. usa tan domésticos modos como los siguientes».[17] Y cuando trató de combatir los argumentos del

---

15. *Soledades... comentadas,* 1636, fol. ππ I vº.
16. *Estudios y ensayos gongorinos*, pp. 92-113.
17. E. J. Gates, *Documentos gongorinos. Discursos apologéticos de Pedro Díaz de Rivas. Antídoto de Juan de Jáuregui*, El Colegio de México, 1960, pp. 99, 101 y 120.

Antídoto, Pedro Díaz de Ribas tuvo que partir de la misma base teórica que su contrincante. Los poetas latinos tuvieron que desechar «las vozes bárbaras, poco sonantes o puras». «Con todo eso, aun en materias humildes, por guardar el fin del assunpto en la sublimidad, no desmaya [Góngora] y guarda un mismo tenor, huyendo del estylo plebeyo»; «de tal modo dispuso las dicciones vulgares en la oración, que tuvieran allí esplendor y magestad, como trocando su naturaleça».[18] Díaz de Ribas quería defender a Góngora a todo trance, pero aceptaba también el criterio de que siempre era nefasto lo plebeyo, escollo que todo buen poeta tenía a la fuerza que evitar.

Dámaso Alonso notó cómo a Pedro de Valencia le repugnaban los chistes que don Luis intercaló entre las espléndidas imágenes de sus dos grandes poemas.[19] En los comentarios de Salcedo Coronel encontramos el mismo fenómeno. Los humanistas deseaban una poesía heroica, altisonante, elocuente; don Luis les ofreció algo de lo que pedían, pero con imágenes vulgares al lado de las heroicas y con unas cuantas alusiones chistosas que aligeran la retórica y nos dan un gusto sazonado y sabroso en medio de la docta elocuencia. Un excelente gongorista de nuestros días ha explicado cómo se reúnen tres personas en las obras maduras gongorinas: «Un grand poète, un érudit pédant, un gamin espiègle dont l'imagination est débridée et qui fait des calembours».[20] Creo que el erudito era tolerable únicamente por ser un gran poeta y un «gamin espiègle», y que quizá el poeta, sin el golfillo, hubiera tenido menor talla.

El deseo de subordinar la variedad de la poesía al estilo grandilocuente era probablemente un legado del siglo anterior. Los preceptistas del xvi, por cultos e inteligentes que fueran, pusieron empeño en clasificar géneros y estilos, imponiendo la doctrina de que cada género tenía su propio carácter, que debía

18. *Documentos gongorinos,* pp. 44, 52 y 64.
19. *Ensayos y estudios gongorinos,* pp. 286-310.
20. Zdislas Milner, art. cit., p. 63.

ser respetado cuidadosamente por el poeta que lo cultivaba. La comedia era una cosa; la tragedia, otra. La égloga, la elegía, la epístola, la sátira y la oda eran géneros distintos que requerían un estilo particular en cada caso. Los estilos podían ser o el alto, o el mediano, o el humilde, pero no se permitía que se mezclasen. En España el gran campeón de estas ideas era Fernando de Herrera. Tres o cuatro citas de sus anotaciones a las obras de Garcilaso bastarán para probar que Salcedo le siguió los pasos al comentar las obras de don Luis. En la *Égloga segunda* empleó Garcilaso la apócope *disque*: Herrera la calificó como «indina de usar en tan ilustres versos».[21] En la *tercera* el poeta escribió el verso: *Escurriendo del agua sus cabellos*. Según el comentador, el vocablo «escurriendo» era «indino de la hermosura de los cabellos de las Náyades».[22] Y de las «alimañas» de la estrofa segunda de la *Canción quinta* dijo:

ALIMAÑAS: dicion antigua i rustica, i no conviniente para escritor culto i elegante, porque ninguna cosa deve procurar tanto el que dessea alcançar nombre con las fuerças de la elocucion i artificio, como la limpieza i ornato dela lengua. no la enriquece, quiē usa vocablos umildes, indecentes i comunes, ni quien trae a ella vozes peregrinas, inusitadas i no sinificantes; antes la empobrece con el abuso. i en esto se puede dessear mas cuidado i diligencia en algunos escritores nuestros, q̄ se contentan con la llaneza i estilo vulgar; i piensan q̄ lo q̄ es permitido en el trato de hablar, se puede, o deve trasferir a los escritos; dōde cualquiera pequeño descuido ofende, i deslustra los concetos i esornaciō dellos; mayormente en la poesia, que tanto requiere la elegancia i propriedad, no solo simple, pero figurada i artificiosa [...].[23]

En estos renglones niega Herrera uno de los grandes resortes de los grandes poetas: la mezcla de las palabras corrientes con

---

21. *Obras de Garci Lasso de la Vega con anotaciones de Fernando de Herrera*, Sevilla, 1580, p. 585, (*Égloga segunda*, línea 1076).
22. Ibid., p. 656 (*Égloga tercera*, línea 98).
23. Ibid., pp. 267-268.

las literarias, la cual, en manos de un Shakespeare o de un Quevedo, podía transformar lo humilde en sublime. Apenas era más comprensivo el Pinciano. El afán de separar el lenguaje escrito del hablado era el fundamento de las teorías estéticas de Herrera y sus secuaces; los poetas —Góngora entre ellos— les siguieron. Pero hasta Góngora flaqueaba, según ellos, porque a veces se dio cuenta de la fuerza de una imagen realista, una palabra prosaica o un modismo plebeyo. Los humanistas tardíos querían separar los géneros y mantener una literatura aislada de los giros y locuciones de la vida corriente. Hasta cierto punto los grandes poetas estaban con ellos; pero, gracias a Dios, de cuando en cuando olvidaban los preceptos y escribían para expresarse sin segundas intenciones. Así, en ocasiones, Góngora escandalizó a sus comentadores con versos que a nosotros nos parecen hoy de una gran belleza.

II

Ante tales teorías literarias de fines del siglo XVI y de gran parte de la primera mitad del XVII, los poetas intentaron mantener el estilo elevado, sin mezcla con lo humilde ni con lo chistoso. Pero el deseo de hacer lo que ahora llamamos literatura conceptista y de tratar de las cosas ínfimas de la vida, no pudo suprimirse sino en algunos casos (¿Fernando de Herrera?). Así encontramos las clasificaciones por géneros en tantos libros de versos de aquella época: las poesías de Quevedo se reparten entre las nueve musas arbitrariamente escogidas por don José González de Salas; Vicuña y Hozes imprimen los sonetos de Góngora divididos en clases separadas como heroicos, amorosos, satíricos, burlescos, fúnebres y sacros. Los editores póstumos tratan de defender al admirado poeta muerto de los posibles ataques de los críticos poniendo, a un lado, lo heroico; al otro, lo burlesco. Como los lectores gustan de ambas cosas, se desarrollan casi a la vez los grandes poemas de un Góngora y las jácaras y letrillas de un Quevedo. Creo que mientras avanza el siglo XVII va creciendo cada vez más el gusto por lo plebeyo y chocarrero. Me propongo ahora estudiar un aspecto de esta tendencia, dejando de lado otras de sus manifestaciones (cuya historia sería larguísima y enfadosa), porque opino que en parte representa una reacción contra las teorías antirrealistas de tantos teóricos de aquellos días.

Como punto de partida tomaré las quintillas de los versificadores de tantos pliegos sueltos del siglo XVI. Generalmente se considera que el verso típico de los pliegos sueltos de todas las épocas ha sido el romance, porque todos sabemos que muchos romances tradicionales y juglarescos salieron a la luz durante aquel siglo en este formato, y en el XVIII eran muy frecuentes los romances de bandidos o los novelescos de las dos Rosauras, etcétera. No niego la existencia de muchos romances en los pliegos viejos, pero conviene asentar que no todos los octosílabos en estos viejos papeles eran de romances y que muchos eran de quintillas. En los pliegos antiguos los mismos romances tradicionales están glosados muchas veces en quintillas dobles; por ejemplo, las *Glosas de los romances que dizen Cata Frãcia montesinos: y la de Sospirastes valdouinos. E ciertas Coplas hechas por Iuan del enzina.*[24] La quintilla era un metro predilecto de los autores de relaciones y narraciones noticiosas, de catástrofes, de crímenes, de batallas navales y de festejos. Doy aquí una selección de títulos abreviados de pliegos de quintillas contenidos en el primer tomo de los *Pliegos poéticos góticos de la Biblioteca Nacional,* de Madrid:

> Relación del espantable temblor y tempestad de rayos, que ahora ha sucedido [...] en la ciudad de Ferrara [...] 1571 [I, pp. 29-35].
> Traslado de una carta [...] en la qual se entiende de la grandissima tempestad que en tierras del gran Turco huuo [...] y asimismo vn caso succedido en el reyno de Aragon, y de la justicia que se ha hecho de treynta vandoleros [...] 1580 [I, pp. 37-44].

24. *Pliegos poéticos góticos de la Biblioteca Nacional,* 1957, II, p. 49.

Obra nueuamete compuesta sobre vna admirable victoria que huuo don Francisco Luxan contra don Juan de Acle [*sic*] lutherano capitan de la Reyna de Inglaterra [...] 1570 [I, pp. 53-60].

Aqui comiença el saco y robo de Chinches, y la sentēncia de los Moriscos de la Losa [...] 1584 [I, pp. 65-67].

Trata la presente historia de como dos hijos de Mosen Faro general q̄ fue del exercito de Mandoma [*sic*] fue muerto en el cerco de Ruan por vn soldado Español, los hijos [h]izieron voto y omenaje de vengar la muerte del padre en el Reyno de España, dentro de Bearne asaliaron quatro Ingleses luteranos para el effeto, y de los crueles hechos q̄ hizieron en entrando en el Reyno de Catalunia [...] 1594 [I, pp. 69-71].

Podría ofrecer otros siete ejemplos del mismo tomo; otros pueden encontrarse en el segundo y en el tercero. Pero no puedo dejar de citar el principio de otra composición, obra de cierto «Iuan Vazquez, natural de Fuente Ouejuna». Se titula:

Aqui se contiene vn caso digno de ser memorado, el qual sucedio en este año de mil y quinientos y nouenta en la ciudad de çamora, el qual trata de la cruda muerte que vna muger dio a su padre por casarla a su disgusto: y assi mesmo trata como mato a su marido, y causo otras cinco muertes, como la obra lo yra declarando por su estilo: y trata de la justicia que se hizo della y de vn amigo suyo.

> Sacra Virgē d[e] quiē mana
> la fuente de piedad,
> Virgen llena de bondad
> pura hija de santa Ana,
> vos Señora me ayudad.
> Con vuestro hijo precioso
> me sereys intercessora
> para que cuente a la hora
> vn caso tan espantoso
> que pasó dentro en çamora.
> Y pues el fauor os pido

de vos me sera otorgado
y de vuestro hijo querido,
y siendo assi fauorecido
dire lo que he començado,
y vos sacro onipotente
hijo de santa Maria
abri mi sentido y mente
porque a todo el mūdo cuente
tal caso la lengua mia.
En la ciudad de çamora
habitaua vn ciudadano
aunque jouen buen christiano,
caso con vna señora
hija de vn cortesano.
Ella era muy hermosa
todo quanto ser podia,
muy rica muy prosperosa
que no le faltaua cosa,
y el muchos bienes tenia [...] [I, pp.189-190].

Otras obras predilectas de la plebe fueron compuestas en quintillas por copleros nombrados durante la segunda mitad del XVI. Estas obrillas lograron un gran éxito, reimprimiéndose durante uno, dos o casi tres siglos. De Mateo Sánchez de la Cruz, natural de Segovia, o de Mateo de Brizuela, natural de Dueñas, tenemos:

a) Vna carta muy sentida, embiada por Melchor de Padilla, cautiuo en Argel, a su padre Diego de Padilla, vezino de Xijón [...] [primera edición conocida, 1576; última, 1680].
b) La renegada de Valladolid. Dos partes (1586-1862).
c) La platica muy sentida entre el cuerpo y el alma [con] El juego de esgrima a lo divino (1628-1861, traducción portuguesa).

Esta última obra está citada en el *Estebanillo González*. De Cristóbal Bravo, privado de la vista, de Córdoba:

d) El testamento de la zorra [1597-c. 1830].

e) Los trabajos que passa la triste de la bolsa [c. 1590-1833].

f) El testamento del gallo (1608-1857).

De Melchor de Horta:

b) Vn caso sucedido en la ciudad de Toledo [...] [1604-?1681].[25]

Otros numerosos ejemplos podrían citarse. Creo que éstos bastarán para demostrar la frecuencia de las composiciones en quintillas en los pliegos de cordel que circulaban durante las primeras décadas del siglo XVII. El caso de Cristóbal Bravo es significativo. Podemos alegar los nombres de otros ciegos copleros de aquellos días, tales como Francisco González de Figueroa, privado de la vista corporal y vecino de Murcia; Ginés de Sandoval, ciego de la misma ciudad;[26] Gaspar de la Cintera, también cegado, de Úbeda.[27] De los dos primeros existen obras en quintillas en varios pliegos. Así se explica cómo en el siglo XVII la expresión «coplas de ciego» —que según el Diccionario de la Real Academia Española significa «malas coplas, como las que ordinariamente venden y cantan los ciegos»— parece tomar un sentido más restringido, denominándose así (creo que exclusivamente) obras en quintillas.

Para muchos versificadores del Siglo de Oro las quintillas y las quintillas dobles eran variantes de la redondilla. Lope llamó redondillas a las estrofas de su *Isidro,* y para Rengifo había varias clases de redondillas, entre ellas las quintillas.[28] El metro tuvo cierto éxito artístico antes de finales del XVI: en ellas escribió Diego de San Pedro la *Pasión trobada*; Gaspar

25. Véanse para la bibliografía de estos pliegos mis estudios «Samuel Pepys's Spanish chap-books», partes I, II y III, *Transactions of the Cambridge Bibliographical Society*, II, n.º 2 (1955), pp. 127-154; n.º 3 (1956), pp. 229-268; n.º 4 (1957), pp. 305-322.

26. Ibid.; también conviene consultar los «pliegos sueltos murcianos» reimpresos por Antonio Pérez Gómez en la revista murciana *Monteagudo*.

27. Vicente Castañeda y Amalio Huarte, *Colección de pliegos sueltos, agora de nuevo sacados,* Madrid, 1929, p. 71.

28. Dorothy C. Clarke, «Sobre la quintilla», *RFE*, XX (1933), pp. 288-295.

Gil Polo, la *Canción de Nerea*; Luis Barahona de Soto, las fábulas de *Vertumno y Pomona* y de *Acteón,* y Gregorio Silvestre, las de *Dafnes y Apolo* y de *Píramo y Tisbe.* Pero la obra más famosa de todas era el delicioso *Isidro* de Lope de Vega, en cuyos preliminares hay dos observaciones sobre la métrica que nos interesan aquí. Aunque fray Domingo de Mendoza felicitó al autor por «la gravedad, gusto y preñez de nuestras castellanas redondillas», y aunque el poeta (en el *Prólogo del autor*) hizo una apología famosa de estas estrofas, tuvo él mismo que reconocer que este género era el «que ya los españoles llaman humilde».[29] El *Isidro* era un poema destinado al gran público, y quizá por esta razón escogió Lope una estrofa fácilmente asequible al vulgo. Lope nunca intentó repetir la tarea de escribir un largo poema narrativo en este metro. Y se alzó, por lo menos, una voz en su crítica. Góngora, en uno de los sonetos satíricos dirigidos contra Lope, enumera los secuaces que acompañaban con entusiasmo una serie de las obras sueltas de su enemigo; cien rapaces van con *La estrella de Venus,* tres monjas locuaces con *La Angélica,* y

Con el *Isidro* un cura de una aldea.[30]

Para don Luis las quintillas eran humildes.

Después de 1600 (el *Isidro* se imprimió en 1599) las quintillas escasean como estrofa de narraciones serias y como estrofa lírica. Si descontamos los versos solemnes y cadenciosos de las *Lamentaciones de Jeremías,* de João Pinto Delgado (obra, al fin, de un judío portugués emigrado, sin contacto directo con la vida literaria de Madrid),[31] es difícil citar alguna composición aislada en este metro que tenga fama o interés artístico hasta tiempos muy posteriores. Es verdad que perdura en el teatro, pero aun

29. *Obras sueltas*, XI, pp. XXI y XXVIII.
30. «Aquí de el Conde Claros, dijo y luego [...]» (Millé, LXXVII, p. 568).
31. *Poema de la reina Ester, Lamentaciones del profeta Jeremías, Historia de Rut y varias poesías*, Rouen, 1627; ed. I. S. Revah, Lisboa, 1954, pp. 112-314.

en éste pierde popularidad mientras avanzan los años del siglo. Según las estadísticas de Morley y Bruerton de las comedias de Lope de Vega, las quintillas representaban una forma de estrofa muy frecuente en obras escritas antes de 1604, pero después de 1620 eran escasas.[32] Aparecen de vez en cuando en las comedias de Calderón y de otros dramaturgos posteriores, pero nunca tuvieron la boga que tenían en los primeros años del teatro madrileño. Creo que las únicas quintillas de Góngora se encuentran en sus comedias. No me parece que haya ninguna en las obras de Pedro de Espinosa, o de Bartolomé Leonardo de Argensola y son poco frecuentes en las obras líricas de don Juan de Tasis, conde de Villamediana.

Existe una explicación puramente métrica que puede alegarse para la desaparición virtual de las quintillas de la versificación española durante estos años. La décima, fuera o no invención de Vicente Espinel, se puso de moda durante la última década del XVI y mantuvo su boga durante todo el siglo siguiente.[33] Esta forma estrófica se prestaba bien para el lucimiento del ingenio y de la destreza técnica de los poetas y logró, gracias a la pausa después del cuarto verso, mayor unidad que la de las antiguas quintillas dobles. Así, hay décimas de Góngora, de Bartolomé Leonardo, de Espinosa y de Villamediana, algunas muy bellas, tales como la de don Luis sobre el *Faetón* de sus mecenas.[34] Creo, sin embargo, que la misma calidad de la décima, que la hacía tan apropiada para la lírica y para el epigrama, la hizo casi inútil para la narración. Para este fin ya existía el romance, y a principios del XVII los romances nuevos o artísticos llegaron al cenit de su gloria literaria.[35] De manera que los poetas que antes quizá hubieran utilizado las quintillas, tenían que servirse durante la primera mitad del XVII del roman-

32. S. G. Morley and Courtney Bruerton, *The Chronology of Lope de Vega's Comedias*, Nueva York, 1940, p. 56.

33. Dorothy C. Clarke, «Sobre la espinela», *RFE*, XXIII (1936), pp. 293-304; Juan Millé y Giménez, «Sobre la fecha de la invención de la décima o espinale», *HR* (1937), V, pp. 40-51.

34. «Cristales el Po desata...», Millé, p. 177.

35. R. Menéndez Pidal, *El romancero hispánico*, Madrid, 1953, cap. XIV.

ce, por un lado, y de la décima por otro. Al mismo tiempo que florecían estos dos metros, la quintilla era mirada como instrumento humilde y poco eficaz por los eruditos, los literatos y los mismos poetas. Por estas razones escasean en los libros de poesía impresos entre 1600 y 1630.

De vez en cuando —aunque raras veces— encontramos quintillas compuestas durante estos años que no son «coplas de ciego». Casi todas varían entre dos tipos: poesías de certamen y obras satíricas o burlescas. Los que organizaban los certámenes dieron reglas, no sólo para el asunto de las poesías, sino para la forma métrica o estrófica de cada clase de poesía que fuera sometida a los jueces. Aunque en las fiestas celebradas en la villa de Madrid con motivo de la beatificación y canonización de San Isidro, en 1620 y en 1622,[36] no hubo concursos de poesías en quintillas, sí las hubo en las fiestas organizadas por el Colegio Imperial para conmemorar la canonización de los cinco santos del último año. Entre los doce temas de aquel certamen se contaba el de la resurrección de veinticinco muertos realizada por San Francisco Javier «en doce quintillas». Ganó el primer premio de veinte ducados el licenciado Juan Pérez de Montalbán, y el segundo («cuatro cucharas y cuatro tenedores de plata»), don Pedro Calderón. El autor de la narración también imprimió unas quintillas anónimas y otras de Marcos Ximénez sobre el mismo asunto.[37] También hay quintillas ignacianas, dedicadas «Al beato Ignacio cuando fue herido en el pie en el castillo de Pamplona» (aunque con un prólogo en romance), en el *Cancionero antequerano*. Las notas de los editores merecen citarse. Son estas estrofas «seguramente de uno de los certámenes poéticos celebrados en 1610 con motivo de la beatificación, o en 1622, cuando la canonización [de San Ignacio]. Cada

---

36. Lope de Vega, *Obras sueltas*, XI y XII.
37. La *Relación* de «don Fernando de Monforte y Herrera» [el padre Fernando Chirino de Salazar], de 1622, fue reimpresa por José Simón Díaz en el primer tomo de la *Historia del Colegio Imperial de Madrid*, Madrid, 1952. Véanse las pp. 197, 375-381.

quintilla termina en frase hecha o refrán».[38] En efecto, estas quintillas continúan la línea de las glosas de romances y ensaladas en el mismo metro publicados en los pliegos sueltos del siglo anterior.

De don Francisco de Quevedo tenemos dos poesías ingeniosas y ligeras en quintillas; una, a los ojos de una dama; otra, a las cenizas de un Fabio conservadas en un reloj de arena.[39] Francamente burlescas son las otras de este gran poeta, sobre una «Fiesta en que cayeron todos los toreadores» y «A una dama que bailando cayó».[40] Éstas son obras jocosas, hechas para puro regocijo; aquéllas huelen a asuntos propios de una academia poética de principios de siglo. Las antologías manuscritas de la tercera década nos ofrecen otros ejemplos. El *Cancionero de 1628*, y el *Antequerano* nos muestran las quintillas «A una mujer flaca», de Luis Martín de la Plaza. «Cada estrofa —nos dicen los editores del segundo *Cancionero*— encierra una ingeniosidad a costa del defecto físico.» A veces tiene gracia la composición:

> Mas yo de requiebros tales
> burlo, porque son muy feos,
> pues, si, con ansias mortales,
> tuviere alguno deseos
> de vos, no serán carnales.[41]

Otras quintillas son las «De uno que salió de la Compañía por lo que dice la letra», ensaladilla anticlerical del *Cancionero antequerano*.[42] Las estrofas son burlescas y cada una lleva al final una referencia a un romance viejo, a un estribillo popular, a poesías de Lope o de Góngora o a jácaras de Quevedo y hasta

---

38. *Cancionero antequerano*, ed. Dámaso Alonso y Rafael Ferreres, Madrid, 1950, pp. 151-153.
39. *Obras en verso*, por Luis Astrana Marín, Madrid, 1932, pp. 32-34.
40. Ibid., p. 177.
41. *Cancionero de 1628*, ed. José Manuel Blecua, Madrid, 1945, pp. 635-642; *Cancionero antequerano*, pp. 226-239.
42. *Op. cit.*, pp. 202-216.

al pliego famoso de Mateo Sánchez de la Cruz (o Brizuela) de *La renegada de Valladolid*.[43] En el de 1628 hay quintillas «A los pajes de la marquesa del Valle, hauiéndoles robado los vestidos»,[44] asunto de burlas, también en forma de ensaladilla de romances viejos, que trae una alusión bíblica (*Diviserunt sibi vestimenta mea et super vestem meam miserunt sortem*, Psalmo XXI, 19), utilizada de modo blasfemo para ponderar la suerte de una monja sin vocación en una poesía de cordel [45] y ahora aplicada a los mozos burlados. Probablemente habrá otros ejemplos durante estos años, para mí desconocidos. Pero éstos bastan para sugerir que durante los años que vieron el triunfo del gongorismo la quintilla se consideraba como el metro apropiado para las relaciones de los ciegos, para poesías de certamen y para obras de burlas.

Tal era la situación con respecto a las quintillas durante el primer tercio del siglo XVII. Durante el segundo hay un cierto incremento del uso de esta estrofa, que constituye una especie de recreación por poetas cultos de lo plebeyo de los copleros. Sigue, claro está, el tono burlesco ya anotado, y muchas veces se trata de versos de certamen. Parece como si a los poetas ya les cansase la práctica de un estilo heroico, a la manera gongorina. En algunos casos el número de composiciones burlescas es más considerable que el de las serias. Obsérvese cómo, en los ejemplos que entregaré a continuación, estos poetas casi se jactan de su habilidad en remedar las obras ínfimas de los copleros ciegos.

Es curioso ver que el primer ejemplo que tengo anotado de esta tendencia sea obra de don Antonio de Mendoza, poeta cortesano y fino, consejero del Conde-Duque y respetado por todos los literatos del Buen Retiro. Empieza:

43.   Véase la nota 25 de este capítulo.
44.   *Op. cit.*, pp. 332-335.
45.   «Síguese la Glosa sobre el romãce De la mia grã pena forte [...]», *Pliegos poéticos góticos*, II, pp. 164-166.

Soberana encantadora,
que amarrado a tu respeto
dexas al que mas te adora
con semblante humoso, y re[c]to
mas retado que Zamora.

Son unas «Quintillas imitando las del Ciego, porque se pidieron en este estilo».[46] Don Antonio era también uno de los siete jueces en la famosa Academia Burlesca del Buen Retiro, celebrada en honor de la princesa de Cariñán, en 1637; entre los otros cuentan el príncipe de Esquilache, Francisco de Rioja y don Luis de Haro. En el «Cartel de los asumptos» de esta Academia leemos el tema siguiente: «Doçe quintillas en estilo de ciego, a que dos ermitaños que también son Rexidores, en que caeran primero, en la tentaçion o en la plaza». Tenemos, además, los versos de Juan Mexía y de Pedro Méndez de Loyola, que fueron premiados en esta fiesta.[47] Versos de certamen también son los de don Gabriel Fernández de Rozas «A San Pedro Martir, en vna Fiesta de los Familiares del Santo Oficio. Coplas de ciego».[48] No merecen citarse; son quintillas torpes y sin gracia alguna. Hay otras composiciones religiosas de don Antonio Solís: «En el novenario, que celebró la Cavalleria de Alcantara en el Convento de San Bernardo de Madrid, al voto que hizo de defender el Purissimo Mysterio de la Concepcion de Nuestra Señora. Quintillas jocosas». No se mencionan las coplas de ciego en el título de estos versos, pero consta el propio ciego en la primera estrofa:

Acudan al Ciego con
su bendita caridad:
y oy, en su Festividad,

46. *Obras lyricas, y comicas, divinas y humanas*, Madrid, 1729, p. 59.
47. *Academia burlesca en Buen Retiro a la Magestad de Philippo Quarto el Grande*, ed. José Manuel Blecua y Antonio Pérez Gómez, Valencia, 1952, pp. 99, 66-70 y 133. También hay versos sobre este asunto de Jerónimo Cáncer y Velasco. Véase el párrafo siguiente.
48. *Noche de invierno*, Madrid, 1662, fol. 45 v°.

manden rezar la Oracion
de la mas Pura Verdad [...] [49]

De Solís también son las de una «Relacion graciosa de vn viage». Poesía sin pretensiones artísticas que termina:

Aquí, Musa, están cansados
tus pasos, y no te humillas.
Reparen, pues tus cuydados,
que los pies de las quintillas
van vn poco despeados.[50]

El de mayor fama entre los que cultivaban este género fue don Jerónimo de Cáncer y Velasco, hombre de bastante ingenio, pero de escaso gusto, cuyas *Obras varias* se publicaron en dos ediciones en 1651, con un prólogo «a quien leyere» de don Juan de Zavaleta y una aprobación de don Pedro Calderón de la Barca, quien elogió su «estilo, en quien se hallan vsados con agudeza y donayre los primores de la lengua castellana».[51] En este libro hay ocho composiciones en quintillas, entre ellas la «Relación del Nacimiento, y Bautismo de la Serenissima Infanta Doña Ana Maria Antonia de Austria [...] [en] Quintillas de Ciego»; la «Vida y Milagros de S. Eloy, auiendole trasladado de San Miguel a San Salvador. Quintillas de ciego»; la «Vida y Milagros de San Francisco. Quintillas de ciego», y otra poesía al mismo asunto con el mismo título. Entre los demás versos en este metro constan los dirigidos «A los Regidores Ermitaños del Buen Retiro», tema, como acabamos de ver, de la Academia Burlesca de 1637.[52] Las otras quintillas impresas en esta colección son todas del mismo estilo: parodias de los plie-

49. *Varias poesías sagradas y profanas*, Madrid, 1692, p. 301.
50. Ibid., pp. 302-304.
51. Manejo la segunda edición de 1651. Para la vida de Cáncer véase el estudio de Adolfo Bonilla y San Martín («el bachiller Mantuano») al principio de su edición de *Vejámenes literarios de don J. de Cáncer y Velasco y don Anastasio Pantaleón de Rivera*, Madrid, 1909.
52. Empiezan en los fols. 19 v°, 35 v°, 49 r°, 101 r°, 28 v°.

gos narrativos de los copleros ciegos.[53] En este género, artísticamente despreciable, tuvo Cáncer mucho éxito. A veces aludió
a versos famosos del antiguo romancero o de pliegos existentes.
El pliego de *La renegada de Valladolid* empieza:

> En Valladolid viuia
> una dama muy hermosa [...]

Los versos de Cáncer «En el Certamen de la Virgen de la
Aurora» remedan este principio:

> En Escamilla viuia
> nuestra Aurora pobre y rota [...]

También en el poema «A los Regidores Ermitaños» hay otro
eco de la poesía popular:

> Digasme tu el Ermitaño,
> Ermitaño, y Regidor [...]

En casi todas sus quintillas parodia, más o menos ingeniosamente, los ripios y las otras singularidades de las vulgares:

> Invoco primeramente
> la Virgen Santa Maria,
> con su Hijo Omnipotente,
> que como dize la gente,
> es de pecadores guía.
>
> (*Relación del nacimiento*)

> Vn ciego soy, que he venido
> a cantar en esta tropa,
> al varon mas escogido,
> atención señores pido
> que oy ha de auer braua sopa.
>
> (*Vida y Milagros de San
> Francisco*, I)

53. Fols. 33 vº, 37 vº, 50 vº, 52 rº.

Cada vno de por si
busca el portal con gran fe:
y según yo colegi
la Virgen estaua alli,
y el bendito San Iosé.

(*Al Nacimiento*)

Otras veces mezcla los retruécanos, entonces de moda en los villancicos del XVII, con estas imitaciones de poesía de cordel. La combinación es curiosa para la historia literaria y a veces nos provoca risa. Quizá la mejor obra de este tipo compuesta por don Jerónimo sean las quintillas abiertamente pedigüeñas «Acordándole al Conde de Luna, su amo, vn corte de vestido que le auia mandado, auiendo dado otro a vn criado a quien se le mandó al mismo tiempo que a él el suyo»:

Dueño grande, a quien me inclino
como criado fiel;
este mi vestido indino,
solamente en vn molino
puede hazer ya su papel.
Mi calçon es vn traidor,
y sin respeto y temor,
tanto a ofenderme se arroja,
que se le mueue la hoja
sin voluntad del señor.
Ya mis mangas desvalidas
siruen de mangas perdidas,
y mi ropilla infelize,
para disculparse dize,
que son golpes las heridas [...]

Estos versos tienen humor, si no poesía. Estamos aquí en medio del camino que va desde el Quevedo puramente burlesco a don Eugenio Gerardo Lobo y al padre Butrón.

Peores en gusto y mucho peores en técnica son las quin-

tillas del maestro don Manuel de León Marchante.[54] Casi todas
son religiosas: a la Concepción, a San Juan Bautista, a San
Jerónimo, a San Basilio Magno, a San Bartolomé, a San Francisco, a San Diego de Alcalá, a los Santos Justo y Pastor, etc.
Ya no se estilan coplas de ciego o quintillas de ciego en el título
de la composición, pero muchas veces asoma el «privado de la
vista» en las estrofas:

> Oygan señores, les ruego,
> pues ya mi voz se prepara
> para cantar con sosiego,
> unas Quintillas de Ciego
> sobre cosa Santa, y Clara [...] [55]

> *(A Santa Clara [...])*

Los versos apenas pueden leerse. Pero es curioso observar
cómo este coplero culto, «Comisario del Santo Oficio de la Inquisición, Capellan de su Magestad, y del Noble Colegio de
Cavalleros Manriques de la Universidad de Alcalá», pudo riva-
lizar con los plebeyos, logrando un éxito, quizá a pesar suyo,
entre los ciegos mismos. Entre sus obras existe una «Relación
de la fiesta de toros, que corrió la Villa de Meco á siete de
Junio de 1670, y la guerra que tuvo con los de Alcalá de He-
nares [...]». Es burlesca y está escrita en silvas; para nosotros,
alejados del caso original por casi tres siglos, carece de interés
y de gracia. Mereció, sin embargo, el respeto de don Pedro
Calderón, como se ve en el prólogo anónimo del tomo de las
obras del maestro:

> Fue contemporaneo y competidor estimado de los grandes
> ingenios del siglo, que los tenia. Y del nunca bien laureado
> don Pedro Calderón de la Barca se refiere que, estando vn
> dia en la Lonja de San Sebastian de esta Corte, á tiempo

54. *Obras poeticas posthumas, que a diversos assumptos escrivio el Maestro
Don Manuel de León Marchante...*, Madrid, 1722.
55. Ibid., p. 102.

> que vn ciego passaba por la calle de Atocha publicando su
> Relacion en verso real de los Toros de Meco (que en este
> libro se reimprimen), le llamó, y tomó dos docenas que lle-
> vaba, diciendo, con impaciencia discreta: *Eran mas dignas
> de las mejores Librerías, que para abandonadas por los
> Ciegos.* Y assi se ha visto en las multiplicadas ediciones que
> de ellas se han hecho, y muchos Cortesanos de buen gusto
> confiessan averlas comprado repetidas vezes, y que nunca
> se fastidian de leerlas.[56]

La anécdota tiene interés, aunque es tardía. Sea verdad o
no, demuestra cómo, a fuerza de parodiar lo plebeyo, el versificador culto llega a competir con los mismos ciegos a los que
parodia.

No creo que valga la pena seguir la historia de la quintilla
burlesca entre los poetastros de la primera mitad del siglo XVIII.
Las hay, por ejemplo, entre las obras de don Joseph Joachín
Benegasí y Luxán.[57] El único resultado de tal investigación sería
el contraste con las estrofas pulidas con que don Nicolás Fernández de Moratín pintó *La fiesta de toros en Madrid.* Hemos
seguido una senda bien triste en el páramo de la poesía postgongorina. Aunque durante todo el siglo XVII hay obras aisladas
de buena poesía (por ejemplo, los sonetos de don Francisco de
la Torre y Sebil, el *Psalle et sile* calderoniano, el *Sueño* de Sor
Juana), el nivel general de los versos impresos desde 1650 en
adelante es bastante bajo. Probablemente un examen detenido
de otros géneros, tales como el villancico religioso, la jácara
después de la muerte de Quevedo o la sátira política, condu-
ciría al mismo juicio desfavorable que hemos hecho de la quintilla plebeyizante. En todas estas ramas menores de la literatura
es elocuente el contraste que ofrecen las poesías tardías con los
villancicos de Valdivielso, con las jácaras de Quevedo, con
los pasquines de Villamediana o con el *Isidro* de Lope. Las fri-
volidades de Cáncer y las insulseces del maestro León no com-

---

56. Ibid., fol. ππ 7 rº.
57. *Poesias lyricas, y jocoserias,* Madrid, 1743.

pensan la ausencia de obras tan bien escritas y valiosas. El pecado capital de estos poetas no era el gongorismo, ni el conceptismo lacónico y profundo, ni la exuberancia barroca, ni la frondosidad del ingenio: era sencillamente la trivialidad.

Entre los años 1600 y 1640 algunos poetas tuvieron puestos políticos de cierta importancia. El príncipe de Esquilache, el conde de Salinas y el de Rebolledo eran nobles poetas y diplomáticos o virreyes; todos conocemos algo del papel que representó don Francisco de Quevedo en la vida política de su época; don Antonio de Mendoza era protegido de Olivares y, según Gregorio Marañón,[58] el verdadero inventor del papel sellado; Valdivielso, Rioja y Bocángel ocupaban lugares privilegiados en palacio o en la casa del infante-cardenal. El mismo Salcedo Coronel tuvo un cargo de cierta importancia en Italia. Pero en general, fuera de algunos comediógrafos (Calderón, Solís, Bances Candamo), los poetas del reinado de Carlos II eran menos afortunados. Se conoce que entonces no era buen camino el de la poesía para llegar a altos puestos. ¿Puede atribuirse este fenómeno a la falta de seriedad de muchos poetas de aquellos años? Hay un testimonio curioso de este hecho en un folleto en cuarto, obra del licenciado don Juan López de Cuéllar y Vega, abogado de los Reales Consejos, intitulado *Declamacion historica, y iuridica en defensa de la poesía,* impreso en Madrid, año de 1670, con dedicatoria a don Pedro Calderón de la Barca.[59] El subtítulo reza así: «Declaracion historica y juridica, en defensa de la Poesia, contra los guiados mas de la embidia, que de la razon, la calumnian pretendiendola hazer incompatible, con otras facultades, y en especial con la Abogacia». El mismo título parece indicar que durante la vejez de don Pedro Calderón la poesía necesitaba una defensa; contrasta con el anónimo *Panegyrico por la poesía,* por no citar otras apologías en que la poesía se miraba como don infuso. La *Declamación*

---

58. *El Conde-Duque de Olivares (La pasión de mandar),* Madrid, 1952, p. 184.

59. He utilizado un microfilm del ejemplar de la colección de la Hispanic Society of America, gracias a los buenos oficios de miss Jean Longland.

es obra de poca originalidad, escrita en la prosa declamatoria de la edad del padre Guerra, sin gran interés para la historia de la crítica española. Pero bastan los trozos reimpresos por Gallardo [60] para demostrar que a ciertos juristas la poesía les parecía cosa frívola y despreciable. También la descripción del poeta, incluida en *El día de fiesta por la mañana* por Juan de Zavaleta (1654), puede alegarse aquí, porque la sátira está dirigida contra la falta de responsabilidad de los poetas contemporáneos, y éste fue el defecto moral que originó la trivialidad cuyas manifestaciones hemos resumido en estas páginas.

III

Las causas de los cambios de gusto en la historia de la cultura siempre son múltiples y complejas. No creo que las explicaciones dadas arriba basten para justificar en su totalidad las razones de la apetencia por lo plebeyo entre los lectores de mediados del siglo XVII. Para hacerlo sería necesario un amplio estudio sociológico de todo el Siglo de Oro español. El propósito de estas páginas era el de contrastar los dogmas literarios antipopulares de los humanistas tardíos (ejemplificados por don García de Salcedo Coronel) con los versos plebeyizantes de don Jerónimo de Cáncer y Velasco y del maestro don Manuel de León Marchante, escritos durante los mismos años o pocos años después. Puede existir una relación de contraste entre estos fenómenos: el éxito de un Cáncer en su época era debido en parte al hecho de que casi toda su obra era la negación práctica de las teorías de los intelectuales contemporáneos. Si, en efecto, la boga de las novelas picarescas era en parte una reacción contra el idealismo de las pastoriles, si las exageraciones románticas guardaban una relación inversa con los principios rígidos de los neoclásicos, si el surrealismo y otros ismos recientes tenían como

60. B. J. Gallardo, *Ensayo para una biblioteca de libros raros y curiosos*, III, n.º 2737.

causa parcial el deseo de chocar con las teorías del abate Bré-
mond y de los otros campeones de «la poesía pura», entonces
creo que el contraste entre Salcedo y Cáncer puede explicarse,
en cierto modo, como una reacción adversa de poetas desen-
fadados hacia preceptores demasiado solemnes. Aquí, quizá,
hay otro caso del «Escila y Caribdis de la literatura española».

6

LA ESTRUCTURA SIMÉTRICA DE LA «ODA A FRANCISCO SALINAS»

A Dámaso Alonso

Debo la sugerencia del siguiente análisis al trabajo del profesor Alastair Fowler cuyo libro *Triumphal forms. Formal patterns in Elizabethan Poetry* (Cambridge, 1970) contiene ejemplos de paralelismo tomados de poemas ingleses del siglo XVI. La aplicación de uno de sus «esquemas formales» a una de las más famosas composiciones de fray Luis es mía. Otros esquemas descubiertos por el profesor Fowler pueden encontrarse fácilmente en otros poemas de los Siglos de Oro españoles.

La «Oda a Salinas» ha recibido cierta atención por parte de la crítica en los últimos años. El magistral estudio de Dámaso [1] es seguramente el más famoso sobre el tema, pero recuerdo con placer la conferencia de don Fernando Lázaro (que yo sepa, aún sin publicar) y un artículo del profesor L. J. Woodward.[2] Acepto a pies juntillas la interpretación de Dámaso y, posiblemente, algo de lo que voy a decir tal vez está implícito en su ensayo. De todos modos, espero que mis lectores recuerden sus palabras y así me eviten la tarea de resumir torpemente lo que él ha dicho en mejor prosa que la mía. Admito, pues, la autenticidad de la estrofa quinta («Ve cómo el gran maestro [...]») y la lectura «amigos» en la estrofa novena. Yo también veo el poema como el relato de un ascenso desde la tierra al cielo y el viaje de retorno del cielo a la tierra. Muchos lectores, así lo espero, estarán de acuerdo en que, por lo menos, hay una correspondencia entre las estrofas 1-4 y las 7-10.

1 Dámaso Alonso, *Poesía española*, Madrid, 1950, pp. 174-204.
2. L. J. Woodward, «La *Oda a Francisco de Salinas* de fray Luis de León», *BHS,* XXXIX (1962), pp. 69-77. Cf. también n. 8.

Mi tesis consiste en que, además de la general relación que acabo de mencionar, hay ciertos paralelismos entre la primera estrofa y la décima, entre la segunda y la novena, entre la tercera y la octava, entre la cuarta y la séptima; y que el clímax del poema está (como Dámaso afirma), en la quinta y la sexta. Reimprimo el poema de manera que sirva para ilustrar esta teoría:

1   El aire se serena
y viste de hermosura y luz no usada,
Salinas, cuando suena
la música extremada
por vuestra sabia mano gobernada.

2   A cuyo son divino
el alma que en olvido está sumida,
torna a cobrar el tino
y memoria perdida
de su origen primera esclarecida.

3   Y como se conoce,
en suerte y pensamientos se mejora,
el oro desconoce
que el vulgo ciego adora,
la belleza caduca, engañadora.

4   Traspasa el aire todo
hasta llegar a la más alta esfera,
y oye allí otro modo
de no perecedera
música, que es de todas la primera.

5   Ve cómo el gran maestro
a aquesta inmensa cítara aplicado,
con movimiento diestro
produce el son sagrado,
con que este eterno templo es sustentado.

6   Y como está compuesta
de números concordes, luego envía
consonante respuesta,

y entrambas a porfía
mezclan una dulcísima armonía.

7   Aquí la alma navega
por un mar de dulzura, y finalmente
en él ansí se anega,
que ningún accidente
extraño o peregrino oye o siente.

8   ¡Oh desmayo dichoso!
¡oh muerte que das vida! ¡oh dulce olvido!
¡Durase en tu reposo
sin ser restituido
jamás a aqueste bajo y vil sentido!

9   A este bien os llamo,
gloria del Apolíneo sacro coro,
amigos, a quien amo
sobre todo tesoro,
que todo lo visible es triste lloro.

10   ¡Oh suene de contino,
Salinas, vuestro son en mis oídos,
por quien al bien divino
despiertan los sentidos,
quedando a lo demás amortecidos!

Empecé por observar semejanzas verbales entre las estrofas
primera y décima. La mención personal de Salinas y el verbo
«sonar» aparecen en ambas. Los elementos personales son también paralelos: la «sabia mano» de Salinas produce los sonidos
escuchados por los «oídos» del poeta. El efecto físico de la música que purifica el aire y lo reviste «de hermosura y luz no
usada», equilibra el impulso espiritual recibido por sus oídos:
«al bien divino despiertan los sentidos, quedando a lo demás
amortecidos».

Entre la segunda y la novena estrofas, las frases preposicio-
nales del comienzo se asemejan la una a la otra: «A cuyo son
divino [...]» y «A este bien os llamo [...]». Al oír la música,
el alma se desprende de su terrenalidad para buscar el camino

hacia su celestial fuente; en la penúltima estrofa, fray Luis de León hace una llamada a los poetas, sus hermanos, para que abandonen sus temas mundanales y encaminen a otros seres por la misma ruta.

La tercera estrofa da énfasis al desarrollo del conocimiento propio del alma, lo que conduce a abandonar el oro, símbolo de «la belleza caduca, engañadora» del mundo, ídolo adorado por el «vulgo ciego». En la octava, el alma está aún en éxtasis, pero se nos recuerda que el éxtasis no puede durar porque está amenazado por el retorno al bajo y vil mundo de los sentidos. El «bajo y vil sentido» hace eco a la «belleza caduca, engañadora». El contraste entre lo espiritual y lo mundano (en la tercera) es paralelo a la ruptura entre lo espiritual y lo sensual (en la octava).

En la cuarta estrofa, el alma viaja a través del aire de su jornada metafórica al Empíreo, donde oye la música de las esferas; en la séptima, navega y se sumerge en el mar del éxtasis, lo cual la hace insensible a todo sonido o sentimiento que pudieran apartarla de la música esencial armonizadora de la creación. Las jornadas son equivalentes; la elevación a través del aire contrasta con el hundimiento en el celeste mar. La música es imperecedera en la cuarta estrofa: en la séptima no hay «accidentes». Nada —de lo que sea secundario a la principal experiencia— puede ser oído o sentido.

La quinta y sexta estrofas alcanzan el punto culminante del poema. En ellas el alma ve a Dios, dueño de la universal armonía, regulando los movimientos del cosmos; su armonía hace eco en el alma y así «entrambos a porfía mezclan una dulcísima armonía». Está ahora acorde con la divinidad —su propia armonía forma parte de la celestial armonía— acorde con el infinito amor y poder de Dios mismo.

En esta breve nota he tratado de demostrar que la idea de este maravilloso poema no es meramente el ascenso al éxtasis y el descenso de él. Sostengo que cada fase del ascenso va equiparada a otra del descenso. El poema surge simétricamente; la simetría se establece ya por ecos verbales, ya por contrastes o por parecidos. Cuando estas consideraciones se toman en cuenta, el poema me parece más elocuente que antes de haberlo hecho: la unidad de la total experiencia se ve subrayada por el paralelismo.

Esquemas tales como el que he tratado de mostrar aquí pertenecen a la misma categoría retórica que las correlaciones y plurimembres tan brillantemente estudiados por Dámaso Alonso.[3] Y tan pronto como nuestros conocimientos de esos sistemas retóricos se hagan más amplios, aprenderemos a diferenciar cuándo su uso es estructural y cuándo constituye un mero ornamento. El magnífico «Soneto a Córdoba» de Góngora se convierte en un poema aún más importante después de haber leído el análisis de Dámaso; [4] el soneto de Cervantes en La Galatea, que empieza: «Afuera el fuego, el lazo, el hielo y flecha [...]» parece tan sólo un conjunto académico de lugares comunes.[5] El estudio de Casalduero sobre La vida es sueño [6] está también relacionado con mi tema y asimismo el de Juan Manuel Rozas acerca del Faetón del Conde de Villamediana.[7] Todo depende del uso que se haga del recurso retórico, no de la mera presencia del mismo.[8]

---

3. Véase especialmente Pluralità e correlazione in poesia, Bari, 1971, passim.

4. Ibid., pp. 91-95 y 130-131.

5. La Galatea, ed. Schevill y Bonilla, Madrid, 1914. I, p. 44; D. Alonso, Pluralità, p. 186.

6. Estudios sobre el teatro español, Madrid, 1967; véase también A. A. Parker, «La estructura dramática de El alcalde de Zalamea», en Homenaje a Casalduero, Madrid, 1972, pp. 411-418.

7. Villamediana, Obras, ed. Juan Manuel Rozas, Madrid, 1969, pp. 30-39.

8. Muy notables, también, son las profundas páginas que dedica don Francisco Rico a la relación entre esta noble poesía y las teorías de la música de Boecio, Macrobio y sus seguidores en la Edad Media y en el Renacimiento (F. Rico, El pequeño mundo del hombre. Varia fortuna de una idea en las letras españolas, Castalia, Madrid, 1970, pp. 178-189).

7

AMBIGÜEDADES Y OTRAS CUESTIONES EN LOS POEMAS DE SAN JUAN DE LA CRUZ

A William Empson

Inédito.

En 1931 dediqué una traducción de *Las soledades* a Dámaso Alonso y a William Empson. Pude repetir la dedicatoria en otra edición, en 1965. De nuevo conviene unir sus nombres en el presente estudio. En las siguientes páginas he tratado de aplicar los métodos de exposición de Empson al gran poeta español cuyas obras han sido tan brillantemente comentadas por la crítica literaria de Dámaso Alonso.[1] Dámaso menciona en su libro los problemas que suscitan los comentarios de San Juan a sus propias poesías: ¿qué relación existe entre el poema en sí y la manera en que está expuesto en los tratados en prosa? El santo escribió específicamente para los miembros de su Orden, no para el lector corriente de poesía. Dámaso subtitula su libro «Desde esta ladera», y yo también escribo desde el mismo lado de la colina, sólo que lo hago con la ventaja de haber sido encaminado con tanto acierto por mi maestro. Y durante los años en los que, de vez en cuando, he releído las poesías y algunos de los comentarios, me he dado cuenta de que aquéllas crecían en estatura, mientras que pasajes de los comentarios no eran inmediatamente tocantes a la interpretación literaria. Escribo, pues, como lector de poesía, no como aspirante a intérprete de cuestiones místicas. Trato de ver cómo enriquecen al poema los comentarios y cómo, en ocasiones, lo oscurecen. La técnica de Empson me ha ayudado en estas tareas. Finalmente pido se me conceda incluir entre los poemas algunas líneas del comentario titulado «Subida del Monte Carmelo».

1. *La poesía de San Juan de la Cruz. Desde esta ladera*, Madrid, 1942; «El misterio técnico de la poesía de San Juan de la Cruz», en *Poesía española*, Madrid, 1950.

El más arrebatado poema de San Juan empieza así:

> ¡Oh llama de amor viva,
> que tiernamente hieres
> de mi alma en el más profundo centro [...]!

La edición de Barcelona, 1619, impresa antes de que hubiesen inventado los signos invertidos de exclamación, puntúa así el primer verso:

> O llama de amor viua!

Esto quizá establece firmemente el hecho de que el segundo verso da principio a una cláusula relativa. Las dos traducciones al inglés de las poesías de San Juan que tengo a mano la convierten, sin embargo, en adverbial. Roy Campbell escribe:

> Oh flame of love so living,
> How tenderly you force [...] [2]

Y en John Frederick Nims:

> O living flame of love
> how soothingly you wound [...] [3]

Los poetas, pues, parecen haber convertido el relativo «que» en el adverbio «qué». Si leemos «que», lo más importante es el verbo; si «qué», lo será el siguiente adverbio «tiernamente». Los acentos se descuidaban bastante en los impresos de principios del siglo XVII, y dudo que San Juan los hubiese usado nunca (murió en 1591). Quizá su intención fuese sugerir ambas interpretaciones, si sólo juzgamos el poema en sí. Escribió, sin embargo, dos versiones diferentes de un comentario en prosa sobre este poema —en cuanto al verso que nos ocupa, son afortunadamente idénticos— del cual copio un par de frases:

---

2. *The poems of St. John of the Cross*, texto español con traducción de Roy Campbell, Londres, 1951, p. 29.
3. *The poems of St. John of the Cross*, textos originales en español y nuevas versiones inglesas por John Frederick Nims, Nueva York, 1959, p. 23.

Esto es, que con tu amor tiernamente me tocas. Que por cuanto esta llama es llama de vida divina, hiere al alma con ternura de vida de Dios; y tanto y tan entrañablemente la hiere y enternece, que la derrite en amor [...] [4]

como en el Cantar de los Cantares, v, 6: *Anima mea liquefacta est*. Por influjo de la citada prosa, me parece más aceptable preferir «que» a «qué»; «que tiernamente hieres» a «qué tiernamente hieres». Pero los comentarios en prosa fueron escritos —empleando frase de Wordsworth— en una «plácida remembranza» («recollection in tranquility»), quizá, incluso, algún tiempo después de que el poema fuese escrito. Y la cita en prosa no es, por sí misma, concluyente.

La composición —de sólo 24 versos— consiste en una demostración de cómo la llama que purifica y cauteriza, se convierte en lámpara que ilumina las más profundas cuevas del sentido humano y en instrumento de unión divina entre el alma y el Amado. La «llama viva», al herir tiernamente, está incitada por destruir el obstáculo que se atraviesa en el camino de la unión; entonces es comparada a un «cauterio suave, una regalada llaga, un toque delicado por una mano blanda, que a vida eterna sabe», que «toda deuda paga» y —aniquilando todo lo terrenal— convierte la muerte en vida. La «lámpara de fuego» ilumina «las profundas cavernas del sentido» y así el alma puede dar «calor y luz» a su Amado. El santo se dio cuenta de que no podía comentar adecuadamente los tres últimos versos del poema; no intentaré resumir los últimos actos amorosos descritos en la estrofa final.

El examen del soneto religioso de Donne, «What if this present were the world's last night?» puede ayudarnos aquí. Veamos primeramente el soneto:

What if this present were the worlds last night?
Mark in my heart, O soul, where thou dost dwell,
The picture of Christ crucified, and tell

4. San Juan de la Cruz, *Obras*, ed. P. Silverio de San Teresa, O.C.D., Burgos, 1931, IV, pp. 11 y 112.

Whether that countenance can thee affright,
Tears in his eyes quench the amazing light,
Blood fills his frowns, which from his pierc'd head fell,
And can that tongue adjudge thee unto hell,
Which pray'd forgiveness for his foes' fierce spight?
No, no; but as in my idolatry
I said to all my profane mistresses,
Beauty, of pity, foulness only is
A sign of rigour: so I say to thee,
To wicked spirits are horrid shapes assign'd,
This beauteous form assures a pitious mind.[5]

De esta poesía dijo Empson:

In one's first reading of the first line, the dramatic idea is
of Donne pausing in the very act of sin, stricken and
swaddled by a black, unexpected terror: suppose the end
of the world came *now*? The preacher proceeds to comfort
us after this shock has secured our attention. But, looking
back, and taking for granted the end's general impression
of security, the first line no longer conflicts with it. «Why,
this *may* be the last night, but God is merciful. What if it
were?» [6]

5. He modernizado la ortografía pero no la puntuación. He aquí un
ensayo de traducción en español, no rimada, de este soneto:

> ¿Será ésta del mundo última noche?
> Graba en mi corazón, alma, do moras,
> La faz del Dios crucificado y dime
> Si puede su expresión causarte espanto.
>
> Lágrimas restan lumbre de sus ojos,
> Mana la sangre de su frente herida.
> ¿Podrá su lengua condenarte, grave,
> Si a sus verdugos perdonó, clemente?
>
> No, no; lo mismo que en mi idolatría
> A mis dulces amantes dije siempre:
> Belleza, de piedad; lo feo muestra
>
> Indicio de rigor. Y así te digo:
> Mal espíritu alberga hórrida forma,
> Piedad refleja Aquel hermoso rostro.

6. William Empson, *Seven types of ambiguity*, Londres, 1947, pp. 145-146.
He aquí la traducción en castellano del párrafo de Empson: «Cuando leemos
por vez primera el primer verso, la idea dramática es la de Donne detenién-

El problema «que» *versus* «qué» puede depender de nuestra compenetración con el poema en su conjunto. La primera vez que lo leí, admití la lectura de «que», como lo habían hecho los editores españoles, y dejé el acento principal en «hieres». La idea de la llama como purificadora es entonces lo predominante: la voluntaria expiación en la lóbrega noche del alma, cuando memoria, entendimiento y voluntad se hallan disciplinadas por las tres virtudes teologales, Fe, Esperanza y Caridad. Pero cuando continuamos leyendo y vemos cómo el doloroso proceso se convierte en gozo, cómo la llama se convierte en lámpara luminosa, la otra lectura se hace más posible. Entonces podemos acentuar el «qué» y dar tanta importancia a «tiernamente» como al verbo final. Quizá un erudito en textos se vea forzado a empezar por el principio; los dos traductores elaboraron sus versiones después de un estudio del poema en su totalidad. Por lo menos un lector ha hecho la experiencia. Si yo tuviese que editar esta composición, no sabría por cuál de las lecturas decidirme.

El poema, vulgarmente conocido por «La noche oscura del alma», lleva como título completo: «Canciones en que canta el alma la dichosa ventura que tuvo en pasar por la oscura noche de la fe, en desnudez y purgación suya a la unión del Amado». Todo el sistema místico de San Juan está explicado en dos largos —aunque inconclusos— comentarios sobre él: la «Subida del Monte Carmelo» y «La noche oscura». El primero explica las dos estrofas iniciales; el segundo, éstas, junto con algunas palabras más sobre la tercera. Las cinco últimas quedan a nuestra —más o menos— fundamentada conjetura. Como lectores de

dose en el preciso instante de pecar, herido y acorralado por un tenebroso e inesperado terror: ¿Y si *ahora mismo* ocurriese el fin del mundo? El predicador, entonces, procede a consolarnos, después de que tal sacudida se ha apoderado de nuestra atención. Pero mirando hacia atrás y dando por cierta la impresión general de seguridad, el primer verso ya no supone una contradicción con el resto. "Bueno, quizá sea ésta la última noche, pero Dios es misericordioso. Y ¿qué, si lo fuese?".»

poesía, podemos prescindir de largos párrafos de estos trabajos en prosa, dado que tenemos alguna noción del camino negativo de la noche oscura. Pero los pasajes de exposición del poema en sí deben, a mi entender, tomarse en cuenta si queremos alcanzar algo más que una mera interpretación emotiva. Las dos primeras estrofas poseen las mismas rimas en -ura y en -ada y dos versos completos idénticos:

> En una noche escura
> con ansias en amores inflamada,
> ¡oh dichosa ventura!
> salí sin ser notada,
> estando ya mi casa sosegada.

> A escuras, y segura,
> por la secreta escala disfrazada,
> ¡oh dichosa ventura!
> a escuras y en celada,
> estando ya mi casa sosegada.

Aquí la traducción de Campbell suprime la repetición y hace desaparecer el paralelismo. Por «¡oh dichosa ventura!» escribió «O venture of delight» en la primera estrofa, «O happy enterprise» en la segunda; por «estando ya mi casa sosegada» pone, respectivamente: «I went abroad when all my house was hushed» y «When all my house at length in silence slept». Las estrofas describen dos noches: la de los sentidos y la del espíritu y ambas tienen mucho en común. Nims, con acierto, conservó las repeticiones y las rimas unificantes. En cada estrofa (las noches son, en cierto sentido, coincidentes) el alma consigue abandonar la casa donde sus naturales apetitos y pasiones la han tenido cautiva. «Casa», naturalmente, puede significar, en el sentido común de la palabra, vivienda; pero también quiere decir hogar, incluyendo a cuantos criados y dependientes moran en él. El diccionario de Covarrubias, del siglo XVII, ilustra esta acepción con el ejemplo: «Fulano ha puesto muy gran casa, cuando ha recebido muchos criados». Es sorprendente, sin embargo, que en la «Subida del Monte Carmelo» San Juan se refiera a la casa como a una prisión:

> Toma por metáfora el mísero estado del cautiverio, del cual el que se libra lo tiene por «dichosa ventura», sin que lo impida alguno de los carceleros. Porque el alma, después del pecado original, verdaderamente está como cautiva en este cuerpo mortal, sujeta a las pasiones y apetitos naturales [...] Y esto «estando ya su casa sosegada», conviene a saber, la parte sensitiva que es la casa de todos los apetitos, ya sosegada por el vencimiento y adormecimiento de todos ellos.[7]

Así pues, la mortificación ha aplacado a los carceleros del alma y ésta puede entonces huir, sin ser observada, hacia su jornada espiritual. Si aceptamos esta interpretación (casa = cárcel) podemos ver que Nims se equivoca al traducir «casa» por «home», pero San Juan en la *Noche* explica la misma metáfora de modo diferente; el alma abandona la casa cuando los criados duermen y descansan —y los criados representan los bajos impulsos del alma, sus pasiones y apetitos, como los carceleros en la «Subida»—.[8] En las dos aclaraciones dadas por San Juan, la situación espiritual es la misma (casa = apetitos, pasiones, etc.), pero la metáfora en sí (casa o prisión; sirvientes o carceleros) cambia de uno a otro comentario. Parece que nos hallamos aquí ante una ambigüedad que puede incluirse en el segundo tipo de la clasificación de Empson, en el cual «dos o más significados [o metáforas] se resuelven en uno».[9]

En la segunda estrofa, a pesar de que la noche continúa oscura, el alma está descrita como sintiéndose «segura», y la «ventura dichosa» se nos presenta otra vez. En la oscuridad también, el alma asciende disfrazada por la secreta escala de fe vivificante, pues sus apetitos y pasiones ya no la mortifican.[10]

7. *Subida*, en *Obras*, II, p. 65.
8. *Noche*, en *Obras*, II, p. 466.
9. *Seven types of ambiguity*, p. 48.
10. *Noche*, pp. 468-469.

La escalera la lleva hacia arriba desde su celda, quizá, hasta la terraza y se eleva porque ha sido humillada en esta nueva escala de Jacob que ahora le es revelada por la divina Providencia.[11] Cada peldaño representa un nuevo nivel en su ascenso espiritual; pero el lector corriente de poesía no necesita tener en cuenta los detalles de los diez grados de la escala, resumidos o ampliados de lo escrito por San Bernardo o el pseudo Aquino.[12] De nuevo el comentario nos advierte que el disfraz es algo significativo; se compone de tres vestiduras: la blanca «túnica» de la Fe, la verde «almilla» de la Esperanza y la roja «toga» de la Caridad.[13] Una vez más, si vemos que el disfraz y el secreto son dones de Dios, que Él también otorga la «dichosa ventura», el minucioso simbolismo de los comentarios no me parece esencial para la comprensión del poema.

Los textos de la segunda estrofa oscilan entre «en celada» y «encelada». En el de Barcelona, 1619, se lee *enzelada* en las páginas 36 y 350, «en zelada» en las páginas 89, 447 y 475. El padre Silverio da *encelada* en la página 4, *en celada* en las 66, 468 y 499. Nims escribe *ençelada*, mientras Dámaso Alonso y Campbell prefieren *en celada*. San Juan pudo haber escrito ambas formas; mas nosotros debemos tratar de establecer lo que quería decir con tal expresión. El significado literal (¿y primario?) sentido de *celada* es *emboscada*; pero *encelada* quiere decir escondido, oculto, encubierto. El mismo San Juan nos dice que «En celada es tanto como decir: en escondido o en cubierto».[14] Si leemos «celada» con significado de emboscada nos veremos forzados a admitir que ella está esperando al Amado; y esto va en contra del sentido general tanto del poema como de los comentarios. Aunque el santo hubiese escrito aquí dos palabras separadas, podemos sólo interpretarlas en el sentido de «escondido» o «encubierto». San Juan se preocupa exclusivamente del secreto, lo íntimo de la experiencia del alma.

11. *Noche*, pp. 484-485.
12. *Noche*, pp. 485-493.
13. *Noche*, pp. 493-498.
14. *Noche*, p. 499.

Invocar aquí los principios de ambigüedad estropearía el poema.
La tercera estrofa dice:

> En la noche dichosa
> en secreto, que nadie me veía,
> ni yo miraba cosa,
> sin otra luz y guía,
> sino la que en el corazón ardía.

Aquí sólo tenemos para ayudarnos una página de comentario;
es suficiente. Las excelentes condiciones de la noche oscura
son ahora supremas. Es una deliciosa noche de contemplación;
el alma está oculta, sin perturbaciones y con el solo propósito
de su demanda. No se detiene en la búsqueda de Dios, libre
ahora de preocupaciones con formas y apariencias de los acos-
tumbrados miedos que estorban a otros en su caminar hacia la
unión con el ser perpetuo de Dios. Su única luz es la que brilla
esplendorosamente en su corazón:

> y la hace volar a su Dios por el camino de la soledad, sin
> ella saber cómo ni de qué manera.[15]

La cuarta estrofa:

> Aquesta me guiaba
> más cierto que la luz del mediodía,
> adonde me esperaba
> quien yo bien me sabía,
> en parte donde nadie parecía.

Los comentarios no pueden ya ayudarnos en esta estrofa en la
cual se alcanza el estado de Iluminación. Subraya a la vez la
certidumbre de que la llama interna arde en el alma y el secreto
del encuentro. Quizá aquí no necesitamos comentarios que nos
guíen; la luz y el sigilo han sido explicados antes suficientemente. Y el estado de Unión con lo divino viene a continuación:

15. *Noche*, p. 510.

¡Oh noche que guiaste,
oh noche amable más que el alborada;
oh noche que juntaste
Amado con amada,
amada en el Amado transformada!

La transformación ha tenido lugar; los amantes están ya unidos
y antes de que la culminante declaración de esa unión se dé a
conocer, vemos que esa noche —que había sido oscura y dolo-
rosa— gradualmente se convierte en dichosa y en la verdadera
coyuntura para lograr el tan largamente deseado punto culminante. He tratado de insistir en la limitada ayuda que los comentarios pueden darnos para poder apreciar el poema y, al
mismo tiempo, he intentado hacer ver cómo las progresiones y
repeticiones del propio poema pueden servirnos de claves. *Noche escura... a escuras... noche dichosa... noche que guiaste...
noche amable más que el alborada, noche que juntaste Amado
con amada, amada en el Amado transformada!* Supongo que
podríamos llamar a esto técnica de adjetivación progresiva. Y
va paralela en el *Cántico espiritual* y en *La llama de amor viva.*

Para las estrofas finales no existe ayuda definida. No he de
incluirlas aquí. Me limito a indicar que algunas de sus insinua-
ciones pueden haber sido tomadas del Cantar de los Cantares.
Y como nota Dámaso Alonso, la primera parte del poema es
paralela a la búsqueda de la esposa de Salomón:

In lectulo meo, per noctes, quaesivi quem diligit anima
mea; quaesivi illum, et non inveni. Surgam, et circuibo
civitatem; per vicos et plateas quaeram quem diligit anima
mea; quaesivi illum, et non inveni.

(III, 1-2)

Pessulum ostii mei aperui dilecto meo; at ille declinave-
rat, atque transierat. Anima mea liquefacta est, ut locutus
est; quaesivi, et non inveni illum; vocavi, et non respondit
mihi.

(V, 6) [16]

16. No he podido encontrar una traducción del siglo XVI de la versión

Dámaso sugiere también que San Juan recogió la mención de cedros y almenajes de otro versículo del Cantar —pero, en parte, presenta algo muy diferente del original:

> Si murus est, aedificemus super eum propugnacula argentea; si ostium est, compingamus illud tabulis cedrinis.

(VIII, 9) [17]

Después de haber leído los Cantares, el poeta puede haber recordado el «propugnacula» y el «cedrinis»; pero el verso bíblico es inapropiado —si lo tomamos en su totalidad— para las estrofas sexta y séptima en que esos sustantivos aparecen. Otro versículo, ligeramente modificado, puede haber sido fuente de uno de los actos de ternura del esposo:

> Vulnerasti cor meum, soror mea, sponsa; vulnerasti cor meum in uno oculorum tuorum, et in uno crine colli tui.

(IV, 9) [18]

Este versículo está más claramente evocado en el «Cántico espiritual». Una influencia difusa de la versión que la Vulgata da de los Cantares penetra todo el poema y nos ayuda en las últimas estrofas. Más importante, sin embargo, es el sentido de progresión en el júbilo de la unión, realizado por la inicial pre-

---

que la Vulgata da de estos dos versículos. La Biblia protestante de Casiodoro de Reina, 1569, basada en el Hebreo, dice: «Las noches busqué en mi cama al que ama mi alma; busquélo, y no lo hallé. Ahora pues levantarme he, y rodearé por la ciudad: por las calles, y por las plazas buscaré al que ama mi alma. Busquélo, y no lo hallé.

»Yo abrí a mi Amado: mas mi Amado era ya ydo, ya havía pasado: mi alma salió tras su hablar; busquélo, y no lo hallé: llamélo, y no me respondió».

17. Casiodoro —lo mismo que el Rey Jacobo en su versión inglesa— leyó «palacio» en vez de «almenajes»; «Si ella es muro, edificaremos sobre él un palacio de plata. Y si fuere puerta, guarnecerla hemos con tablas de cedro».

18. Casiodoro difiere de nuevo: «Quitado me has mi corazón hermana, esposa mía, quitado me has el corazón, con uno de tus ojos, con un collar de tu cuello».

paración en las primeras estrofas, para las cuales los comentarios de San Juan nos fueron útiles.

Los eruditos modernos nos dicen que los Cantares eran probablemente una antología de poemas de amor de extensión varia, atribuidos a Salomón, a su amada (la Sulamita) y a sus amigos.[19] Tienden a ridiculizar cualquier interpretación alegórica de este libro del Antiguo Testamento, y lo fechan aproximadamente en el siglo II a. C. Cuando poemas de esta naturaleza se hallan en colecciones de otros escritos indudablemente sagrados, creo que difícilmente podemos culpar a sus antiguos intérpretes por admitirlos como una alegoría de la comunicación de Dios con Israel, y no debemos sorprendernos si los padres y doctores de la Iglesia continuaron la tradición, ni aún menos desdeñarlos por ello. «¡Por sus frutos los conoceréis!» Debemos a aquellas interpretaciones poemas de Richard Rolle de Hampole, Teresa de Ávila y Juan de la Cruz. Estimo que sus obras son más valiosas para los lectores de poesía que los ecos profanos que se hallan también en Swinburne y otros autores decadentes.[20]

Algo de lo que acabo de decir puede también aplicarse al *Cántico espiritual,* poema demasiado largo para ser recogido aquí. Poco puedo añadir a lo que Dámaso ha escrito sobre «El pastorcito», o ese bellísimo poema que empieza «Que bien sé yo la fonte» o aquellas *coplas a lo divino* que adaptan un género profano a un tema religioso. No obstante, me gustaría hacer un alegato en pro de que los versos que aparecen bajo el grabado, al principio de la «Subida», se incluyesen entre las poesías de San Juan; aún no he visto una edición de los poemas donde se hayan recogido estos versos. El grabado muestra el camino de

19. «Solomon, song of», en F. L. Cross, compilador, *The Oxford Dictionary of the Christian Church,* Londres, 1957.

20. Debo también mencionar las traducciones en verso castellano de Arias Montano y de Don Francisco de Quevedo; en prosa existen también la traducción y el comentario de fray Luis de León.

negación que circula entre las colinas de lo terrenal y los bienes celestiales y que lleva el rótulo: «nada, nada, nada, nada»; a cada lado están los senderos equivocados que son seguidos por quienes buscan beneficios imperfectos. Estos versos vuelven a aparecer en la «Subida», después de que el primero de la primera estrofa ha recibido 57 páginas de comentarios:

Modo para venir al todo

Para venir a lo que no sabes
     has de ir por donde no sabes.
Para venir a lo que no gustas
     has de ir por donde no gustas.
Para venir a lo que no posees
     has de ir por donde no posees.
Para venir a lo que no eres
     has de ir por donde no eres.

Modo de tener al todo

Para venir a saberlo todo
     no quieras saber algo en nada.
Para venir a gustarlo todo
     no quieras gustar algo en nada.
Para venir a poseerlo todo
     no quieras poseer algo en nada.
Para venir a serlo todo
     no quieras ser algo en nada.

Modo para no impedir al todo

Cuando reparas en algo
     deja de arrojarte al todo.
Para venir de todo al todo
     has de dejar del todo a todo.
Y cuando lo vengas todo a tener
     has de quererlo sin nada querer.
Porque si quieres tener algo en todo
     no tienes puro en Dios tu tesoro.

Se incluye también un último pasaje en prosa:

Indicio de que se tiene todo

En esta desnudez halla el espíritu quietud, y descanso, porque como nada codicia, nada le impele hacia arriba, y nada le oprime hacia abajo, que está en el centro de su humildad. Que cuando algo codicia en eso mesmo se fatiga.[21]

Esos versos fueron adaptados por T. S. Eliot en uno de sus *Four quartets,* el titulado *East Coker*:

Shall I say it again? In order to arrive there,
    You must go by a way wherein there is no ecstasy.
In order to arrive at what you do not know
    You must go by a way which is the way of ignorance [...] [22]

No utilizo la modificación que hace Eliot de las palabras de San Juan como argumento de que estas sentenciosas frases españolas deberían considerarse constitutivas de un poema (o poemas) por derecho propio. Y, naturalmente, admito que son irregulares en la métrica y que no encajan en ninguna clasificación formal de la poesía española. El número de sílabas varía de un verso a otro; las rimas, en su mayoría, son repetición de las mismas palabras. En cambio, la rigidez y severidad del lenguaje son memorables; uno percibe en ellos toda la concentración de la vía negativa. Mientras en «La noche oscura» y en «La llama de amor viva» se nos muestra cómo el alma se ha beneficiado de la oscura noche de purificación, cómo ha huido superándola, aquí el énfasis recae precisamente sobre los rigores de aquella noche. Si es aceptable la definición de Auden, según la cual la poesía es «un dicho memorable», creo que estos

21. Cito según el grabado de la edición de Barcelona, 1619, p. 33. Los versos varían en su orden cuando se recogen en la *Subida*, pp. 85 y 86. Se observan también algunas variantes verbales. No me propongo decidir aquí cuál es el mejor texto.

22. T. S. Eliot, *East Coker*, Londres, 1940, p. 12.

versos son poesía. Y nos muestran a nosotros, lectores mundanos, otra sorprendente faceta del genio literario de San Juan que omitimos al leer sus reconocidas obras maestras de poesía. Para mí estos versos son un soberbio ejemplo de la más clara exposición de poesía de lenguaje llano.

8

LA POESÍA
DE JOÃO PINTO DELGADO

«The poetry of João Pinto Delgado», en *Journal of Jewish Studies*, I (1949), pp. 131-143.

João Pinto Delgado nació, de estirpe portuguesa de cristianos nuevos, algo después de 1582. En 1616 escribió un soneto laudatorio para un tratado de ilustración de los judíos por João Baptista de Este; el soneto, casi seguramente, fue escrito con el propósito de disipar sospechas acerca de su propia falta de ortodoxia. Más tarde fue a Rouen con su padre; ambos, al parecer, fueron figuras importantes en los medios mercantiles de aquella ciudad. En 1627, Pinto publicó la colección de poemas españoles a que vamos a referirnos.[1] En 1632, João y su padre fueron denunciados como judaizantes a las autoridades de la ciudad. El poeta huyó a París y después a Amberes. El asunto fue finalmente saldado en Rouen, gracias a un crecido soborno pagado a las autoridades, y el padre pudo volver a Rouen. Sin embargo, João continuó viviendo en Amberes y obtuvo un certificado de ortodoxia religiosa de manos de un sacerdote en Rouen. Este documento no satisfizo los requisitos oficiales en Amberes y fueron realizadas nuevas investigaciones. Finalmente, el juez del Tribunal Eclesiástico de Rouen declaró que João Pinto Delgado negaba la Trinidad, había estudiado hebreo con dos rabinos, mantenía correspondencia con judíos de Venecia, practicaba ceremonias según la ley de Moisés y trataba de ganar prosélitos entre los cristianos nuevos amigos suyos. No se sabe qué ocurrió después de haberse recibido este documento. Probablemente, Pinto escapó y se instaló en la comunidad judía

1. *Poema de la Reyna Ester, Lamentaciones del Propheta Ieremías, Historia de Rut, y varias Poesías.* Por Ioan Pinto Delgado. Al ilustrissimo y Reuerendissimo Cardenal de Richelieu [...] A Rouen. Chez Dauid du Petit Val, Imprimeur du Roy. MDCXXVII.

de Amsterdam: existe una referencia a Mosseh Pinto Delgado, autor del «Poema de Ester» y de «Endechas santas de Jeremías» en las *Relaciones de los poetas,* de Miguel de Barrios.[2]

El volumen publicado en 1627 contiene los siguientes poemas:

I.   *Poema de la Reyna Ester*: poema en nueve cantos de, aproximadamente, doscientos versos cada uno. Los versos son endecasílabos, agrupados en estrofas de a seis que riman A-B-A-B-C-C.

II.   *Lamentaciones del Propheta Ieremías*: serie de meditaciones poéticas sobre los dos primeros capítulos de las Lamentaciones; esta obra consiste en 44 secciones que corresponden a los 44 versículos de los dos capítulos y una corta introducción. Son en total 3.775 versos octosílabos, agrupados en quintillas.

II.   *Historia de Rut Moabita*: 648 versos octosílabos, en redondillas.

2. Para los detalles de la vida del poeta, véase Cecil Roth, «João Pinto Delgado. A literary disentanglement», en *The Modern Language Review*, vol. XXX (1935), pp. 19-25. Para todo lo relativo a los cristianos nuevos en Rouen y el documento sobre las actividades de Pinto allí, véase del mismo autor: «Les marranes à Rouen», *Revue des Études Juives* (1929), pp. 113-115. Deseo expresar mi gratitud a Cecil Roth por enviarme este artículo y por algunas útiles sugerencias que me hizo cuando vio una primera versión de este ensayo.

Desde que mi artículo apareció en inglés, han sido publicados algunos importantes trabajos en relación con Pinto Delgado: I. S. Révah, «Autobiographie d'un marrane; édition partielle d'un manuscrit de João Pinto Delgado», *Revue des Études Juives*, 3ᵉ série, II, n.º 119 (1961), pp. 41-130; Cecil Roth, «An elegy of João Pinto Delgado on Isaac Castro Tartas», 4ᵉ série, I, n.º 131 (1962), pp. 355-366; A. D. H. Fishlock, «The Rabbinic material in the *Ester* of Pinto Delgado", *Journal of Jewish Studies*, I (1949), pp. 131-143; «The shorter poems of João Pinto Delgado», *BHS*, XXXII (1954), pp. 127-140; «Lope de Vega's *La hermosa Ester* and Pinto Delgado's *Poema de la Reyna Ester*: a comparative study», *BHS*, XXXII (1955), pp. 81-97; «La Plainte de João Pinto Delgado sur le pillage des trésors du Temple», *Revue de Littérature Comparée*, 28ᵉ année, n.º 1 (1954), pp. 66-75; «The *Lamentaciones* of João Pinto Delgado», *Atlante*, III (1955), pp. 47-61; «Las fuentes bíblicas de las *Lamentaciones* de João Pinto Delgado», *Ibérida. Revista Filológica*, Río de Janeiro, n.º 6 (diciembre 1961).

El texto del volumen de Rouen ha sido editado por I. S. Révah, Lisboa, 1954.

IV. *Canción, aplicando misericordias divinas, y defetos proprios a la salida de Egipto asta la tierra santa*: 111 versos heptasílabos y endecasílabos en estrofas de a quince, con una corta final de seis.

V. *A la sabiduría*: 112 versos heptasílabos y endecasílabos en estrofas de a ocho.

VI. *Cántico a la salida de Egipto*: 126 versos heptasílabos y endecasílabos en estrofas de a seis. Este poema es una paráfrasis del Éxodo XV.

Todos estos poemas son de inspiración religiosa; cuatro de ellos derivan directamente de partes del Antiguo Testamento. En su dedicatoria al Cardenal Richelieu, Pinto Delgado se refiere a ellos como «[...] estas flores de las divinas letras, la historia de la Reyna Ester, las lamentaciones del Propheta Ieremías, y Rut, cuya luz siempre resplandece en el alma, aunque lo defienda el velo de la humildad de palabras humanas». Está contando las historias de la Biblia con sus propias palabras, pero reconoce que éstas no pretenden expresar todo lo que la Biblia puede revelar al lector devoto. El «velo de la humildad de palabras humanas que el mundo llama adorno» es, por cierto, «differente de aquella simple, y misteriosa textura, la qual dexándose entender luego, nunca se dexa totalmente penetrar, por la incapacidad de nuestra vista».[3] Pinto quiere decir que ha tratado de escribir poesías sobre temas sacros que satisficiesen el criterio estético de su propia época, pero las palabras de las Sagradas Escrituras tienen un origen sobrenatural y, por tanto, una «misteriosa textura» que un mero poeta no puede nunca imitar. El estilo elegante y humano es una cosa; lo que procede de Dios, otra.

Pinto vuelve sobre el mismo tópico en su prólogo al lector. Dice así: «Considera que no sin mucho cuydado, y dificultad se puede acomodar a la poesía humana, de que el mundo se agrada, el sagrado texto, que lleno de tantos misterios, se deve recelar

---

3. Pp. ã 1 vª-2 rª. En éste y en los sucesivos textos de Pinto, he conservado la grafía y puntuación originales, pero he modernizado su caótico uso de los acentos.

no sólo una palabra, mas una letra demasiada».[4] Si se refiere a
que la dificultad radica en preservar las profundidades del texto
bíblico en la versión «humana» o en hacer que el lenguaje bíblico se adapte al estilo actual de su propia época, no está claro.
Quizá, como hombre de letras judío, quisiera expresar ambas
cosas. El crítico, sin embargo, debe atender a la distinción fundamental que hizo entre las palabras sacras de la fuente y las de
su paráfrasis poética. Para el lector del siglo xx, el estilo de la
Biblia parece cumplir con ambos requisitos, el divino y el
humano; así pues, ¿por qué molestarse en leer un poema sobre
Rut o una paráfrasis de las Lamentaciones, cuando se puede leer
la excelente prosa del original hebreo, la versión del Rey Jacobo
o la Vulgata? Sólo acudirá a aquéllos en el caso de que el poeta
pueda dar un nuevo sentido al texto original; no hay razón para
que exista una paráfrasis inferior a él.

En los poemas sobre Rut y Ester, Pinto se atiene a la
narración bíblica y, a veces, la sigue versículo a versículo. La
división en nueve cantos del *Poema de la Reyna Ester* corres-
ponde a la división en capítulos del Libro de Ester, excepto que
los tres versículos del capítulo X van parafraseados al final del
noveno canto, en lugar de formar otro por sí mismo. La *Historia de Rut Moabita* es, en gran parte, una paráfrasis, versículo
por versículo, del Libro de Rut. Pinto no empieza *in medias
res,* ni hace importantes alteraciones en el orden del texto hebreo a lo largo de sus poesías. Así pues, no podemos encontrar
un plan original en ellos; la planificación se había hecho siglos
atrás. Tampoco existen en él dotes de gran narrador. Sería
incluso difícil seguir el hilo del relato si no tuviésemos su fuente
para guiarnos. Su preocupación por la idea de la elegancia según
la estética del siglo xvii, le hace emplear algunas veces un
innecesario eufemismo respecto del original; pocos lectores modernos encontrarán su relato sobre la negativa de Rut a dejar
a Noemi tan conmovedor como la narración que de este incidente hacen tanto el texto hebreo como el del Rey Jacobo o la

4. P. ã 3 rª.

Vulgata. Estos hechos, unidos a la falta de interés que los lectores españoles modernos muestran por todo poema demasiado largo, pueden explicar el abandono en que se halla la obra de Pinto en la España actual.

El estilo descriptivo de Pinto es superior al narrativo. En *Ester* hay una suntuosa descripción del festín de Asuero que recuerda mucho el estilo de Góngora en las *Soledades*. La descripción del aspecto y virtudes de la heroína en el mismo poema, es también ejemplo suficientemente representativo del mejor estilo literario de la España del siglo XVII.[5] La presunción y arrogancia de Amán están representadas más adelante semihumorísticamente, con un estilo que evoca a sir Epicure Mammon y al *Polifemo* de Góngora. Cuando, finalmente, Asuero se vuelve contra Amán porque supone que éste ha violado su honra matrimonial, nos hace pensar en los maridos ultrajados y vengativos del teatro español de los Siglos de Oro. Estas digresiones, por sí mismas, merecen ser estudiadas; muestran además que, en cierto modo, Pinto Delgado era un poeta muy de su época.

Ester también contiene otras digresiones de la narración bíblica que poseen un especial interés religioso. Pinto incluyó en su poema material tomado de los capítulos adicionales del Libro de Ester que no se hallan en la Biblia hebrea, pero que pasaron de la versión de los Setenta a la Vulgata y a los Apócrifos de la del Rey Jacobo; y también se encuentran en el Midrás de Ester. El poeta trató este material con una libertad mucho mayor de la que usó con el original hebreo. Así, el sueño de Mardoqueo es relatado dos veces en su fuente griega: en el capítulo décimo y una vez más en el onceno; Pinto utiliza sólo la segunda y deja que sus lectores supongan lo que el sueño significa, a pesar de que tenía a mano una interpretación que hubiera podido utilizar, de haberlo deseado. Las plegarias de Mardoqueo y Ester (XIII, 9-18 y XIV, 1-9) dieron probable-

---

5. Cuando Pinto describe sus ojos (p. 19), dice que muchas veces los tiene vueltos hacia el cielo, en el santo ejercicio de ardiente orante. Esta reminiscencia de las pinturas cristianas de su tiempo es quizá digno de notarse, tratándose de un poeta judío.

mente a Pinto la idea para similares pasajes en su poema; pero en ambas plegarias se aleja de la de los Setenta y extrae otras partes de las Escrituras hebreas para su composición. Además, colocó las plegarias en sitios diferentes de los que ocupan en su original (Vulgata o Midrás): en el poema, la plegaria de Ester tiene lugar entre el primero y el segundo banquete, no antes de que se acerque por primera vez a Asuero; el sueño de Mardoqueo es seguido por un soliloquio que se convierte, en el poema de Pinto, en una plegaria, mientras que en los Setenta el sueño y la plegaria van separados por el relato de la conspiración de Bigtán y Teres y la copia de la carta de Asuero. Estas plegarias son de las mejores composiciones del poema.

Que Pinto sintiese mayor respeto por el texto hebreo que por los Setenta, no sorprende. No se sabe si poseía gran conocimiento del hebreo, pero, al ser registrada su casa en Rouen, fue descubierto un rollo de pergamino escrito en esa lengua. Por otra parte, existen en sus poesías, como veremos más adelante, huellas de la Biblia española impresa en Ferrara en 1553. Roth señaló con qué prontitud desaparecieron muchas prácticas específicamente judías entre los cristianos nuevos: [6] ¿pudo Pinto haber adquirido el suficiente conocimiento del hebreo como para llegar a leer la Biblia y el Talmud durante los pocos años que transcurrieron entre su llegada a Rouen y la publicación de sus poesías? Quizá la habilidad lingüística de Pinto y sus oportunidades eran excepcionales: desde luego existen entre el *Poema de la Reyna Ester* y el tratado llamado *Megillah* determinadas coincidencias que no pueden ser mera casualidad. Dos ejemplos bastarán para ilustrar este hecho.

En el Libro de Ester se nos dice que Asuero consultó a «los sabios que conocían el tiempo» sobre lo que se debería hacer con Vasti. He aquí los versos de Pinto:

---

6. Véase particularmente el séptimo capítulo de *A history of the marranos*, Filadelfia, 1941, y el relato original en *The Jewish Quarterly Review*. New Series, XXII (1931), pp. 1-33.

Sabios del tiempo en el dolor consulta.

A los cautiuos de Iudá refiere
(Ayrado el Rey) la traça de su intento,
Mas nadie el cargo, temeroso, adquiere,
Si tiempo breue muda el pensamiento;
Y lo que un punto en premio se resuelve,
Otro en la pena, sin piedad se buelve.

Si el Rey (dizian) a morir condena
La Reyna, agora en el licor turbado,
Pacífico el furor, dará su pena
El injusto castigo al no culpado;
Y si su afrenta, al fin, no restituye [,]
El dominio Imperial se disminuye.

En la siguiente estrofa se expone el dilema de Asuero, a lo
cual los judíos responden:

Dizen. Quando, señor, nos fué contrario
El día, que en Sión el fuego vimos,
Assolado por tierra el Santuario,
Nuestra sciencia de juzgar perdimos;
Moab y Amón, que nunca vio destierro,
Iusgue la causa de su pena y yerro.

(pp. 10-11)

Para el lector no informado, los versos parecen no tener
sentido; ¿por qué tenía Asuero que consultar precisamente a
aquellos a quienes, por otra parte, estaba tan ansioso de destruir? El origen de todo el pasaje está en el Talmud:

Y el Rey dijo a los sabios: ¿Quiénes son los sabios? Los
Rabinos. Los que conocen el tiempo: es decir, quienes
saben cómo intercalar los años y fijar las nuevas lunas. Él
les dijo: Juzgadlo para mí. Ellos dijeron (para sí): ¿Qué
debemos hacer? Si le decimos que la mate, mañana estará
sobrio nuevamente y nos la reclamará. ¿Dirémosle que la
deje en libertad? Ella, entonces, perderá respeto por la rea-

leza. Así que le dijeron: Desde el día de la destrucción
del Templo, día en que fuimos exilados de nuestra tierra,
nos ha sido retirado el don de consejo y no sabemos cómo
juzgar en casos de pena de muerte. Id a Amón y Moab que
han permanecido en sus tierras, como el vino se ha posado
en sus heces. Así le hablaron y con harta razón, pues está
escrito que Moab había vivido tranquilo desde su juventud,
y se había posado en sus heces, y no había sido trasva-
sado de una a otra vasija, ni había sufrido cautiverio.
Por consiguiente conservaba su sabor y su aroma.

(Jer. XLVIII, 11)[7]

El otro paralelismo ocurre cuando (VI, 13) los sabios de
Amán y su mujer Zeres le dijeron: «Si Mardoqueo, ante quien
empiezas a doblegarte, es de la simiente de los judíos, no podrás
imponerte a él, sino que, seguramente, caerás ante él». En la
Biblia de Ferrara se lee:

y dixeron a él sus sabios y Zeres su muger si de simiente
de los Yudios Mordohay que començaste para caer delante
él no podrás a él mas cayendo caerás delante él.[8]

Así se lee literalmente: *cayendo caerás,* por lo tanto Pinto
decide repetir también el verbo *caer* cuando hace la paráfrasis
del versículo bíblico:

Si de Iudá te procedió la guerra,
Iusto el dolor, y justo es el recelo,
Que quando caye, caye humilde a tierra,

7. *The Babylonian Talmud Seder Mo'ed,* translated into English with
notes, glossary and indices under the editorship of I. Epstein; *Megillah,*
translated into English with notes, glossary and indices by Maurice Simon.
Londres, The Soncino Press, 1938, pp. 71-72 (12b). Agradezco al señor J. Da-
vidson el haberme permitido tomar citas de varias publicaciones de la Soncino
Press para este artículo.
8. *Biblia En lengua Española traduzida palabra por palabra de la verdad
Hebrayca por muy excelentes letrados vista y examinada por el officio de la
Inquisicion. Con priuellegio del Yllustrissimo Señor Duque de Ferrara,* Ferrara, 1553.

> Y quando sube, sube altivo al cielo;
> Que al polvo iguala, iguala a las estrellas,
> Postrado en él, o levantado en ellas.

(p. 76)

Aquí también han sido tomadas ideas del Talmud:

> Pero cayendo caerás. R. Judah b. Ila'i sacó provecho de
> este versículo diciendo: ¿Por qué son mencionadas aquí
> dos caídas? El amigo de Amán le dijo: Este pueblo es
> semejante al polvo y semejante a las estrellas. Cuando cae,
> llega al polvo, y cuando se levanta, se eleva a las estre-
> llas.[9]

No podemos estar seguros de que Pinto hubiese leído el Talmud. No obstante, me ha sido imposible descubrir en ninguna
versión española cualquiera de éstos u otros pasajes en los cuales
Pinto hubiese podido inspirarse. Quizá *Ester*,[10] la obra teatral
de Salomón Usque, que no he visto, haya sido la fuente; si no,
Pinto debe de haber leído el tratado llamado *Megillah,* o bien
una adaptación del mismo, o persuadido a otra persona a
traducirle varios pasajes relevantes.

La frecuencia de tales pasajes rabínicos en el poema de
Pinto le presta un interés arqueológico. El mero hecho de que
incorporara ese material no quiere decir que fuera un gran
poeta. Los casos citados arriba son curiosos, pero sólo el segundo
ejemplo muestra alguna originalidad de expresión, aunque lo
escrito en el primero sea aceptable. Más notable es el comienzo
de la *Historia de Rut Moabita,* donde hizo buen uso de las
ideas judías sobre el carácter de Elimelec.

El traductor inglés del Midrás de Rut [11] nos dice:

---

9.   *Tractate Megillah*, p. 96 (16 a).
10.   Véase Cecil Roth, «Salusque Lusitano (An essay in disentanglement)»,
The Jewish Quarterly Review. New Series, XXXIV (1943), p. 78. La obra
fue escrita en 1558 (?) y fue más tarde traducida al italiano.
11.   *Midrash Rabbah,* translated under the editorship of H. Freedman, and
Maurice Simon; *Ruth,* translated by I. Rabinowitz, Londres, Sonçino Press,
1939, p. VII.

Uno de los más interesantes y originales distintivos de este Midrás es la descripción de los caracteres de Elimelec, Rut y Boz. La clave de las aparentemente inmerecidas desgracias y calamidades que, sin tregua, persiguen los pasos de Elimelec, se halla en su carácter. El hambre, con cuya mención empieza el libro, no era devastadora; sólo escasez, causante del alza en el precio de los artículos y de penuria para el pobre. Elimelec no era uno de éstos. Al contrario, era uno de los dirigentes de su generación (véase Midrás I, 4, p. 21), aspirante al trono de Israel (II, 5, p. 29), y su partida de Belén no fue causada por falta de medios de subsistencia sino por el censurable propósito de rehuir sus responsabilidades para con el pobre que esperaba ayuda de él para sus desgracias (I, 4, p. 20). El castigo que cayó sobre él era, por esta razón, completamente merecido.

El poema comienza:

1   Al tiempo, que era Isräel
    Por jüezes governado,
    Siendo su daño el peccado
    Su llanto el refugio en él.

2   Después que passó el Iordán
    Con segunda maravilla,
    De nuevo heredó su silla
    Quien fué su nombre Abezán.

3   Faltando en el hombre el zelo,
    Que alcansa el eterno fruto,
    El campo negó el tributo,
    Sus influencias el cielo.

4   Al centro le contradize
    La espiga, en lo que señala,
    Qual hombre, a quien no se
                        [iguala
    La obra con lo que dize.

5   Es heno, que inculto, y vano
    En el tejado creció,
    Que el hombre, en lo que juntó
    No pudo cargar su mano.

6   Falta el gusto, y sobra el daño,
    Que quien el sustento olvida

    Del alma, en su misma vida,
    Lo niega a la vida el año.

7   La tierra en su ingratitud,
    Muestra el mal, el bien encierra,
    Que mal produze la tierra,
    Si muere en flor la virtud.

8   El verde honor, que en el prado
    En oro el tiempo resuelve,
    Piedras son, si en piedra buelve
    Al coraçón su peccado.

9   El labrador ve perder
    Su esperansa, entre el espanto,
    Y, pues no sembró con llanto,
    Sembra [sic] su llanto al coger.

10 Varón de Iudá, que entiende
    Del cielo la voluntad,
    A los campos de Moab
    Bolver sus años pretende.

11 De Betlén descansa allí
    Elimelec, a quien son
    Sus hijos Maalón, Chilón,
    Y su consorte Naomí.

(pp. 317-319)

El pasaje empieza con la paráfrasis de las primeras palabras de Rut:

> Y fué en días de juzgar los juezes y fué fambre en la tierra [...]

Puesto que en el segundo capítulo de los Jueces se relata cómo Israel «llegó a adorar a dioses falsos y se postró ante ellos» en los días en que los jueces juzgaban, Pinto introduce la idea del pecado, castigo y arrepentimiento que desarrolló en las siguientes estrofas. Después de un recordatorio de la merced que Dios hizo a su pueblo al cruzar el Mar Rojo y el Jordán, la escena se desarrolla en la época de Ibzán; aquí el poeta sigue una tradición judía, porque aquélla es la época asignada a la historia en el Midrás (III, 6, p. 47). La tercera cuarteta menciona ambas cosas, pecado y castigo; los frutos terrestres fueron negados al hombre cuando éste descuidó ganar los espirituales. (Los poemas del Midrás nos cuentan que el hambre era un castigo, bien porque los judíos mostraron negligencia en el funeral de Josué, o por su pereza y la de sus profetas, o por su rebeldía y orgullo.) Al seguir leyendo, vemos que existe una especial adecuación entre el castigo del hambre y el pecado de hipocresía: el hombre que sólo es devoto de palabra es como el mal grano que engaña la vista con su vaina vacía. La misma idea se repite luego en una serie de metáforas bíblicas. Tomada literalmente, la quinta cuarteta quiere decir que las espigas de los versos anteriores son tan inútiles como el heno sobre los tejados de las casas, del cual el granjero nunca llega a obtener un haz; pero los versos también pueden significar que el hipócrita es como ese heno. En todo caso, la *espiga* se identifica con el *hombre,* así como con el *heno*. El símbolo del heno sobre los tejados aparece varias veces en la Biblia. En el Salmo CXXIX, 6 (Vulgata CXXVIII):

> Sean [los perversos] como la hierba en los tejados, que se seca antes de granar;
> De la que no llena su mano el segador; ni su regazo aquel que recoge las gavillas.

Y en Isaías XXXVII, 27:

> Por lo tanto sus habitantes [de las ciudades amuralladas]
> estaban sin fuerza, espantados y confusos; serían como la
> hierba de los campos, verdura tierna, y como el musgo en
> los tejados, y como grano marchito antes de crecer.

Pinto se sirve de los dos pasajes. El primero es, evidentemente, el origen de los dos últimos versos de la cuarteta, pero el versículo de Isaías identifica el grano con la hierba sobre el tejado porque ambos representan el sino de los habitantes de las ciudades asirias amuralladas. Comparando los dos textos bíblicos, uno al lado del otro, es obvio que el poeta utilizó ambos y, por su significado, pudo idear una metáfora ambigua (heno-espiga, heno-hombre) que afianzase su propia intención. La ambigüedad ha sido deliberadamente usada para producir una admirable densidad de expresión. La repetición aparentemente oscura de la palabra hombre es también efectiva: el primer hombre es el hipócrita; el segundo es el que cosecha los frutos de la hipocresía, es decir, es el mismo hipócrita. Los versos siguientes son de expresión intrincada. Si un hombre olvida el alimento de su alma en su vida espiritual, el año —las estaciones, la naturaleza— le negará el sustento para su vida terrenal, para su cuerpo. En la séptima cuarteta existe otra ambigüedad deliberada, estoy seguro. Los frutos de la tierra no maduran si la flor muere; el hombre que tan sólo habla de la virtud y no la practica produce flores pero no frutos. Dios ha dispuesto la vida de tal modo, que el hambre es la recompensa del hombre espiritualmente infructuoso. De aquí que las improductivas cosechas son, al mismo tiempo, metáfora del hombre que no procura hacer buenas obras y, tomadas literalmente, su castigo. La ambigüedad radica en la palabra *su* del primer verso de esta cuarteta: *su* se aplica tanto a la tierra desagradecida para con el hombre, como al mismo hombre, desagradecido a su vez para con Dios. Los siguientes versos subrayan lo antedicho. El hombre de corazón empedernido encuentra el alimento conver-

tido en piedra. La expresión es aquí más directa; existe un
fuerte contraste entre la imagen evocadora del verde honor
de los prados que se convierten en oro, en los dos primeros
versos, y las *piedras son* del tercero. En la novena cuarteta, el
interés se traslada de la cosecha malograda al granjero responsable de ella. «Los que con llanto siembran, en júbilo cosechan»
(Salmo CXXVI, 5; Vulgata CXXV, 5). «El que siembra iniquidad cosechará desventura» (Proverbios, XXII, 8). Pinto ha
combinado estos dos versículos entrelazando las palabras del
primero con el sentido del segundo. El labrador es el hombre
injusto que, si en realidad no siembra iniquidad, tampoco cumple con su deber. ¿Quién es? La respuesta es: Elimelec. El largo paréntesis que explica la causa del hambre se redondea volviendo a la paráfrasis del versículo con el que el poema había
empezado:

> [...] y fué fambre e*n* la tierra; y anduuo varó*n* de Bethle-
> hem de Yehudah por peregrinar en ca*m*pos de Moab él y
> su muger y sus dos hijos. Y nombre del varón Elimelech
> y nombre de su muger Nahomí (hermosa) y no*m*bre de sus
> hijos Mahaló*n* y Chiló*n* Ephratéos de Bethlehem de Ye-
> hudah [...]

Toda esta digresión es ociosa, ajena al poema, a menos que
tomemos a Elimelec por aquel cuya culpa fue castigada por el
hambre y simbolizado por el grano podrido. Se nos dice que
aceptó lo decretos del Cielo; significativamente, no se nos dice,
en cambio, que los cumpliese. El Midrás nos dice que él:

> era uno de los notables del lugar y uno de los dirigentes
> de su generación. Pero cuando el hambre llegó, dijo, «Ahora
> todo Israel vendrá a llamar a mi puerta [en busca de auxi-
> lio], cada cual con su cesta». Así que emigró y huyó de
> ellos.
>
> (I, 4, p. 21)

Él sabía que debería ser caritativo, pero rehuyó su obligación.

En estos versos, Pinto usó deliberadamente la ambigüedad y la repetición para dar énfasis a lo que quería decir. Las repeticiones son enfáticas: hombre-hombre-hombre, olvida-vida-vida, tierra-mal-mal-tierra, piedras-piedra, sembró-sembra. Y en la décima cuarteta usó otro recurso —a mi entender, de su invención— par hacer resaltar el pecado de Elimelec. El lector atento habrá advertido que en esta cuarteta, *Moab* y *voluntad* no son verdaderas rimas, mientras que las otras sí lo son.[12] Este aparente descuido es tan deliberado como las repeticiones. En el prefacio «Al lector», Pinto admite que escribió esta defectuosa rima expresamente para mostrar el error de Elimelec:

> En lo que consiente, se siguieron las metáforas proprias, y necessarias, y contraposiciones; como [...] en la historia de Rut copla 10. Errado el consonante de voluntad, y Moab, en mostrarse el yerro de Elimelec por salir del culto divino a las tierras de la gentilidad, no por pobreza, mas a lo contrario, como se ve.

El pecado de Elimelec encuentra eco en la rima imperfecta, pero no podemos comprender que su huida fuese pecaminosa, a menos que tomemos todo el paréntesis como referido específicamente a él.

En estos versos, Pinto no se ha limitado a versificar una interpretación tradicional: utiliza el material poéticamente. Se le hace sentir al lector lo infructuoso de la hipocresía. Pinto comenzó su poema parafraseando la primera parte del primer versículo de Rut, pero, antes de completarlo, se aparta del tema usando otras partes de las Escrituras para subrayar que el hombre es responsable de sus acciones y que sufrirá si desatiende lo que sabe que es su deber. El tono de su estilo es grave y solemne; está respaldado por las metáforas de las Escrituras y vigorizado por los conceptos expresados con la austeridad del

---

12. La rima de *Moab* con *piedad* aparece en las *Lamentaciones del Propheta Ieremías*, de Pinto, p. 146. El pasaje se refiere a los pecados de Israel durante el gobierno de los Jueces.

siglo XVII. Después de leer este pasaje, vemos que la digresión es tan sólo aparente, porque consiste en una especial preparación para lo que sucede más adelante: así como Elimelec desaparece en pecado, Rut vuelve con la virtud. Pinto tomó el punto de vista rabínico sobre los actos de Elimelec y lo expresó tan lógicamente que todo el mundo puede apreciar su importancia moral. Su verdadero propósito es mostrar cómo la negligencia espiritual afecta a la prosperidad terrenal —«donde no hay visión, el pueblo perece» (Proverbios, XXIX, 18)— y su éxito se debe a que supo concentrar una antigua tradición de interpretación bíblica en un método más nuevo de expresión poética. El resto del poema posee menos mérito que este comienzo; aquí, sin embargo, el poeta ha hecho una declaración poética aceptable para quienes de otro modo rechazan las enseñanzas del Midrás.

Menéndez y Pelayo consideró que la mejor obra de Pinto Delgado era su paráfrasis de las Lamentaciones de Jeremías. «Nunca se elevó a más altura Moseh Pinto Delgado; nunca hizo tan gallarda muestra de su fluidez métrica y de la viva penetración que tenía de las cosas bellas, como en su paráfrasis de los *Trenos de Jeremías,* que es la mejor corona de su memoria. Apenas hay mejores quintillas en todo el siglo XVII, y de fijo ningunas tan sencillas, inspiradas y ricas de sentimiento.» [13] El gusto de Menéndez y Pelayo en cuestiones poéticas era casi siempre justo, excepto cuando escribió sobre Góngora y sus epígonos; aquí la alabanza debe ser restringida —los versos de Pinto no siempre son sencillos— pero el juicio sobre los extraordinarios méritos de las Lamentaciones no puede ser desechado totalmente.

Como ya se ha dicho más arriba, este poema está dividido en 44 secciones, cada una de las cuales está basada en el correspondiente versículo de los dos primeros capítulos de las Lamentaciones. La traducción en prosa de cada versículo constituye el encabezamiento de cada meditación. En cada caso la traducción

---

13. *Historia de los heterodoxos españoles,* V, p. II (p. 340 del vol. V en la edición publicada en Buenos Aires, 1945).

es una modificación de la versión de Ferrara, modificación que, a veces, revela claramente también la influencia de la Biblia protestante (Biblia del Oso) de Casiodoro de Reyna. En lugar de citar muchas de las diferentes partes del poema, he elegido, después de vacilar algo, la meditación sobre I, 18 para ilustrar su método de composición. La traducción en prosa de ese versículo es la siguiente:

> Iusto es el Señor porque su dicho rebellé; oyd agora todos los pueblos, y ved mi dolor (:) mis virgines y mis mancebos anduvieron en cautiverio.
>
> (p. 194)

Aquí Pinto apenas ha modificado la versión Ferrara; incluso la forma arcaica *rebellé* ha sido conservada, aunque la abreviatura *.A.* para el Divino Nombre haya sido reemplazada por *el Señor,* y la ortografía modernizada.[14] El versículo va luego parafraseado como sigue:

1   La justicia es mi castigo
    Mi culpa quien mereció
    La afrenta de mi enemigo,
    El cielo en ella el testigo,
    Y quien la padece yo.

2   Pues antes que diesse el día
    Al Oriente el resplandor,
    Por sus Prophetas oía
    Aquella voz del Señor,
    De que, ignorante, reía.

3   Con ansia de ver, que estava
    Qual mármol mi coraçón
    A lo que, amante, traçava
    Tal vez mostrava passión,
    Tal vez della se olvidava.

4   El animal furioso
    Conoce, por varios modos,
    Quien fué, a su vida piedoso,

    Mas yo, más cruel que todos,
    Negué mi proprio reposo.

5   El buey conoce el lugar,
    Y su pesebre no olvida,
    Mas yo por considerar
    Quien era mi propria vida,
    Mi vida quise olvidar.

6   El lirio del campo e sido,
    Y de los valles la rosa,
    Delicias de mi querido,
    Diziendo. Viene mi hermosa,
    Que por buscarte é venido.

7   Passado el invierno duro
    Dexó la tierra el nublado,
    Y en él, amante, procuro
    Que el sol, con rayo dorado,
    Renueve tiempo seguro.

14.   He aquí la transcripción literal de Lamentaciones I, 18, en la versión de Ferrara: Justo es .A. porque su dicho rebellee: oyd agora todos los pueblos y veed mi dolor: mis virgines y mis mancebos anduuieron en captiverio.

8   La tierra brota sus flores,
Que en la suavidad conbidan
A refirir mis amores,
Con canto los ruyseñores,
Que entre los ramos se anidan.

9   Yo, que obligada devia
Seguir de su voluntad
La gloria, que me offrecía,
Seguí, tras mi vanidad,
Errores de mi porfía.

10   No buela con tanto estruendo,
La flecha, que las estrellas
Parece que va siguiendo,
Como a sus vozes huyendo,
Tratava apartarme dellas.

11   O pueblos, que no entendeis
Qual fue mi proprio rigor,
En este estremo, que veis,
Yo ruego que me escuchéis
Las causas de mi dolor.

12   Pues fue mi desobediencia
De mi maldad el indicio,
Quiso la eterna clemencia

Executar, en su ausencia
El golpe en mi sacrificio.

13   Mis donzellas regaladas,
En poder de dueño injusto
Cautivas van, y afrentadas,
Sin ser del cielo, aunque justo
Sus lágrimas escuchadas.

14   Quando rebienta su quexa
Del desmayado respiro,
Tanto el alivio se alexa,
Que en la mitad del suspiro
El alma, huyendo, la dexa.

15   Los mancebos, que en valor
Mostravan pechos altivos
Humilla un duro señor,
Atados como cautivos
Por manos de su offensor.

16   Señor [,] si desta prisión
Fue instrumento el peccado,
Les sirva, para perdón,
La memoria de otro atado,
Que alcansó tu bendición.

(pp. 194-198)

La paráfrasis va siguiendo las tres secciones de que consta el versículo. «Justo es Yavé» (*La justicia es mi castigo*); «pues yo fui rebelde a sus mandatos» (*Seguí tras mi vanidad, Errores de mi porfía*); «¡Oid, pueblos todos!» (*O pueblos que no entendeis*); «contemplad mi dolor» (*Yo ruego que me escucheis | Las causas de mi dolor*); «Mis doncellas» (*Mis donzellas regaladas*); «y mis mancebos» (*Los mancebos*); «han sido al cautiverio (*Cautivas van [...] como cautivos*). Aunque Pinto sigue cuidadosamente la triple construcción del versículo bíblico, sus versos no encajan en las tres partes separadas; las estrofas son una sucesión y cada una de ellas conduce cuidadosamente a la siguiente.

La justicia del castigo de Jerusalem implica que su pecado era horrendo; consistía en mofarse de la palabra de Dios revelada por sus profetas, y en endurecer el corazón cuando Él le mostraba su amor. Incluso los animales salvajes recuerdan a sus benefactores y

> Conoce el buey a su dueño y el asno el pesebre de su amo;
> pero Israel no entiende, mi pueblo no tiene conocimiento.
> (Isaías, I, 3)

Sigue una evocación de los tiempos en que Israel gozaba del amor de Dios, expresada poéticamente en la metáfora del Cantar de los Cantares:

> Yo soy la rosa de Sarón y el lirio de los valles [...]
> Mi amado habló y me dijo, Levántate amada mía, hermosa mía y ven.
> Que ha pasado el invierno y las lluvias han cesado;
> Ya las flores aparecen sobre la tierra; ha llegado el tiempo en que cantan los pájaros y se deja oír en nuestra tierra el arrullo de la tórtola.

Dos estrofas subrayan la enormidad de sus pecados: la vanidad y el deliberado apartamiento de Dios. Luego, las demás naciones son llamadas a ser testigos del castigo: el cautiverio de las doncellas y de los jóvenes. Finalmente, el poeta redondea todo el pasaje arguyendo con el ejemplo del sacrificio de Isaac que obtuvo la bendición de Dios.

En las *Lamentaciones del Propheta Ieremías,* Pinto se aleja del error que había cometido tanto en *Rut Moabita* como en la *Reyna Ester.* Aquí ya no sigue la narración versículo a versículo; el modo meditativo le permite seleccionar y rechazar. En este poema, cada versículo de las Lamentaciones le autoriza a escoger su material de cualquier otra parte del Antiguo Testamento adecuado a su propósito. Incluso los eufemismos son perdonables en estas estrofas porque la comparación con el original no salta en el acto a la mente del lector, ya que ignora qué alusiones seguirán después. Pinto escribe poesía y usa la Biblia para inspirarse; en los otros dos poemas nos parece, en ocasiones, percibir que su principal propósito es ajustar las

Escrituras a oídos mundanos. En el extracto que acabamos de ofrecer puede hallarse la fuente bíblica de la mayor parte de las imágenes —he citado sólo las alusiones más obvias— pero él las combina de un modo original o las modifica para producir un efecto especial. Al mismo tiempo, no pierde de vista el versículo de Jeremías sobre el cual está meditando. Aquí no existe conflicto entre el hombre de letras y el comentarista de la Biblia.

Era asunto algo difícil escoger el extracto adecuado de las Lamentaciones para ilustrar este artículo. Varias partes del poema hubieran servido. He escogido ésta por su variedad de sentimientos en un espacio relativamente reducido. Existe un sutil contraste entre el tono profundo de las estrofas del comienzo y el lirismo de las que el poeta toma del Cantar de los Cantares, seguidas por versos de una concisión calderoniana:

> Seguí, tras mi vanidad,
> Errores de mi porfía.

El símil de la flecha es vívido y la invocación a los demás pueblos es retóricamente eficaz. El dolor de las vírgenes está descrito en una de las menos acertadas estrofas (*Quando rebienta su quexa* [...]), pero parecidas faltas de gusto se hallan en muchos buenos poemas del siglo XVII. La última estrofa se revela como una completa sorpresa —nada hay en el versículo bíblico para que el lector esté preparado— y la emocionante y sencilla expresión de la redención a través del sufrimiento constituye el magnífico desenlace de esa parte.

En este artículo he tratado de mostrar que la poesía de Pinto Delgado es algo más que una simple curiosidad arqueológica. También he señalado aspectos de tono peculiarmente judío que merecen la investigación y exploración por parte del estudioso de asuntos rabínicos.[15] Algunos ejemplos han sido

---

15. A. D. H. Fishlock ha hecho mucho por aclarar las fuentes rabínicas de Pinto. Véase más arriba la nota 2.

citados para demostrar que Pinto fue un hombre de su época, familiarizado con la obra de otros poetas españoles. El *Poema de la Reyna Ester* muestra que había leído a Góngora y aprendido de él; y existen reminiscencias de Jorge Manrique en las Lamentaciones. Varios tópicos de la poesía postrenacentista aparecen de vez en cuando en sus páginas: el pavo real con su desplegada cola y feas patas (p. 155), el pájaro que encuentra que su nido ha sido robado (p. 266), el lugar común, tantas veces citado por Cervantes: *Per troppo variar natura è bella* (p. 23), etc., etc. Pinto, indudablemente, tenía bastante conocimiento de lo que otros poetas españoles habían escrito ya; no es fácil decir cuánto les debía.

En cierto modo, se aleja completamente de las prácticas de sus contemporáneos. No hay referencias mitológicas en sus escritos, ni siquiera cuando habla un descreído como Amán. Probablemente, Pinto consideraba toda referencia ornamental a los falsos dioses como idolatría. Este hecho, sin embargo, no quiere decir que no hubiese aprendido de otros que hacían uso de la mitología en sus obras. Desde los tiempos de Santob de Carrión, es poca la poesía judía escrita en la Península. Así pues, Pinto tenía que formar su estilo sobre modelos cristianos. Podemos suponer, naturalmente, que había leído a Garcilaso, Góngora y Camões; pero no podemos estar seguros de que supiese nada sobre San Juan de la Cruz o fray Luis de León. De sus contemporáneos, bien pudo haber leído a Lope de Vega y Quevedo, en cuyas obras encontraría poesía religiosa o ascética que no era diferente de la suya. Quevedo también escribió una paráfrasis del primer capítulo de las Lamentaciones y aquí también cada sección lleva un prefacio consistente en la supuesta traducción literal del hebreo. Esta obra fue escrita antes de 1613, pero no se publicó hasta el siglo xix; no es improbable que Pinto viese una versión manuscrita. Tanto en las obras de Lope como en las de Quevedo, sin hablar de otros escritores de menos importancia, pudo haber encontrado diferentes estilos para sus propios temas favoritos: pecado, castigo, penitencia, perdón. Existe un nutrido grupo de esta poesía penitencial en español (algunas de considerable mérito), desde mediados del siglo XVI en adelante; probablemente Pinto encontró en ella tema y estilo que emular.

Después de la extraordinaria riqueza de la poesía española en los primeros veinte años del siglo XVII, se produce un descenso no menos notable. Mucho se escribió, pero poco ha perdurado. Ingeniosas imitaciones de Góngora, burdas consecuencias de las burlescas de Quevedo, algunos versos sobre temas frívolos, jocosas parodias de las *Metamorfoses*... tal es el contenido corriente de los libros de poesía a través de las décadas tercera y cuarta del siglo. Pinto Delgado no es tan gran poeta como alguno de sus predecesores españoles, pero su obra es superior a la de algunos de sus contemporáneos reimpresos recientemente. Es, con seguridad, superior a otros poetas marranos de su siglo, a pesar de sus ocasionales asperezas y torpes construcciones. Enrique Gómez y Barrios son superficiales y difusos: Pinto es más concentrado y al mismo tiempo más serio. Quizá a veces sea conveniente para un poeta estar alejado de su patria; puede, si su estilo está formado, desarrollar su talento de modo más provechoso cuando está aislado de las costumbres frívolas de sus contemporáneos. Las construcciones ocasionales y erróneas pueden atribuirse, probablemente, a que escribía en una lengua extraña y en un país extranjero. Tampoco escribió sólo para mostrar su destreza; lo hizo para ejemplificar, para aclarar las verdades religiosas. Esta meta también tiene sus peligros. Pinto los eludió en su mejor trabajo. *Ester* y *Rut* son, a veces, obras prosaicas, o demasiado literales, o demasiado eufemísticas, pero el comienzo de *Rut* y la mayor parte de las Lamentaciones no adolecen de esas características. Son también notables los dos poemas originales más cortos.

La obra de Pinto sin duda interesará a los lectores judíos, a causa de las alusiones rabínicas que contiene. Y por la misma razón, aunque parezca extraño, a los católicos. De todos modos, el mérito de la poesía radica en la manera en que las actitudes judías son expresadas, y no sólo en el hecho de que se expresen. Usó ideas judías del mismo modo que otros poetas españoles usaban las católicas. La oda de fray Luis de León a la Ascensión puede ser comprendida por cualquier lector de cualquier credo religioso; quienes no son judíos pueden igualmente conmoverse con la descripción que Pinto hace de las tribulaciones de Sión.[16] Luis de León y Pinto no hubiesen podido escribir como lo hicieron si el primero no hubiera sido cristiano y el segundo judío; pero ambos fueron capaces de utilizar sus respectivas confesiones religiosas de tal forma, que sus lectores sienten las verdades universales humanas en sus afirmaciones, aunque cada uno de los dos poetas escribió expresamente para lectores de su propia fe. La mejor poesía religiosa del mundo ha sido escrita por hombres de arraigadas, profundas y definidas creencias, pero es accesible a otros que no comparten esas creencias. Un cristiano puede aceptar el Elimelec de Pinto, aun sin creer que el auténtico Elimelec se marchase de Tierra Santa para eludir la distribución de alimentos entre los pobres.

He mencionado ya mi parecer de que Pinto estuvo influenciado por la poesía española de la Contrarreforma. Sus expresiones de contrición y desilusión tienen paralelos cristianos. Muchos de sus recursos técnicos son los usados por poetas españoles que escribieron poco antes de que su libro fuese publicado. A pesar de que su obra no influyó nunca en escritores españoles posteriores, nace del cuerpo principal de la poesía española y debería ser estudiada dentro de esa poesía.[17]

16. Con esta comparación no quiero dar a entender que el poema de Pinto Delgado sea tan bueno como el de fray Luis de León.

17. Debo agradecer al profesor I. González Llubera su cuidado y molestia en leer este ensayo y las sugerencias que hizo para mejorarlo.

9

INQUISICIÓN Y CENSURA EN LA ESPAÑA DEL SIGLO XVII

«Inquisitors as censors in Seventeenth-Century Spain», en *Expression, communication and experience in literature and language. Proceedings of the XII Congress of the International Federation for Modern Languages and Literatures,* celebrado en la Cambridge University del 20 al 26 de agosto de 1972, ed. Ronald G. Popperwell, The Modern Humanities Research Association, 1973, pp. 38-56.

Censura, en la actualidad, se considera palabra repugnante. Con cuánta frecuencia los semicultos semanarios ingleses nos dicen que todas sus manifestaciones tienen que ser malas. Recuerdo a la vehemente joven que, después de haber escuchado una conferencia sobre literatura moderna, se dirigió indignada al conferenciante y exclamó: ¡Usted está recomendando la censura! ¡No debiera permitirse la publicación de su conferencia! No obstante, algunas personas que estiman inocentes las antologías del Marqués de Sade que se venden como libros de bolsillo en las estaciones de ferrocarril, sienten escrúpulos sobre la circulación de *La cabaña del tío Tom* o *El negrito Sambo*. Es arduo trabajo tratar de que desaparezca toda forma de censura. Quizá debo declarar desde ahora, francamente, mi creencia de que la divulgación de algunos libros no es aconsejable. Esto no quiere decir que yo acepte todas las actividades que me propongo exponer aquí. Pero el investigar con algún detalle ciertos casos de censura en el pasado, puede ayudarnos a evitar similares estupideces o bien a encontrar reglas apropiadas para guiarnos.

Las consecuencias de la publicación del *Índice* inquisitorial de 1559, sancionado por don Fernando de Valdés, arzobispo de Sevilla e Inquisidor General de España, para la literatura española son harto conocidas. Gracias a Marcel Bataillon, Joseph Gillet y otros eruditos, podemos ver que, desde un punto de vista literario, fueron desastrosas: en poesía, en el teatro español primitivo, en la novela, en traducciones a la lengua vernácula tanto de los clásicos como de escritores italianos, incluso Boccaccio y Ariosto. La literatura devota de la época fue también implacablemente censurada; aún las obras de San Francisco de Borja fueron proscritas hasta que llegó a ser General de los jesuitas.[1] Dejaré a un lado el siglo XVI y me limitaré al XVII. Por lo que respecta al siglo XVIII y primeras décadas del XIX, han sido bien explorados a este respecto —entre otros— por Nigel Glendinning y John C. Dowling.[2] El primer ejemplo al que me referiré ya ha sido estudiado principalmente por Dámaso Alonso a quien la primera parte de esta conferencia debe muchísimo.[3] No me disculpo por seguir sus pasos, pues este tema es ampliamente conocido por los especialistas y yo poseo una migaja de nueva información que añadir al suculento banquete ofrecido por mi maestro y otros investigadores.

Don Luis de Góngora y Argote, quizás el poeta más versátil que haya escrito en España, murió el domingo de Pentecostés, 23 de mayo de 1627. Durante los últimos años de su vida había intentado recopilar sus poemas, pero la muerte frustró aquellos planes. El 24 de diciembre del mismo año, fue tasado oficialmente un libro cuya portada llevaba la fecha de 1627 y se titulaba *Obras en verso del Homero español, que recogió Iuan Lopez de Vicuña.* Y aunque el nombre de Góngora no aparecía en la portada y el apelativo de «Homero español» no era apropiado, casi todos los poemas que contiene son de Góngora. Dos hechos extraños salen a relucir de los preliminares. La licencia, otorgada por fray Juan Gómez, de la Orden Premons-

1. El *Índice* de Valdés fue republicado en facsímile por la Academia Española en 1952. Marcel Bataillon, *Erasmo y España,* segunda edición española, México, 1966. Bartolomé de Torres Naharro, *Propalladia and other works,* editados por Joseph E. Gillet, Bryn Mawr: Pennsylvania, I (1943), pp. 55 ss.

2. Nigel Glendinning, *Vida y obra de Cadalso,* Madrid, 1962; prefacios a las *Noches lúgubres* de Cadalso en Clásicos Castellanos y, en colaboración con Lucien Dupuis, a las *Cartas marruecas,* Londres, 1966. John C. Dowling, «The Inquisition appraises *El sí de las niñas,* 1815-1819», *Hispania,* XLIV (1961), pp. 237-244.

3. Véase el brillante prefacio de Dámaso Alonso a la edición facsímile de las *Obras en verso del Homero español,* Madrid, 1963, pp. XIII-LXXIX. Alguna información adicional va contenida en Edward M. Wilson, «Variantes nuevas y otras censuras en las *Obras en verso del Homero español*», *BRAE,* XLVIII (1968), pp. 35-54.

tratense, está fechada en 15 de enero de 1620; la de Vicente
Espinel, autor de una famosa novela picaresca, va datada en
20 de febrero del mismo año. Probablemente, pues, el libro
había sido impreso siete años antes de la fecha que aparece en
la portada. El otro rasgo curioso es que el editor —Juan López
de Vicuña— decidió dedicar el libro al cardenal Antonio Zapata,
Inquisidor General.

Según las declaraciones que más tarde hizo Vicuña al propio
Inquisidor General, el retraso en la publicación había sido causado por oposición del mismo Góngora. En realidad, las *Obras
en verso del Homero español* no contienen auténticos poemas
gongorinos que puedan fecharse más tarde de 1620. (La cronología de las poesías de Góngora está suficientemente estable-
cida.) Vicuña afirmó que el texto procedía de un manuscrito
perteneciente a un amigo del poeta en Córdoba; Dámaso nos
dice que casi siempre es fidedigno, exceptuando algunas erratas
de imprenta fáciles de corregir. El impresor (o quizás Vicuña)
parece haber deseado dar a los compradores calidad a cambio
de su dinero, ya que añade algunos poemas de muy dudosa autenticidad para rellenar el último pliego del libro; consta de
ocho páginas, y en ellas, el poema burlesco de Góngora *La Tisbe* sólo ocupa tres. Uno de los textos dudosos es en realidad
de Góngora: ¡aparecido ya con anterioridad en el libro! El volumen también contiene dos de los tres poemas *cultos* que
habían causado escándalo literario tan grande algunos años
atrás: el *Polifemo* y las *Soledades,* si bien faltan algunos versos
del final de este último. Y recoge además algunos poemas satíricos del mismo Góngora que él nunca tuvo intención de publicar. Estas sátiras causaron, evidentemente, resquemor de conciencia entre libreros y editores, probablemente después de que
la edición fue puesta a la venta. En la hoja 20 (C 4 rª) figura
un soneto sobre una prostituta llamada Isabel de la Paz; en el
verso de la misma hoja aparecía otro dirigido *A D. Francisco de
Queuedo que quiso traduzir vn libro en Griego, que no enten-
dia.* Estos dos poemas se oponían claramente a la regla XVI
inquisitorial, en tanto que prohibía *facetiae & dicteria in offen-*

sam & praejudicium proximorum.[4] Quevedo, cuya versión de
Anacreonte (sin publicar hasta 1794) se criticaba aquí, estaba
todavía muy vivo en 1628. Y así, en algunos ejemplares del libro
—tres, entre la docena de que tengo detalles— esta hoja y la siguiente que conjunta con ella han sido reemplazadas por otras
dos en las cuales se convierte a Isabel en «aquella tal por
cual» y el nombre de Quevedo, a su vez, fue omitido; el soneto contra él se encabeza *A vn Cauallero que quiso traduzir
vn libro en Griego, que no entendía.* Las nuevas hojas no fueron
obra del impresor original.[5]

Más adelante, en el mismo volumen, se hizo otro cambio.
Aparece en siete de los doce ejemplares. En dos poemas —hojas
57 vª y 58 rª (H 1 y H 2)— existían también algunas alusiones
personales, una a un tal «Miguel Musa» (a veces identificado con
Quevedo) y otra a un bufón llamado «Sotés». El poema a
Musa se suprimió por completo; la tipografía se sustituyó con
adornos de imprenta y titulares para rellenar el espacio y en el
otro, el nombre de Sotés fue retirado y sustituido por el más
común de Cortés. Estas dos hojas incurrían en desacato a la
ya mencionada regla inquisitorial, así que fueron retiradas y
sustituidas, y el proceso de sustitución afectó también a los
folios conjuntos 63 y 64. Así pues, los ejemplares de la edición
de Vicuña de 1627 son de cuatro clases: los que no tienen supresiones, los que suprimieron dos sonetos, los que suprimen
el poema a Musa y los que sufrieron ambas supresiones.[6] Como
veremos más adelante, un ejemplar con los dos sonetos en su
forma original fue la causa de futuras dificultades para el editor.

Existen también variantes menores en los diferentes ejemplares que anoté. Éstas se hicieron en el curso de la impresión.
Algunas de ellas afectaron al texto, pero tales alteraciones parecen ser, en todo caso, obra del corrector de pruebas y tienen

4. Cito del *Índice* de Madrid, **1667, fol. C 4 vº.**
5. Dámaso Alonso, *op. cit.*, pp. XXI-XXIII.
6. Wilson, art. cit., pp. 43-45.

poca autoridad. Fueron muchos los quebraderos de cabeza que ocasionó el libro; y con ello, poco ganaron los editores.[7]

Apareció, sin duda, muy a fines de 1627 o en los comienzos de 1628. El 27 de enero la Inquisición recibió una denuncia sobre el caso, hecha por el padre Hernando Horio (conocido por haber escrito un poema en alabanza de Santa Teresa de Ávila en 1614), quien se titulaba a sí mismo censor de la Inquisición y capellán del cardenal. Atacó diez pasajes de la obra, tres de los cuales referentes a los poemas que servían de relleno en la última compilación. Acusaba al poeta de usar palabras santas con intenciones profanas, de mofarse del clero y de los religiosos, de obscenidades y blasfemia; todo esto suponía la retirada del libro. Dedicar una obra semejante al Inquisidor General constituía un insulto; los primeros censores habían incurrido en censura. El expediente fue registrado, archivado y enviado a un funcionario. Nada más ocurrió hasta la aparición de otra denuncia, esta vez de un contrincante muchísimo más peligroso: el padre Juan de Pineda, S. I.[8]

Este tremendo jesuita nació en Sevilla en 1558 y falleció en 1637. Publicó un enorme comentario en latín sobre el libro de Job en 1597, otro sobre Salomón algo más tarde y también sermones sobre la muerte de doña Luisa de Carvajal (muerta en Londres después de sus tentativas para convertir a los herejes ingleses), sobre las llagas de San Francisco y dos relativos a la Inmaculada Concepción, en 1614, 1615 y 1618. Ocupó la cátedra de Sagrada Escritura en una universidad de jesuitas y fue amigo de Lope de Vega, quien lo elogió públicamente en 1629; al parecer, regañó con Quevedo por esa misma época. Estaba en estrecho contacto con la Inquisición; corrigió las erratas del Índice de 1612 y, según un informe póstumo, a él se debe el ingreso de más de 2.000 libros en sucesivos Índices, especialmente en el de 1632.

En 1610, Góngora se había enemistado con el padre Pineda.

7. Ibid., pp. 38-42.
8. Dámaso Alonso, op. cit., pp. XXIII-XXIX.

Los jesuitas sevillanos habían celebrado un concurso poético en honor de San Ignacio de Loyola; Pineda era uno de los jueces. Góngora envió un soneto que no fue premiado; el premio fue otorgado al poeta sevillano don Juan de Jáuregui. Góngora escribió entonces un feroz soneto contra Pineda, quien replicó (o hizo que otro replicase) con la misma aspereza —aunque menos directa— y las mismas rimas. El terrible rencor ocasionado por este intercambio de sonetos pudo ser causa, en parte, de la actitud de Pineda hacia la edición de Vicuña.[9]

El 2 de junio de 1628, Pineda entregó a los inquisidores su violenta diatriba contra el nuevo libro. Lo calificó de deshonra para su autor, ya que el público lo compraba sólo por las asquerosas calumnias que contenía. El libro atacaba al clero y nombraba a las personas por sus nombres. Pineda inculpaba al editor por haber suprimido el nombre de Góngora en la portada y por dedicar semejante obra al más ilustre cardenal e Inquisidor General. Después de estas declaraciones, venía una lista de 38 pasajes que Pineda consideraba escandalosos; 31 de Góngora y 7 de los poemas apócrifos finales. No hay lugar para reproducir todas sus censuras, pero algunas de ellas sirven para ilustrar suficientemente la psicología de Pineda. Un soneto petrarquista de la primera época contiene el siguiente verso: «ídolo bello a quien humilde adoro». Esto —decía Pineda— es una insensata exageración de los poetas profanos e intolerable en labios de un hombre consagrado sacerdote. (Góngora había escrito este poema en 1582, cuando sólo tenía veintiún años; no se ordenó hasta 1618.) Los sonetos contra Isabel de la Paz y contra Quevedo eran indecentes y difamatorios. Los ataques contra el clero y la corte eran terriblemente ofensivos. Dos sonetos religiosos eran heréticos. Otros poemas eran sucios, malolientes, lascivos e indignos. Pineda no dijo a la Inquisición que se había enemistado con Góngora dieciocho años atrás.

9. Los dos sonetos habían sido publicados antes del final del siglo XVII en las *Poesías varias de grandes ingenios españoles,* recogidas por José Alfay, Zaragoza, 1654; véase la reimpresión por José Manuel Blecua, Zaragoza, 1946, pp. 16-17.

Al día siguiente, los inquisidores de Madrid llegaron a dos decisiones: *a*) que el libro se retirase porque no llevaba nombre de autor y contenía una dedicatoria falsa; *b*) que Juan López de Vicuña fuese interrogado sobre las razones que había tenido para insertar la dedicatoria. Así pues, el libro fue retirado, pero no figura en ninguno de los *Índices* de la Inquisición que he visto.[10]

En la primavera de 1969, visité la Universidad de Indiana en Bloomington y allí la señora Kinsey me comunicó la existencia de algunos decretos inquisitoriales en la Lilly Library. Entre ellos, encontré uno con fecha, martes 9 de julio de 1630. En él se prohibían seis obras en su totalidad o en parte, inclusive la de Vicuña, de Góngora. Transcribo las partes más relevantes de este interesante documento:

> Nos los Inquisidores, contra la heretica pravedad, y apostasia, en esta Ciudad y Arzobispado de Mexico, Estados y Prouincias dela Nueua España, Nueua Galicia, Guatemala, Nicaragua, Yucatán, Vera paz, Honduras, Nueua Bizcaya, Yslas Philippinas, y sus districtos y jurisdicciones por Auctoridad Apostolica, &c.
>
> Por quanto al seruicio de Dios nuestro Señor conuiene recoger los libros y Tratados siguientes.
>
> PROHIBIDOS IN TOTVM
>
> [*un item*]
>
> ¶ Iten, otro libro de obras en verso, del Homero Español, que recogio Iuan Lopez de Bicuña, Impresso en Madrid por la Viuda de Luys Sanchez, Impressora del Reyno, el año de 1627. por ser libro sin autor, y con dedicatoria falsa.
>
> [*siguen otros seis items*]
>
> Por tanto, por el tenor dela presente Mandamos a todos los vezinos, y moradores Ecclesiasticos y Seglares, estantes, y habitantes en todo este nuestro districto, de qualquier

10. He añadido algunos detalles al relato completo que hace Dámaso Alonso. *op. cit.*, pp. XXX-XLI.

grado, preeminencia, o dignidad que sean, q[ue] luego
que este nuestro Edicto venga a vuestra noticia, o del
supieredes en qualquier manera, traygays y exhibays ante
Nos, o ante nuestros Co[m]missarios en las partes y lugares donde os hallaredes fuera de esta Ciudad los Libros, y
Tratados de suso referidos, o los q[ue] dellos tuvieredes, o
supieredes donde estan, para q[ue] *in totum* se prohiben,
y *donec expurgentur*, se recojan; Y los demas se expur-
gue[n] y emmienden, por las personas q[ue] para ello
estan deputadas. Lo qual hazed y cu[m]plid dentro de seis
dias primeros siguientes de la promulgacion de este dicho
Edicto, en virtud de sancta Obediencia, y so pena de
exco[m]munion mayor *Latae sententiae, trina Canonica mo-
nitione praemissa*; y de mil ducados para gastos extraordinarios de este Sancto Oficio. En las quales dichas penas
incurran los q[ue] de oy en adelante los tuuieren en su
poder, leyeren, imprimieren, vendieren, o hizieren imprimir,
y vender. Y porque lo suso dicho venga a noticia de
todos, Mandamos dar, y dimos la presente. Fecha en la Sala
de nuestra Audiencia, Martes, nueue dias del mes de Iulio,
de mill y seiscientos y treynta años.[11]

Puesto que este documento circuló en el imperio español,
debió también de circular en la propia España. Por lo tanto,
el libro debió de ser retirado, a pesar de que no aparece prohibido en *Índices* posteriores. De modo significativo, como indicó
Dámaso Alonso, no se mencionan las objeciones morales ale-
gadas por los padres Horio y Pineda.

El pobre Vicuña fue convocado ante el Inquisidor General
y se disculpó débilmente por su falta de tacto. Zapata seguramente tuvo que irritarse al no ser sancionada la dedicatoria a
él dirigida en un libro considerado por sus colegas como obsceno.
Vicuña que, dicho sea de paso, era mayordomo en un colegio de
monjas en la Calle Mayor, no parece haber emprendido actividades editoriales después de 1628.[12]

11. Lilly Library, Indiana University, Bloomington, Indiana: XIV, 38.
12. Dámaso Alonso. *op. cit.*, pp. XLIX-LI.

El 18 de enero de 1633, el nuevo Inquisidor General y tres obispos sancionaron la publicación de una nueva edición de las obras de Góngora «con el verdadero nombre del autor de acuerdo con la censura del padre Pineda». Dos ediciones, ambas editadas por Gonzalo de Hoces y Córdoba, aparecieron en ese año; la primera, muy superior a la segunda. Contenían más poemas que la de Vicuña, a pesar de haberse suprimido tres sonetos y dos auténticas *letrillas* y de haber reducido a siete estrofas otra de once. El verso ofensivo en que la amada del poeta era llamada ídolo, fue reemplazado por un altisonante disparate («alto de amor dulcísimo decoro»); y fueron cambiadas algunas palabras en los supuestos poemas heréticos. La mayoría de las poesías de relleno fueron suprimidas. Pero muchos pasajes que Pineda había considerado lascivos, malolientes, anticlericales e inmorales, se reimprimieron como antes. El Góngora editado por Hoces se convirtió en un éxito de librería y las ediciones se multiplicaron durante aquel siglo. Los textos iban corrompiéndose progresivamente, edición tras edición. Aunque se hizo un esfuerzo para mejorar la situación en 1654, y si bien es verdad que Salcedo Coronel y Salazar Mardones restablecieron algunos buenos textos e imprimieron otros nuevos, no existía una edición fidedigna de las obras reunidas de Góngora hasta la que apareció en Nueva York en 1921. La primera edición de Hoces no es muy inferior a la de Vicuña; otras posteriores eran de dudosa autenticidad. Lo que acabo de relatar es responsable de algunas de las alteraciones; pero la culpa mayor fue de los poco escrupulosos reimpresores de los sucesivos textos de Hoces.[13]

Parece probable que los ejemplares de Vicuña depurados fuesen reexpedidos a sus dueños algunos meses antes de la

13. Ibid., pp. XLIV-XLIX y LI-LIV; Robert Jammes, *Études sur l'oeuvre poétique de don Luis de Góngora y Argote,* Burdeos, 1967, pp. 639-646. Don Cruickshank, «Góngora: the Hoces Editions of 1654», *Transactions of the Cambridge Bibliographical Society,* V, n.º 3 (1971), pp. 179-189. Wilson, art. cit., pp. 48-50. Estoy preparando un estudio sobre las ediciones de Hoces en 1633.

publicación de Hoces. Al menos tres de los doce a que me he referido, tienen tachaduras con tinta y páginas arrancadas Algunas de éstas contienen pasajes censurados por Horio o Pineda.[14]

Para resumir el asunto Vicuña. La edición de éste contenía poemas de Góngora difamatorios para personas que se nombraban y que aún vivían. Esto se oponía a una de las reglas básicas de la Inquisición y a las leyes de muchos países civilizados de hoy. Los poemas censurados por su contenido herético eran, en realidad, más bien inocentes; fueron, de hecho, reimpresos fielmente por Salcedo Coronel en 1644.[15] Las irreverencias de Góngora, las pullas anticlericales y los supuestos pasajes eróticos eran, de vez en cuando, atrevidos, pero hubiese sido más razonable ignorarlos. Los poemas sucios y malolientes no transgredían ninguna de las reglas de la Inquisición. El hecho de que el nombre de Góngora no apareciese en la portada, sólo técnicamente era una ofensa; porque Vicuña, en realidad, mencionó su nombre en la dedicatoria al Inquisidor General. Había pues algunos —no muchos— argumentos legales para expurgar el libro, pero no para retirarlo.

El propio Vicuña era un irresponsable cándido que debió guardarse de cometer los dos errores por los cuales el libro fue recogido. Debía también saber que las sátiras contra personas con nombre propio expreso no podían ser llevadas a la imprenta. Fue una tontería de su parte incluir los falsos poemas en el último pliego, que podía fácilmente ser uno de cuatro y no de ocho hojas. El padre Horio era indudablemente un fanático de miras estrechas, pero no hay razón para dudar de la sinceridad de la denuncia. Difícilmente se puede decir lo mismo de Pineda, quien —como Dámaso tan agudamente ha subrayado— escamoteó en sus diatribas el hecho de que se había peleado con Góngora hacía dieciocho años. Me parece que le podemos llamar el traidor de la obra.

14. Wilson, art. cit., pp. 46-48.
15. Véase Cruickshank, art. cit., pp. 187-188.

La retirada de la primera edición de Góngora parece excesivo castigo para la imprudencia de Vicuña por imprimir algunas sátiras con nombres propios, uno de los cuales, Quevedo, era muy capaz de cuidarse por sí mismo. Los demás cargos contra el libro eran bastante superficiales, pero siento una ligera simpatía por el cardenal Zapata de quien difícilmente se podría esperar que estuviese entusiasmado con la insolicitada dedicatoria.

Uno de los comentaristas de Góngora, don José Pellicer de Salas y Tovar (en adelante, abreviaré llamándole Pellicer), tuvo similares dificultades en su obra titulada pomposamente *Lecciones solemnes a las obras de Don Luis de Góngora y Argote, Pindaro Andaluz, Principe de los Poetas de España*. Pellicer riñó con el resto de los comentaristas del vate. En estas «lecciones solemnes» criticaba —y hurtaba— de ellos; ellos, a su vez, ridiculizaban sus equivocaciones. Dámaso Alonso en su entretenido artículo «Todos contra Pellicer», cuenta toda la divertida historia.[16] Pellicer era un hombre extraordinario. Inventaba genealogías extravagantes de acaudalados mecenas. Falsificaba antiguas crónicas y descubría fraudes en los demás.[17] Coleccionaba numerosas poesías de poetas cortesanos para celebrar la habilidad de Felipe IV en matar un toro salvaje de un sólo tiro en la réplica de un anfiteatro romano; colaboró en antologías que alababan el esplendor arquitectónico del palacio del Buen Retiro, o la valentía de un noble soldado muerto en el asalto de Barcelona. Escribió también *El Fenix y su historia natural* y tradujo del latín el *Argenis* de John Barclay. Fue un hombre multifacético: docto, nada metódico, presuntuoso, pedante, de extensos conocimientos pero desordenado. Mas a pesar de sus numerosas deficiencias, las «lecciones solemnes» si-

16. Dámaso Alonso, «Todos contra Pellicer» y «Cómo contestó Pellicer a la befa de Lope», en *Estudios y ensayos gongorinos*, Madrid, 1955, pp. 454-501.

17. José Godoy Alcántara, *Historia crítica de los falsos cronicones*, Madrid, 1868, pp. 281 ss. Sir Thomas D. Kendrick, *St. James in Spain*, Londres, 1960.

guen siendo esenciales para cuantos se interesen tanto en el texto como en la interpretación de los poemas más difíciles de Góngora.

No es sorprendente —teniendo en cuenta la personalidad del comentarista— que sus explicaciones tropezasen con la Inquisición. El texto se imprimió en 1628. Varios documentos de los preliminares están fechados en 4 y 6 de junio, y 12 y 14 de julio de ese año. Las hojas de fe de erratas llevan fecha del 16 de diciembre de 1629 y la portada, la de 1630. Como, sin embargo, el libro estaba aún en examen, fue prohibido «Donec expurgatur» en el *Índice* de 1632 y —como Alfonso Reyes fue el primero en observar en 1918— en el de 1640. Se supone que la tardanza fue causada por una denuncia y por el estudio necesario de todo el libro: larga y aburrida tarea si uno trata de leerlo en su totalidad. No puedo menos de preguntarme si tal vez el propio Pineda fue responsable de la denuncia.[18]

Tres pasajes fueron marcados para expurgo en 1640. El primero (col. 152) trata de la descripción que hace Góngora de cómo los campesinos paganos entregaban sus «primicias» o primeras frutas a Galatea en las costas de Sicilia. Pellicer, siguiendo su gusto, se apoderó de la oportunidad para citar a todas las autoridades de que pudo echar mano que se habían ocupado de los impuestos eclesiásticos; y no pudo resistir la tentación de aludir a los decretos de varios Concilios que se habían opuesto a todas sus formas. Naturalmente, la Inquisición decretó la supresión de tales referencias.

El segundo trozo se refiere a la ciudad de Carrión de los Condes en la provincia de Palencia (col. 676). Góngora se había referido a ella en su *Panegírico al Duque de Lerma*. Pellicer mencionó brevemente la afrenta de los dos Condes a las hijas del Cid y pasó a describir cómo la piadosa monja sor Luisa de la Ascensión había ennoblecido recientemente a la ciudad

---

18. Dámaso Alonso, *op. cit.*, nota 16. Alfonso Reyes, «Sobre el texto de las *Lecciones solemnes* de Pellicer», *RHi*, XLIII (1918), y «Pellicer en las cartas de sus contemporáneos», *RFE*, VI (1919), reimpreso en *Cuestiones gongorinas*, Madrid, 1927, pp. 191-232.

«por su vida ejemplar y pureza de su conducta» y «cómo Dios, por su mediación, había efectuado muchos milagros». Desgraciadamente, aunque estas palabras hubieran podido ser aceptables, en el momento en que Pellicer puso pluma en papel, los inquisidores, en 1635, decretaron que los estigmas de la monja habían sido pintados en sus manos y que todas sus reliquias deberían ser recogidas y destruidas. Aquí, para Pellicer, sólo fue cuestión de mala suerte.[19]

Lo último (cols. 728-730) fue una alusión —muy inoportuna— a la «papisa Juana». Esto, en sí, era ya suficientemente nocivo, pero, en apoyo de su tesis, citó los nombres de Pero Mejía (cuyo capítulo sobre la papisa había ya sido censurado) y de Bartolomé Carranza, cuyo catecismo estaba también en el *Índice*. Aquí, Pellicer fue —por lo menos— imprudente. Con toda seguridad se engañó al pensar que una escasa crítica sobre la papisa Juana hubiese podido ser aceptada por un concienzudo inquisidor y aún menos por un fanático como el padre Pineda.

Alfonso Reyes descubrió dos pasajes más donde la censura inquisitorial pudo haber intervenido. En uno de ellos, Pellicer había elogiado de modo excesivo al maestro fray Hortensio Paravicino, el predicador más de moda por los años de 1620 y modelo de uno de los retratos más notables del Greco. También citaba algunos versos de Paravicino exaltando a Góngora. En otros ejemplares del libro los elogios fueron sustituidos por una larga descripción de Sicilia. Paravicino murió el 22 de diciembre de 1633. Sus últimos días fueron amargados por la crítica de un superior que le censuraba por su éxito mundano —como hombre de letras, probablemente— en la corte. Paravicino le envió las llaves de su biblioteca y de sus demás bienes y quedó en santa pobreza. Murió desilusionado. Seguramente a Pellicer le habían dicho que sus alabanzas eran inoportunas y, por lo tanto, las sustituyó.[20]

19. Véase Marcelino Menéndez y Pelayo, *Historia de los heterodoxos españoles*, libro V, cap. I, párrafo VI.

20. Alfonso Reyes, art. cit., pp. 194-198. Para Paravicino, véase Emilio Alarcos, «Los sermones de Paravicino», *RFE*, XXIV (1937-1940), pp. 162-

El otro pasaje tachado se refería a Irlanda. En la primera versión, los irlandeses eran elogiados como valientes guerreros y así correspondía a quienes descendían de estirpe española. Seguía Pellicer ensalzando las maravillas del Purgatorio de San Patricio en Lough Derg, sobre lo cual su amigo Juan Pérez de Montalbán había escrito una novela que más tarde dramatizaría Calderón. En la versión expurgada, los irlandeses están descritos como bastos rústicos y se expresa el más hondo escepticismo sobre el Purgatorio. No tengo idea de por qué Pellicer se volvió contra los irlandeses de tal modo, a no ser que hubiese tenido un desfavorable encuentro personal con algún exiliado. Su cambio de criterio sobre Lough Derg se podría explicar si suponemos que se había enterado de que la famosa caverna había sido cerrada por orden de Alejandro VI, en 1497.[21]

Pellicer parecía atraer los conflictos. Exceptuando su referencia a la fingida santa, parece haber tratado, casi deliberadamente, de navegar contra viento y marea tanto como pudo. O quizás su monstruosa vanidad lo cegó. Dada la época, el país y las conocidas reglas de la Inquisición, no se le puede perdonar el complicarse en tales problemas. No obstante, las enmiendas sólo afectaron a detalles ínfimos de su obra; ni el texto de Góngora ni las explicaciones de Pellicer sufrieron en ningún aspecto.

Las obras teatrales en el siglo XVII necesitaban una licencia para ser representadas. Y cuando una obra se reponía, tenía una vez más que someterse a un censor —en Madrid, generalmente, un funcionario del gobierno—. Cuando las obras teatrales se imprimían, tenían que obtener licencia nuevamente. Varios manuscritos de las comedias de Calderón llevan huellas de censura escénica.[22] En 1642, su *El secreto a voces* sufrió dos

---

197 y 249-319; Edward M. Wilson, «Fray Hortensio Paravicino's protest against *El príncipe constante*», *Ibérida, Revista Filológica*, n.º 6 (diciembre 1961), pp. 245-266.

21. Véase el artículo sobre el tema en *The Catholic encyclopaedia*.

22. Edward M. Wilson, «Calderón and the Stage-Censor in the seventeenth century; a provisional study», *Symposium* (otoño 1961), pp. 165-184.

tachaduras: una humorística referencia al rosario y a los sacramentos, y también a una anécdota sin malicia sobre dos pueblos en los que oficiaba un solo cura.[23] *El purgatorio de San Patricio* contiene un largo discurso brillantemente escrito en el cual el villano-héroe se jacta de sus crímenes y atrocidades; el censor de escena de 1652 deja los crímenes sin tachar pero elimina el relato de cómo el protagonista rapta a una monja de su convento («con el resto del romance en que pone su mala vida le sobran atrocidades», añadió); descartó también un comentario del gracioso al hacer la vista gorda respecto del adulterio de su mujer.[24] La representación de la alegoría sacramental *Las órdenes militares* fue prohibida en el Corpus Christi de 1662, por razones de doctrina, pero la prohibición fue retirada más tarde y el propio Calderón publicó la obra en 1677.[25] En todos estos casos los párrafos inconvenientes pasaron a la imprenta sin ninguna dificultad y se pueden hallar en ediciones modernas corrientes.

Me propongo ahora estudiar el caso de otra de las obras teatrales de Calderón: *El José de las mujeres*. Se imprimió de manera poco fidedigna en 1660, pero pudo haber sido escrita veinte años atrás. La intervención inquisitorial ocurrió en 1670. La obra trata de la vida y martirio de Santa Eugenia. Cito —con el permiso de Penguin Books— la breve nota sobre ella de Donald Attwater:

> EUGENIA, mártir. Fecha desconocida; festividad, 25 de diciembre. Existen suficientes pruebas de que santa Eugenia fue mártir en Roma en época primitiva, enterrada en el cementerio de Apronia, en la Via Latina. Pero cuando su verdadera historia fue olvidada, se adhirió al nombre de la santa una leyenda del tipo de *Pelagia la penitente*. Se relata en ella que se vistió de hombre y llegó a ser abad

---

23. Véase la edición de esta obra hecha por José M. de Osma, Lawrence, Kansas, 1938, vv. 30-31, 2.132-2.171 y 2.176-2.179.
24. Véase Wilson, «Calderón and the...», pp. 171-172.
25. E. Walberg, «Las órdenes militares», *BHi*, V (1903), pp. 383-408; VI, pp. 44-66, 93-113 y 234-258.

de un monasterio en Egipto; fue acusada de mala conducta, pero probó su inocencia al declarar su sexo; entonces fue a Roma y, después de varios y fabulosos acontecimientos, fue decapitada por sus creencias. Esta leyenda tuvo gran éxito y se divulgó en el mundo de la cristiandad, recibiendo con el tiempo más detalles imaginativos.[26]

La Eugenia de Calderón es hija de Filipo, gobernador de Alejandría durante la persecución contra los primeros cristianos en el reinado del emperador Galieno. Tenía un hermano llamado Sergio que cortejaba a una dama, Melancia; más importante en el argumento es un joven gallardo, Aurelio, quien parece preferir Eugenia a Melancia. Vemos primeramente a Eugenia sola en su estancia, leyendo y perpleja sobre un texto de la primera epístola de San Pablo a los corintios: «nihil est idolum in mundo quia nullus est Deus, nisi unus».[27] El libro había sido confiscado por su padre y parecía contener la respuesta a sus dudas sobre el politeísmo. Entonces tiene una visión en la cual el demonio discute con un viejo cristiano de la Tebaida, de nombre Eleno, sobre Dios y los dioses paganos; Eleno finalmente la insta a que siga a Cristo. La visión desaparece. Eugenia llama a Eleno para que se quede; su padre y su hermano llegan y atribuyen sus llamadas y las explicaciones que da sobre ellas a una mente terriblemente agitada por la lectura de demasiados libros. Filipo trata de quemar las epístolas corintias, pero el libro desaparece de su mano; al mismo tiempo, la antorcha traída por Sergio se apaga misteriosamente. Los paganos quedan literalmente en la oscuridad. Pronto llega Aurelio, orgulloso del número de cristianos que ha expulsado de Alejandría hacia el desierto. Le vemos después en compañía de Melancia a quien parece querer abandonar por Eugenia. Mientras tanto, adelantan los preparativos para celebrar una academia —es decir, un concurso poético con acompañamiento de

---

26.   Donald Attwater, *The Penguin Dictionary of Saints*, 1970, p. 120.
27.   «Scimus quia nihil est idolum in mundo, et quod nullus est Deus, nisi unus», *Ad Corinthios*, I, VIII, 4.

música— compuesta especialmente para dar la bienvenida a Alejandría a Cesarino, hijo del Emperador. Eugenia, Sergio, Melancia y Aurelio tomarán parte en los festejos.

A continuación, la escena del concurso, cuidadosamente escrita. Recitan sonetos Sergio, Aurelio y Melancia. Cesarino glosa una cuarteta. Los músicos cantan elogios de Eugenia. Dos poesías recitadas son hábilmente oscuras y a veces tienen doble sentido; Aurelio, por ejemplo, alude a ambas mujeres en el suyo. Vamos viendo que Sergio está celoso de Aurelio a causa de Melancia y que Cesarino está celoso también de Aurelio a causa de Eugenia. Esta escena de refinamiento y poesía es abruptamente interrumpida cuando Sergio y Aurelio sacan las espadas para acometerse. Entonces Filipo aparece y pone fin al concurso; después dice a Eugenia que ha quemado todos sus libros y que, a partir de aquel momento, no habrá más estudios ni concursos. Sin embargo, al volver Eugenia a su habitación, sus libros siguen allí intactos.

Mientras tanto, Aurelio ha sobornado a un sirviente y Cesarino a otro, con el designio, cada uno de ellos, de entrar por puertas opuestas al aposento de Eugenia donde ésta continúa estudiando y preguntándose si las «dos sombras» (i.e., el demonio y Eleno) vinieron para ayudarla a tomar una decisión. Entonces aparecen dos sombras muy diferentes —Aurelio y Cesarino— ignoradas entre sí. Ella les dice que se marchen; ninguno quiere irse antes que el otro. Las espadas son, de nuevo, desenvainadas; Cesarino mata a Aurelio, cuyo cuerpo cae, a través de una escotilla, en el escenario. Eugenia se desmaya. Al escaparse Cesarino, el demonio aparece por el aire y anuncia que —con permisión divina— se introducirá en el cadáver de Aurelio y actuará en su lugar; su propósito es obtener que Eugenia se mantenga pagana y, si ello resulta imposible, perseguirla con su nuevo disfraz. Entonces baja por el aire y se deja caer por la escotilla para realizar su propósito. Eugenia vuelve en sí y (cosa nada sorprendente) pide socorro. Acuden Filipo, Sergio y dos sirvientes, seguidos más tarde por Cesarino y el diabólicamente reanimado Aurelio. Eugenia les dice que Cesarino ha asesinado a Aurelio; pero allí está el falso Aurelio, al lado de Cesarino. La familia decide declarar que está loca; uno a uno la van dejando y ella resuelve escaparse de su casa y de Alejandría. Don Ángel Valbuena Briones ha elogiado con razón la construcción de este acto; desgraciadamente, el segundo ha sido cortado torpemente en las ediciones impresas. Resumiré tan brevemente como me sea posible los actos restantes.[28] Eugenia huye a la Tebaida disfrazada de hombre; la alcanza Aurelio, discuten y ella, milagrosamente consigue escapar. Los otros que la buscan encuentran a Aurelio y pelean con él a orillas del Nilo pues suponen que ha raptado a Eugenia; huye arrojándose al río para reaparecer en su forma diabólica, montado en un cocodrilo sobre una roca en medio de la corriente. Allí afirma que Eugenia ha sido transformada por los dioses en una nueva deidad y que deberá ser adorada como tal. Se supone que la inocencia de Aurelio ha sido restablecida, así que se suma a los demás en la persecución de los cristianos. Mientras tanto, Eugenia ha encontrado a Eleno quien la instruye profundamente en los misterios cristianos. Aurelio la descubre y se la lleva (con sus ropas de hombre) a Alejandría para convertirla en esclava de Melancia, quien no la reconoce, a causa de su disfraz. Los egipcios construyen un templo dedicado a su nueva diosa.

Melancia se enamora de la disfrazada Eugenia, pero ésta rechaza sus requerimientos. Entonces Melancia acusa a Eugenia de una supuesta violación. Eugenia se defiende y revela su auténtica personalidad. Melancia muere fulminada por un rayo caído del cielo. La valentía de Eugenia convierte a su padre y a su hermano; pero Cesarino sustituye ahora a Filipo como gobernador y, al rehusar Eugenia someterse a él, la hace decapitar delante de su familia. Cesarino trata luego de asesinar a Aurelio pero, naturalmente, no puede hacerlo. El demonio abandona el cuerpo de Aurelio que permanece tendido en el escenario. Eugenia sube a los cielos acompañada de ángeles,

---

28. Don Pedro Calderón de la Barca, *Obras completas*, t. I (dramas), ed. Ángel Valbuena Briones, Madrid, 1959, p. 885 a.

sentada en un trono de nubes. Así termina esta melodramática pero bien escrita pieza teatral.

Tal es el argumento de la obra en todas sus versiones impresas. Sin embargo, en una versión manuscrita se hicieron expurgos y el maestro don Juan de Rueda y Cuebas escribió al final la siguiente orden:

> Que se observe lo borrado y que el demonio no entre en el cadaber por ser eretico y contra el viejo y nuevo testamentos y contra la dotrina de los s[an]tos padres y Concilios en especial contra quatro Concilios generales como consta de la corecion echa en la comedia que se trujo [.] M[adri]d y Nobienbre 18 de 1670.[29]

Estamos ahora en presencia de un reparo teológico a una obra literaria. Debemos examinar la acusación de herejía hecha aquí contra Calderón y esto implica un elemental esquema de la teología del demonio.

Tomás de Aquino escribió: «Los demonios pueden causar ciertos efectos extraños, pero no milagros en un sentido técnico». La capacidad del demonio puede, como quien dice, producir maravillas, pero no hacer milagros. Los verdaderos milagros son efectuados por algún cambio corporal. Pero los demonios no pueden cambiar la naturaleza del cuerpo. Sólo Dios hace milagros. Salmo 71 [72], 18: «Bendito Jeová Dios, el Dios de Israel, que *solo* hace maravillas»; Salmo 135 [136], 4: «Al que *solo* hace grandes maravillas, porque para siempre es su misericordia».[30] Estrictamente hablando, un milagro es algo que ocurre fuera del orden de toda la naturaleza creada, bajo el cual todo poder de una criatura está contenido. Pero el demonio puede obrar maravillas, como cuando los sabios de Faraón convirtieron en serpientes a sus varas y compitieron con Moisés y Aarón haciendo caer una plaga de ranas sobre Egipto. Este

---

29. Wilson, «Calderón and the...», pp. 174-175.
30. «Benedictus Dominus, Deus Israel! qui facit mirabilia solus.» «Qui facit mirabilia magna solus, quoniam in aeternum misericordia ejus.»

poder fue otorgado a los magos porque *no* era contrario al orden
natural: puesto que tanto las ranas como las serpientes pueden
ser producto de la putrefacción. El demonio puede, por decirlo
así, apresurar un proceso natural, pero no puede transformar
un cuerpo humano en el de un animal o resucitar el cadáver
de un hombre.[31] La afirmación de Juan de Rueda y Cuebas
parece estar de acuerdo con la doctrina de Santo Tomás.

Pedro Ciruelo cuya *Reprouacion de supersticiones* se im-
primó hacia 1530, también opinaba que el conocimiento del
demonio sobre el futuro y sobre el corazón humano son limi-
tados. El demonio sólo puede conjeturar sobre las preferencias
de un hombre en su futuro; y no puede saber lo que depara
la fortuna. Puede, eso sí, mostrarse en forma humana o como
fantasma, perro, gato, lobo, león o gallo. También es capaz de
introducirse en el cuerpo de un hombre muerto y hacerle hablar.
Esta última afirmación puede no estar en realidad en desacuerdo
con la opinión de Rueda y Cuebas; quizás sólo implica una
especie de diabólica ventriloquia.[32]

En 1631, el doctor Gaspar Navarro, canónigo de la iglesia
de Jesús Nazareno en Montearagón, publicó en Huesca su
Tribunal de supersticion ladina. Dios permite al demonio realizar algunos prodigios: puede hacer que caiga fuego de sus
regiones y quemar una montaña; levantar tempestades en el
mar, llevar personas a través del aire de un lado a otro, crear
criaturas imperfectas (i. e., aquellas que no se producen por
generación) como ratas, ratones y ranas, puede desplazar montañas, adoptar formas de animales, hacer ranas del agua y serpientes con tierra, preservar incorruptos los cadáveres de sus
adictos. También puede introducirse en un cadáver y llevarlo de

---

31. El ensayo de A. A. Parker «The devil in the drama of Calderón» (reim-
preso en *Critical essays on the Theatre of Calderón* por B. W. Wardropper,
Nueva York, 1965, pp. 3-23) se relaciona con los *autos sacramentales* y
El Mágico prodigioso. El José es mencionado en la p. 14. El Rev. Don Cupitt,
Dean de Emmanuel College, Cambridge, me proporcionó ayuda para encontrar
referencias en Tomás de Aquino. La principal es *Summa theologica*, Parte I,
Q. 114, Art. 4.

32. Véanse especialmente los folios XVII-XX y XXVIII-XXX.

un lado a otro, hacerle hablar con su propia lengua y moverse. Explica que éstos no son auténticos movimientos ni verdaderas acciones humanas. Los actos humanos proceden de un principio intrínseco-vital que emana del alma y da vida al cuerpo. En un cuerpo sin vida no existe un alma racional que lo haga moverse, crecer o sentir. Los movimientos que el demonio causa son extrínsecos porque él, no el muerto, mueve el cuerpo y sus facultades. Esto parece contradecir los comentarios tomistas; Calderón aquí pudo haber seguido a Navarro. ¿Quién puede afirmar si los actos del resucitado Aurelio estaban descritos según un principio extrínseco o uno intrínseco-vital? [33]

Una o dos páginas más adelante, Navarro cita a un teólogo llamado «Caesar» que escribió en su duodécimo libro sobre milagros que en una ocasión el demonio ocupó el cuerpo de un hombre prominente tan pronto como éste murió; el demonio revistió su cuerpo por espacio de más de un año, como si fuese una persona viva, moviéndose y hablando con su propia lengua como si estuviese animado con un alma racional. Calderón pudo haber leído el libro de Navarro y pudo haber inventado al diabólico Aurelio de acuerdo con lo leído. Sospecho que el «Caesar» en cuestión era Caesarius Heisterbachensis, cuya obra *Illustrium Miraculorum & Historiarum Mirabilium,* publicada en doce volúmenes en Colonia, 1591 y en Amberes, 1605, fue prohibida por la Inquisición en el *Índice* de 1667, *donec prodeat expurgatio*.[34] Quizás aquel supuesto sucedido era uno de los pasajes en espera de censura. El diabólicamente animado cadáver de Aurelio, entonces, a pesar de que contradecía las opiniones de Tomás de Aquino, puede justificarse de acuerdo con la sugerencia de Ciruelo y la prueba suministrada por Navarro: dos escritores bastante ortodoxos.

Ahora tenemos que ver cómo Rueda y Cuebas trató el texto de Calderón. Dejó sin enmendar la dirección escénica que hacía descender al demonio por escotillón hasta el cuerpo de Aurelio.

33. Véase p. 230, col. a.
34. Véanse especialmente folios 10vº-21rº.

El endemoniado Aurelio se levanta; imprimo, lado a lado, el original y la versión que de su parlamento hizo el censor:

Textos impresos	*Alteraciones del censor*
De aquestas perturbaciones	De aquestas perturbaciones
causa soy; y pues que tengo	causa soy y pues que tengo
licencia de Dios, asi	por ordenación diuina
desde hoy perseguirte pienso;	la forma tomo de aurelio
que en este helado cadáver	[*censurado*]
introducido mi fuego	[*censurado*]
en traje has de ver de amigo	en traje has de ber de amigo
a tu enemigo encubierto.	a tu enemigo encubierto
Bien sé que es cárcel estrecho	[*censurado*]
a mi espíritu soberbio	[*censurado*]
la circunferencia breve	[*censurado*]
de aqueste mundo pequeño,	[*censurado*]
de quien, ya señor del alma,	[*censurado*]
vengo a poseer el cuerpo;	[*censurado*]
Pero aunque lo sea, he de estar	[*no aparece en el manuscrito*]
hoy bien hallado aquí dentro,	[*no aparece en el manuscrito*]
sólo porque en orden es	[*no aparece en el manuscrito*]
a pervertir tus intentos.	[*no aparece en el manuscrito*]
No has de saber dese Dios	no as de saber de ese dios
que anda rastreando tu intento,	que anda rastreando tu yntento
o ya que lo sepas, no	o ya que lo sepas, no
has de tener, por lo menos,	has de tener por lo menos
sin zozobras y pesares,	sin çoçobras y pesares
persecuciones y riesgos,	persecuçiones y rriesgos
fatigas, ansias y penas,	fatigas ansias y penas
parte en sus merecimientos.[35]	parte en tus mereçimientos

De catorce versos, ocho fueron suprimidos o reemplazados por otros dos. El propósito de los dos versos es demostrar que el demonio ha conjurado al fantasma de Aurelio cuyo cuerpo abandona bajo el escenario.

---

35. Tomo el texto impreso de la edición de don Ángel Valbuena Briones (véase nota 28 de este cap.), pp. 900b-920a.

La escena final fue también alterada. Los que hablan son Cesarino, Aurelio y el gracioso Capricho:

Textos impresos		Alteraciones del censor	
CES.	¿Librarte piensas, perjuro?	Librarte piensas perjuro	
AUR.	Desamparando el cadáver	desamparando la forma	
	que habité; que hasta	que imite (Dem) que hasta	
	este punto	este punto	
	pudo durar la licencia	pudo durar la liçençia	
	de estar en él.	de fingir Aurelio	OJO
Húndese el Demonio, y queda		*Vndese Sale el dem[oni]o*	
en el suelo el cadáver de Aurelio.			
CAP.	Abrenuncio.		Abernunzio
CES.	¡Ay de mí, infeliz! ¡Qué veo!	ay de mi ynfeliz que beo	
CAP.	Hacerse dos diablos de	[censurado]	NO
	uno, por apocarse.	[censurado]	
CES.	¡Mortal		¡Mortal estoy SI
	estoy!		
CAP.	¿Qué dirá el difunto?	Yo difunto	
CES.	¿Quién eres, pálida sombra?	[censurado]	
	¿Quién eres, horror caduco?	[censurado]	
CAP.	Por no ver este espectáculo,	[censurado]	
	volviera a ser catecúmeno.[36]	[censurado]	

De este modo el censor suprimió el yerro teológico y al mismo tiempo el espléndido humor macabro del *gracioso*. En total, Rueda anuló doce versos en la obra y corrigió otros seis. Muchos, quizás la mayoría de los directores de escena han alterado reposiciones teatrales de un modo más radical. Rueda dejó sin solucionar un problema: no tendría mucha importancia para el espectador si el demonio estaba realmente encarnado en el cadáver de Aurelio o si tomaba la forma de un corpóreo fantasma; pero si el demonio hacía de fantasma, ¿qué ocurría con el verdadero cadáver? ¡Alguien seguramente podría encontrarlo o tropezarse con él!

Calderón no fue el único dramaturgo que hizo hacer al

36. Ibid., pp. 919b-920a.

demonio semejantes cosas. El dramaturgo jesuita padre Diego
de Calleja escribió una pieza teatral sobre San Francisco de
Borja, seguramente para las fiestas de su canonización en 1671,
llamada *El Fénix de España, San Francisco de Borja*. En ella
también el demonio trata de causar confusión entrando en el
cadáver de una mujer. Que yo sepa, nadie protestó.[37]

Hace algunos años estudié una farsa llamada *La sombra y el
sacristán,* también corregida por Rueda y Cuebas. Es la historia
de un marido engañado y un amante sacristán. A Rueda no le
importó lo inmoral del argumento, pero rehusó dar la licencia
a menos que el sacristán apareciese sin bonete y con algo que
sustituyese al hisopo. Tan inofensivos elementos como el uso
burlesco de las palabras «aleluya» y «kirie» fueron asimismo
prohibidas. Y justificó el expurgo con referencias a San Jerónimo, San Agustín, San Gregorio el Grande, San Silvestre y
Durandus.[38] Era obvio que se trataba de una persona de criterio
estrecho, con escaso sentido del humor. Pero en lo que se refiere
a la diabólica animación del cadáver de Aurelio, parece —desde
un punto de vista teológico— haber tenido razón. Calderón
había hecho que el demonio realizase algo que no tenía el poder
de llevar a cabo: un milagro, en el sentido estricto de la palabra. Como ya hemos visto, Rueda también trató de que la
obra pudiera ser representada y los cambios que hizo, bien
considerados, no eran demasiado violentos. Olvidó, sin embargo, escamotear el verdadero cadáver y, al final, suprimió reca-
tadamente el humor macabro del gracioso. De todos modos, la
actuación de la censura se aplicó sólo a una representación única
de la obra: la de 1670. En todas las versiones impresas, desde
1660 hasta la presente década, el obstáculo teológico fue rein-
tegrado.

Desde un punto de vista literario, los expurgos de Rueda
son criticables. Desde el teológico, parece haber tenido razón.

---

37. Reimpreso por Juan Eugenio Hartzenbusch, en BAE, XIV.
38. Véase Wilson, «Calderón and the...», pp. 178-182. Rueda es citado
como «el señor Inquisidor de Corte».

Quizás también estaba en lo cierto en el aspecto social. De acuerdo con una autoridad, la persecución de las brujas durante el siglo XVI en el norte de Europa fue causada, en parte, por el hecho de que algunos reformadores tenían una exagerada creencia en el poder del demonio.[39] Calderón, en esta obra, puede haber contribuido a ello.

Las pruebas que he presentado aquí no son suficientes más que para un veredicto parcial sobre la influencia de la Inquisición en la literatura española del siglo XVII. No se puede calcular cuántas obras han sido falseadas por el hecho de que fueron, tal vez, censuradas hasta el punto de modificar las intenciones artísticas del autor, ni cuántas dejaron de ser escritas por razones similares. Algunos hechos quedan ya, así lo espero, comprobados: la censura pudo ser absurdamente mezquina, como en los reparos de Pineda contra un poema inofensivo del Góngora juvenil, o en la percepción de supuestas herejías en dos poemas religiosos. Tampoco se puede asegurar que Pineda no estaba impulsado por un despecho personal cuando escribió su denuncia. Por otro lado, cuando personas aún vivas eran satirizadas ferozmente o cruelmente escarnecidas, la Inquisición hacía lo que muchos fiscales modernos hacen también. La resolución tomada —supresión completa de la edición de Vicuña— fue indebidamente severa: la retirada de los poemas difamatorios, la supresión de la dedicatoria y una nueva portada hubiese sido suficiente. Algo sufrieron los textos de Góngora por supresiones, pero en mi opinión más daño hicieron las corruptas reediciones hechas por impresores de mentalidad comercial que las censuras de la Inquisición. Y aún es posible que los propios Inquisidores se diesen cuenta —cuando autorizaron la primera edición que Hoces lanzó en 1633— de que antes se habían alarmado innecesariamente.

Las modificaciones hechas en *El José de las mujeres* por el maestro Rueda y Cuebas afectaron sólo a una representación de

---

39. *The Oxford Dictionary of the Christian Church,* ed. F. L. Cross, Londres, 1957, «Witchcraft», p. 1.472.

la obra. Me parece que si Calderón hubiese conocido los argumentos que el Inquisidor pudo exhibir, la obra hubiese mejorado. Lo cierto es que las enmiendas de Rueda causaron probablemente poca diferencia entre la representación hecha ante aquel público en particular y las que se hicieron antes y después de ella. (Excepción hecha de las tachaduras de los escalofriantes chistes del gracioso en la escena final.) Rueda era pedante y falto del sentido del humor —como podemos comprobar en su juicio sobre una farsa posterior— pero en este caso se puede decir algo en su favor. Puesto junto a los demás casos que he analizado, el hecho de que esta obra no fuese nunca alterada en su forma impresa, me parece que sirve para demostrar que —al menos en el siglo XVII— la Inquisición rectificaba algunas veces sus errores y que no fue siempre tan inconmovible en sus decisiones como se ha sostenido en ocasiones.

10

QUEVEDO PARA LAS MASAS

«Quevedo for the masses», *Atlante*, III (1955), pp. 151-166.

Los impresores españoles pronto se dieron cuenta de que con sólo una hoja en cuarto se conseguía hacer un libro barato. Doblando una hoja dos veces, se logra un folleto de cuatro y el comprador podía desplegarlo para su lectura o cortar la primera doblez y usarlo como un libro corriente. La producción era barata. Estos libros de una sola hoja se llamaban *pliegos sueltos* o *pliegos de cordel* (porque probablemente se colgaban para la venta en una cuerda horizontal). Los primeros pliegos sueltos góticos españoles han sido estudiados con alguna minuciosidad porque muy a menudo contenían textos de romances antiguos o poemas líricos interesantes. Desde 1607 aproximadamente, pocas veces vuelven a aparecer los romances tradicionales en estos pliegos y poca atención crítica se ha prestado a los que surgieron después. A pesar de ello se continuaron publicando en gran número, y algún examen de su contenido merece la pena. Muchos niños españoles aprendieron a leer en ellos. Los mayores, hombres y mujeres, encontraban en ellos historias de héroes, bandidos y aventuras, versos piadosos y meditaciones religiosas, historias humorísticas y relatos dramáticos, adivinanzas, hechizos y un limitado número de buenas narraciones y composiciones líricas. He recopilado estas notas en la creencia de que estos pliegos sueltos pueden ayudarnos a observar ciertas características de la obra de algunos de los grandes escritores españoles que, sin ellos, pasarían inadvertidos. El mismo Quevedo puede aparecer bajo una luz distinta si lo examinamos en este nuevo aspecto.[1]

1. Para los primitivos pliegos sueltos, cf. R. Menéndez Pidal, *El roman-*

Las poesías que aparecían en pliegos sueltos eran bastante variadas. Cambian, tanto en su contenido como en su forma, a través de los años, pero algunas composiciones mantuvieron su popularidad durante siglos. Y no siempre eran las peores. Se puede trazar una división entre lo culto y lo plebeyo en la poesía española; sin embargo, hay que ser cauto y no caer en la generalización de que todo pliego suelto —puesto que en principio estaba destinado a ser leído por la plebe— contenía exclusivamente poemas plebeyos. En realidad, los pliegos sueltos del siglo XVII muy a menudo contenían gran cantidad de poesías que no desmerecerían en una antología moderna, y muchos de estos poemas pueden ser identificados por cualquiera que tenga tiempo y afición para la tarea. Los pliegos sueltos que Pepys compró en Sevilla y Cádiz, en 1684, contenían poemas de Jorge Manrique, Juan del Encina, Juan de Mena, Lope de Vega y Valdivielso. En cambio, no hay nada de Garcilaso, Herrera, Aldana o los Argensola. La línea divisoria entre lo que el pliego suelto podía o no absorber consistía, al menos en parte, en la métrica; parece ser que sus lectores no gustaban de la métrica italiana. El triunfo de Garcilaso era rechazado por la más humilde manifestación de la literatura española. Las masas no acogían estos versos de la misma manera que los de Lope y —quizá— los de Góngora.

Cualquier viajero experimentado habrá oído hablar en España de los «cuentos de Quevedo». Generalmente son burdos y poco edificantes, pero a veces tienen gracia. Probablemente, ninguno de ellos es auténtico. Pero el nombre de Quevedo ha sobrevivido como el de un bufón tradicional, del mismo modo que el de Jorge Buchanan en Escocia. Es difícil explicar cómo sucedió esto, pero el hecho de que las poesías de Quevedo apa-

---

cero hispánico, 1954, II, pp. 66-71, 193-194 y 246-249, etc.; sir Henry Thomas, *Early Spanish ballads in the British Museum*, I, II, III, Cambridge, 1927; Vicente Castañeda y Amalio Huarte, *Colección de pliegos sueltos*, Madrid, 1926 y un volumen posterior; también el *Romancero general* de Durán y algunas aportaciones en la *Revue Hispanique*. Véase Antonio Rodríguez-Moñino, *Diccionario de pliegos sueltos poéticos. (Siglo XVI)*, Madrid, 1970.

reciesen en pliegos sueltos quizá tiene algo que ver con ello.

Contra la idea popular de un Quevedo desvergonzado y bufón, se alza el auténtico Quevedo, el poeta que a veces era intensamente serio y otras ingeniosamente satírico. El ingenio y la sátira casi siempre implicaban una profunda actitud moral, reconocida en sus trabajos edificantes, a pesar de que se permitía ser humorista u obsceno por su propia cuenta. Quevedo fue tan gran poeta como Góngora o Lope de Vega y su poesía es tan varia como la de sus ilustres contemporáneos. Indagar cuánto de su poesía se infiltró en los pliegos sueltos no es una investigación inútil si nos ayuda a saber qué poemas de Quevedo podían ser estimados por el hombre de la calle. Ello puede, además, hacernos vislumbrar una línea tradicional de la imprenta, paralela a la más antigua y significativa tradición oral. Pero aun contando con sólo algunos ejemplos de obras de Quevedo así transmitidas, la tradición vulgar resulta ser algo menos despreciable de lo que parecía.

1. *El valiente Escarramán*

Quevedo escribió este famoso poema y la correspondiente réplica en fecha posterior a 1612. La obra se divulgó inmediatamente y fue imitada y aun parodiada «a lo divino» en aquel año.[2] Fue el más logrado poema en jerga de maleantes («lengua de germanía») que hasta entonces había surgido, y se alude a su éxito en un conocido pasaje de la obra de Cervantes *Entremés de rufián viudo llamado Trámpagos*. La frase

con chilladores delante
y envaramiento detrás

2. A través de todo este artículo, tomo las citas de la edición de José Manuel Blecua: Quevedo, *Obra poética*, 3 vols. Madrid, 1969 ss. Texto del Escarramán, núm. 849, III, pp. 261-274. Véase también John M. Hill, *Poesías germanescas*, Bloomington, Indiana, 1945, pp. 127-130, 232-234. Para la versión «a lo divino», véase B. L. Wardropper, «Hacia una historia de la lírica a lo divino», *Clavileño*, n.º 25, p. 7.

se hizo proverbial. En esta obra dura, brutal, el mismo delincuente describe su arresto, encarcelamiento y flagelación. Su relato alcanza un grado de cinismo superior al que ya Quevedo había hecho exhibir a Pablos de Segovia. Escarramán se enorgullece de su altivez durante el castigo y encuentra consuelo en la consideración de que el hombre no pierde su honra por recibir azotes en el dorso. Ésta fue la primera composición de Quevedo que se imprimió separadamente. En 1613, una imprenta de Barcelona publicó un pliego suelto de dos hojas con el título: *Aqui se contiene la aduersa fortuna del valiente Escarramán, natural de Sevilla...* Contiene el poema de Quevedo, una réplica (probablemente no de Quevedo) y «el testamento que hizo Escarramán», quizá también de dudosa autenticidad. Este pliego suelto es muy raro y, a lo que se sabe, no fue reimpreso. De todos modos, la primera obra de la bibliografía de Quevedo, impresa aisladamente, aparece en un pliego suelto.[3]

2. *Don Álvaro de Luna*

Quevedo escribió un romance sobre don Álvaro de Luna. Empieza así: «A los pies de la fortuna [...]». Otro romance del siglo XVII, «Hagan bien por hacer bien», que también trata de don Álvaro, fue atribuido a Quevedo por Durán.[4] Esta atribución carece de apoyo y debe ser abandonada. El poema es, en realidad, de Gabriel Lobo Lasso de la Vega. El auténtico texto de Quevedo fue precisamente impreso en *Las tres musas últimas castellanas* de 1670.

La muerte y caída de don Álvaro de Luna fueron tema de un número de romances artísticos a últimos del siglo XVI y principios del XVII. Don Antonio Pérez Gómez publicó hace

3. Cervantes, *Entremeses,* ed. Miguel Herrero García, Madrid, 1945, pp. 50-59. Para la comparación con Pablos, véase A. A. Parker, «The psychology of the *Pícaro* in the Buscón», y T. E. May, «Good and evil in the *Buscón*», *MLR*, XLII (1947) y XLV (1950).

4. Cf. Blecua, I, p. 71.

veinte años una monografía sobre estas composiciones y su informe aclara muchos problemas bibliográficos oscuros que conciernen a su transmisión.[5] La boga empezó verdaderamente con un poema en el *Romancero* de Lorenzo de Sepúlveda: «Los que priváis con los reyes [...]», dado a la imprenta en 1566; antes de 1700, más de cincuenta romances diversos habían sido impresos sobre don Álvaro, y dos de ellos «a lo divino». Dos fueron incluidos en el *Romancero general* de 1600 y cuatro en la edición de 1604. De vez en cuando, poemas aislados habían aparecido en pliegos sueltos primitivos (Valencia, 1598; Sevilla, 1601), pero pliegos sueltos exclusivamente dedicados a los *romances de don Álvaro* empezaron a aparecer en Alcalá en 1606 (o quizá en Barcelona en 1605) y continuaron haciéndolo, según el señor Pérez Gómez, como sigue: Alcalá 1607, Braga 1610, Madrid 1637, 1638, 1670 y en Sevilla 1693. A estas publicaciones se pueden añadir otras dos series que yo mismo he manejado de Madrid 1679 y Sevilla 1677. No es de extrañar que Lope de Vega hiciese que uno de sus *graciosos* se quejara de que un nuevo romance sobre don Álvaro apareciese cada semana o, por lo menos, cada mes *lunar*.

La moda de estos poemas es quizá difícil de explicar. Empezaron a aparecer antes de la caída de cualquiera de los poderosos favoritos del siglo XVII (Lerma, Rodrigo Calderón, Uceda, Olivares), pero naturalmente Lerma ya estaba en la cumbre cuando el primer pliego suelto apareció en Alcalá. El carácter de estos poemas, no muy extraordinarios, era medieval, a pesar de que la expresión no lo era. Presentaban casos de fortuna y predicaban la moral de que todos los valores humanos son transitorios. Don Álvaro había confiado en lo que no merece confianza, y una y otra vez los poetas promulgaban la vieja advertencia:

> cata que a la fin se engaña
> el hombre que en hombre fía.

5. *Romancero de don Álvaro de Luna (1540-1800)*, Valencia, 1953. Véase también Antonio Rodríguez Moñino, *La silva de romances de Barcelona, 1561*, Salamanca, 1969, pp. 191-194.

Existió también una serie paralela de poesías sobre la ejecución de don Rodrigo Calderón y relatos edificantes de los óbitos de Felipe II y del segundo don Juan de Austria, en sus lechos de muerte, que proporcionaban material para contemporáneos y posteriores pliegos sueltos. La insistencia en señalar cómo las glorias terrenales abandonan a sus poseedores, antes o en el momento de la muerte, era parte de la tendencia del catolicismo en el siglo XVII. Los *romances de Don Álvaro* se vendieron tal vez más por razones religiosas que políticas, aunque de vez en cuando el comprador se haya consolado con la idea de que el poder de Lerma, Olivares, Haro o Valenzuela no podía ser eterno. Los pliegos sueltos eran en su mayoría anónimos, pero en uno o dos de ellos aparece la significativa información: «corregidos y enmendados por el padre Juan José Besgué de la Compañía de Jesús». Los jesuitas, en realidad, no podían hallar nada que oponer a estos edificantes versos y podemos conjeturar que estimulaban su venta.

El romance de Quevedo fue impreso por primera vez en formato de pliego suelto en Sevilla, 1677.[6] Es tan edificante como cualquiera de los demás, pero difícilmente se destaca de ellos. Consiste en una escena entre don Álvaro y un «truhán», después de haber sido aquél condenado a muerte. Quevedo, paradójicamente, convierte al bufón en portavoz de la verdad cristiana y estoica:

Y ¡cuántas [veces] te dije a solas
que el hombre que en hombre espera,
le hace a Dios su contrario,
Dios al hombre casi bestia!...

Pues que todo fue prestado,
la vida, el honor, las prendas,
no es mucho que, agradecido,
al que te las dio las vuelvas.[7]

Quevedo se vio a sí mismo en el truhán que predicaba. El autor de *Travesuras de la niñez* podría decir también:

que quien fue truhán en burlas
es predicador de veras.

6. Me atrevo aquí a corregir los datos que da Blecua, I, p. 48.
7. Blecua, I, pp. 306-309.

Se trata de un poema menor, quizá tan sólo un intento de imitar la moda contemporánea o de mostrar la posibilidad de escribir sobre el tema tan bien como los demás. Pero su publicación en algunos populares pliegos sueltos concede crédito a la seriedad de sus lectores.

3. *Nueve letrillas*

En la biblioteca Pepys del Magdalene College, de Cambridge, existe un pliego suelto impreso por Juan de Osuna, de Sevilla, en 1677. Se titula: «Sátiras graciosas de Don Francisco de Quevedo, Sacadas de sus Obras, para entretener ratos ociosos». Bajo estas palabras hay tres bonitos grabados en madera que representan un hombre con un arpa, una mujer también con un arpa y un hombre con una guitarra. Siguen nueve letrillas satíricas; son las que llevan los siguientes números en la edición de Blecua,[8] II: 642, 643, 645, 646, 647, 651, 653, 654 y 660. Entre ellas se encuentra el famoso «Poderoso caballero es don Dinero». El texto es deficiente y merecedor de poca confianza. Estrofas enteras han sido omitidas en algunas composiciones. Sin embargo, este pliego suelto sigue siendo un documento interesante, y quizá único; nueve poesías de Quevedo se pusieron al alcance de quienes no podían adquirir el gran volumen de *Las musas*. Las composiciones están llenas de ingenuidad y conceptismo; abundan los retruécanos y los juegos de palabras. Este tipo de poesía, que los lectores extranjeros encuentran extremadamente difícil de desenmarañar, sin duda tuvo pocos misterios para el español casi analfabeto que leía los pliegos sueltos y para el grupo de amigos iletrados que los escuchaban. Esta clase de conceptismo no puede ser considerado como de gusto aristocrático, ya que estaba al alcance del trabajador ordinario, hombre o mujer. En efecto, aunque la idea sea sutil, los retrué-

8. Véase E. M. Wilson, «Samuel Pepy's Spanish chap-books», *Transactions of the Cambridge Bibliographical Society*, II, 3 (1956), núm. 35/70.

canos y crudezas están enraizados en el lenguaje diario y en la jerga contemporánea. Quizá habría que distinguir entre el conceptismo popular y el culto. Pero tanto la gente cultivada como la ignorante podía reír los chistes y sentir la amargura que había detrás de ellos:

> El juez, en injustos tratos,
> cobra de malo opinión,
> porque hasta en la pasión
> es parecido a Pilatos.
> Protector es de los gatos,
> porque rellenarlos gusta;
> sólo la botarga es justa,
> que en lo demás hay hilazas.
> *Este mundo es juego de bazas,*
> *que sólo el que roba triunfa y manda.*
>
> Cura gracioso y parlando
> sus vecinas el dotor,
> y siendo grande hablador,
> es un mátalas-callando.
> A su mula mata andando,
> sentado mata al que cura,
> a su cura sigue el cura
> con *requiem* y funeral.
> *Y no lo digo por mal.*

4. El cabildo de los gatos

Según Blecua, Quevedo escribió este poema antes de 1627. Existe en varias versiones que pueden ser estudiadas en Blecua, II, n.º 750, pp. 517-529. Es, naturalmente, una sátira sobre diferentes profesiones, vistas a través de los ojos de una congregación de gatos, cuyos dueños, por lo general, los mataban de hambre y los maltrataban.[9] En la obra abunda ese tipo de

9. Cf. el *romance* de Góngora «Murmuraban los rocines...» como paralelo, lo mismo que el famoso *Coloquio* de Cervantes. La burlesca *Gatomaquia* de Lope se imprimió en 1634.

distorsión metafórica tan grata a Quevedo. Un gato, por ejemplo, se queja:

> La hambre de cada día
> me tiene tan amolado
> que soy punzón en el talle
> y sierra en el espinazo.

La sátira es bastante trivial excepto en su última parte, cuando un gato de convento empieza a hablar. Aquí Quevedo introduce una sátira inesperada, extremadamente divertida y malintencionada sobre la glotonería de los clérigos, en un lenguaje que parodia el del ascetismo al uso. El gato puntualiza cómo la vida religiosa tiene sus beneficios, tanto materiales como espirituales:

> Después que yo dejé el mundo
> y entre bienaventurados
> vivo haciendo penitencia,
> tengo paz y duermo harto.
>
> Ya conoceis nuestra vida
> cuán cortos tiene los plazos:
> que vivos nos comen perros,
> y difuntos los cristianos.
>
> Que tres pies de un muladar
> nos suelen venir muy anchos,
> y que desta vida pobre
> aun el cuero no llevamos...
>
> Busquemos si hay otro mundo;
> pues en éste, ¿qué alcanzamos?
> Son gatos cuantos le viven
> en sus oficios y cargos...
>
> Imitadme todos juntos
> pues que ya os imitan tantos
> metéos, cual yo, en religión
> y viviréis prebendados.
>
> Cobra amor al refitorio,
> y cumplid el noviciado,
> que se os lucirá en el pelo,
> pues le luce a vuestro hermano.

El ataque al buen vivir e hipocresía de los clérigos es tan eficaz como las más agrias páginas de los *Coloquios* de Erasmo... y mucho más divertido. Sin embargo, no hubo —que yo sepa— intento de suprimir o expurgar estas líneas por parte de las autoridades eclesiásticas. Quizá la censura se hacía más tolerante con los años porque líneas como éstas son difíciles de encontrar en versos impresos entre, digamos, 1570 y 1620, si bien figuran parecidas y abundantes en manuscritos. Sólo una muy sensible conciencia podría hallar impiedad en estas líneas, pero lo cierto es que contienen un ataque a la falta de temperancia de algunos sacerdotes. El hecho de que fuesen reimpresas por lo menos dos veces en años siguientes, en pliegos sueltos, no es enteramente sorprendente.

La primera versión en pliego suelto que conozco se puede encontrar en la Biblioteca Bodleiana.[10] Tiene sólo dos hojas y está encabezada con la figura de un gato en un marco redondo. En el título se lee: RELACION NVEVA, BVRLESCA | de Don Francisco de Quevedo. | QVE DECLARA VN CABILDO QVE CELEBRARON LOS | *Gatos en el ala de vn texado sobre el modo como avian de vivir, y lo que* | *cada vno le passava con su Amo.* | El texto corresponde a la versión más larga, pero con algunas alteraciones y corrupciones. La obra no está fechada, pero lleva el pie de imprenta de Francisco de Leefdael, de Sevilla, del cual se sabe que trabajaba entre los años 1701 a 1730.

Hubo, por lo menos, otra edición de unos cien años más tarde.[11] Un taco con la figura de un gato precede al título, parecido al impreso por Leefdael, excepto que la palabra «á» precede a «cada» y hay diferencias en la distribución tipográfica y en los acentos. Tiene el mismo formato y su texto es muy similar al anterior. En el colofón se lee: «*Valencia: Imprenta de Laborda, calle de la Bolsería, núm. 18*». Agustín Laborda imprimió desde 1758 en adelante; he visto pliegos sueltos impresos por su viuda, de 1807-1810, y por su hijo desde 1820-

---

10. Signatura: 285. a. 66. (4).
11. British Museum, signatura: 1074. g. 27.

1822. Sospecho que las ediciones de la «Imprenta de Laborde» son posteriores a las otras. Si es así, este pliego bien pudo haber aparecido c. 1830, y podemos estar casi seguros de que hubo otros pliegos sueltos del *Cabildo de los gatos* entre las dos ediciones antedichas. Los títulos son casi idénticos y no parece probable que un impresor de principios del siglo XIX hubiese utilizado un ejemplar unos cien años más antiguo.

5. *El rigor de las desdichas*

La relación entre pliegos sueltos y obras teatrales, durante los siglos XVII, XVIII y principios del XIX no era sencilla. De vez en cuando, el argumento de un pliego suelto se transformaba en el de una obra teatral, y con mayor frecuencia, el de una de éstas se reducía o se refundía en forma de romance para hallar cabida en un pliego suelto: los que llevan los títulos de *El convidado de piedra* y *La garza de Portugal* son, sin duda, resultado de esta clase de procesos. La *loa* dramática se reimprimía en pliegos sueltos, especialmente las referentes a virtudes o vicios de las mujeres, o alocuciones de despedida a alguna ciudad española en particular. J. E. Gillet estudió una colección en la Biblioteca Nacional de Madrid que, casi en su totalidad, contenía narraciones tomadas de obras teatrales, algunas muy conocidas y otras completamente olvidadas.[12] Aquellos largos parlamentos que daban cuenta de la vida de un hombre o de una mujer, las peroratas que, a veces, parecen interminables a los lectores modernos del drama de los Siglos de Oro, eran muy admirados por los lectores de pliegos sueltos. Yo mismo poseo dos de esas narraciones tomadas de *El Purgatorio de San Patricio* de Calderón y otro de su *La banda y la flor.* Entre los pliegos sueltos de Pepys, todos ellos impresos entre 1670 y 1684, hay dos parlamentos de *No hay vida como la honra,* de Juan Pérez de

12. «A neglected chapter in the history of the Spanish *romance*», *RHi*, LVI (1922), pp. 434-457.

Montalbán, otro de su *El divino nazareno Sansón* y *Los amantes de Teruel,* y otro de *El horror de las montañas y portero de San Pablo,* de Cristóbal de Monroy. Las narraciones sobre Sansón y los amantes fueron a menudo reimpresas durante el siglo XVIII. También fueron parodiadas, y las parodias llegaron a ser casi tan populares como los originales. Tales hechos son significativos para la crítica dramática española y para el estudio de la historia social. Muestran que los largos discursos eran solicitados por el público e implican claramente que el recitado era una forma favorita de diversión en reuniones y tertulias.

Entre las fuentes de estos recitales dramáticos figura una olvidada obra teatral cuyo título es *El rigor de las desdichas,* algunas veces atribuida a Calderón y otras a «un ingenio de esta corte».[13] Contenía dos largos discursos y ambos fueron reimpresos separadamente en pliegos sueltos de dos hojas. El primer parlamento, que figura muy al principio del drama, es el único que nos interesa ahora.[14] Empieza así:

Desde el umbral de la vida
del mundo escalón primero,
puerta de tantas desdichas,
y origen de tantos riesgos,
tan hijo de mis desgracias
nací, que sin duda el Cielo
admiró en aquel instante
todos sus astros opuestos,
todos sus signos contrarios,
y enojado todo aspecto...

En una versión de este parlamento que he visto en un pliego suelto, está encabezado así: |) S (140.) S (| RELACION | DE LA COMEDIA | INTITULADA: | EL RIGOR | DE LAS DESDICHAS, | Y MUDANZAS | DE LA FORTUNA. | *DE DON PEDRO CALDERÓN.* | Se imprimió por Félix de Casas y Martínez, Málaga, 1782. Hay noticia fidedigna de dos ediciones posteriores;[15] y probable-

13. He usado una *suelta* de esta obra en la Biblioteca de la Universidad de Cambridge: Hisp. 5, 31, 76. (12). Estaba atribuida a Calderón en 1664; negó que era suya en 1672.

14. El otro parlamento puede hallarse impreso separadamente como pliego suelto en la Biblioteca de la Universidad de Cambridge: Hisp. 7. 81. I. (59).

15. Estas dos ediciones deben de ser tardías. Fueron obra de Luis de Ramos y Coria de Córdoba (fl. c. 1795) y Rafael García Rodríguez que trabajó desde 1808 a 1848. Véase José María de Valdenebro y Cisneros, *La imprenta en Córdoba,* Madrid, 1900, núms. 1.866 y 2.035.

mente se encontrarían más ediciones en bibliotecas españolas.

A finales del siglo XVIII, empezó a circular en pliegos sueltos una parodia de este discurso. He visto varios de esos pliegos; la mayoría carece de fecha y de pie de imprenta.[16] Poseo una tardía edición sin fecha que incluso podría ser del siglo XX: (Núm. 55.) | [*Taco con figura de hombre deforme*] | RELACION BURLESCA | DEL HOMBRE MAS DESGRACIADO CONOCIDO | POR | EL RIGOR DE LAS DESDICHAS. Se lee en el colofón: MADRID. — Despacho: Hernando, Arenal, 11. He comparado el texto con ediciones antiguas; es ligeramente más corto y aparece un tanto expurgado. Pero hay una razón para comentarlo aquí, a fin de hacer resaltar la continuidad de la tradición vulgar. El poema empieza con versos semejantes a los arriba transcritos de la obra teatral; no obstante, la asonancia ha sido cambiada de *e-o* en *e-a*:

> Desde el umbral de la vida
> del mundo, parte primera,
> tan hijo de mis desdichas
> nací, que sin duda a ellas
> se empeñaron al instante
> aire, fuego, agua y tierra.

El arranque nada tiene de cómico. Se limita a repetir de modo más breve lo que el original decía más extensamente. El imitador anónimo continúa:

Nací en el signo de Libra,
tan inclinado a las pesas,
que todo mi amor se funda
en las madres vendederas:

parióme adrede mi madre,
y, ¡ojalá no me pariera!
pues lo propio fue parirme
que al punto caerse muerta.

Las razones para el cambio de asonancias son ahora evidentes. La obra ha cesado de ser parodia de un discurso tomado de una obra teatral medio olvidada, y se convierte, en cambio, en

---

16. Eran parte del fondo de los dos impresores de Córdoba mencionados en la nota precedente (cf. Valdenebro, *op. cit.*, números 1.867 y 2.032).

una extensa y desvergonzada glosa sobre uno de los romances
más cómicos de Quevedo:

Refiere su nacimiento y las propiedades que le comunicó:

Parióme adrede mi madre,	Nací debajo de Libra,
¡ojalá no me pariera!,	tan inclinado a las pesas,
aunque estaba cuando me hizo	que todo mi amor le fundo
de gorja Naturaleza...	en las madres vendederas.[17]

El anónimo versificador continúa con musa propia durante
algunos versos. Son bastante burdos pero, de vez en cuando,
aparecen reminiscencias de la predilección que sentía Quevedo
por las comparaciones sorprendentes y concretas:

Parióme al fin, desollado,	la frente a modo de teta,
un burujón en la testa,	la nariz como una alcuza,
de las nalgas muy chupado,	la boca como una espuerta,
pegadas las dos orejas,	la lengua como una pala,[18]
la cabeza amelonada,	los dientes como una sierra, etc.

Pero una vez terminado este triste inventario físico, otros
versos del poema de Quevedo se intercalan de forma más o
menos corrupta:

Un miércoles con un martes	Era noche destemplada
tuvieron gran competencia,	entre clara y entre yema,
porque ninguno quería	tres maravedís de luna
que en su término naciera.	alumbraban a la tierra,
Nací tarde, porque el sol	que por ser yo el que nacía
tuvo de verme vergüenza;	no quiso que el cuarto fuera

Más versos de Quevedo siguen a éstos. Después, el poeta se
embarca en una excursión por su propia cuenta. Expone una
lista de enfermedades de su infancia y hace un resumen de los
malos tratos sufridos en la escuela, de cómo el dentista le
arrancó un diente sano en vez de uno picado, de sus desgracias
en las corridas de toros y en la esgrima, a caballo, y otras cosas

17. Blecua, núm. 696, II, pp. 298-305.
18. Las versiones primitivas dicen: «acha».

por el estilo. A continuación, más versos adulterados de Quevedo. Sin duda, de no haber existido su poema, esta torpe parodia no se hubiera escrito jamás. Consiste aquél en 136 versos; de ellos, 64 se los apropia el imitador anónimo cuyo poema es, naturalmente, mucho más largo. Si alguna vitalidad tiene este pliego suelto, se debe a Quevedo. De todos modos, la mera existencia de la obra es de por sí interesante: las palabras de Quevedo continuaban siendo leídas o escuchadas entre hombres y mujeres que de otra manera no las hubieran conocido. El burlesco *Rigor de las desdichas* tuvo alguna influencia. Existe algo parecido a una antigua canción de cafetín de principios del siglo XIX que se halla en un pliego suelto de dos hojas, encabezado por grabados que representan una mujer con abanico y un hombre con sombrero de copa. El título es: COPLAS | DEL DESGRACIADO.[19] Reproduzco algunos extractos:

> Yo soy desgraciado
> desde que nací,
> a nadie le pasan
> las cosas que a mí;
> un poco de tiempo
> que jugador fui,
> hasta la camisa
> un día perdí.
> A nadie le pasan [...]
>
> Me compré un paraguas
> por librarme así
> del agua que el cielo
> nos envía aquí;
> desde que le tengo
> (sin duda por mí)
> no llueve una gota,
> ni llegó a servir;
> A nadie le pasan [...]

19. Biblioteca de la Universidad. Cambridge: S. 743.3, c. 8.1. (31). El volumen fue regalo del fallecido sir Stephen Gaselee. El pliego no lleva fecha ni pie de imprenta.

> Siendo pobre y solo
> buscar resolví
> un amo muy rico,
> y ponerme a servir;
> tuve tal fortuna
> con el que admití,
> que en vez él de darme,
> me pedía a mí.
> A nadie le pasan [...]

Durante los comienzos del siglo XIX, se pusieron de moda, según parece, los recitados y el recitador narraba sucesos jocosos de los cuales había sido víctima. Tenían títulos como *El tagardinero de Sevilla, El Galán burlado, Las desgracias de Toribio y fracaso de los duendes.* Son burdos los argumentos y tosco el lenguaje. Uno de éstos es un especimen particularmente grosero y el único texto que he visto está, además, descuidadamente impreso. Es un pliego de dos hojas con el siguiente título: PASCUALILLO. | Papel nuevo para representar en donde encontremos el | raro nacimiento de un desgraciado. Encima del título hay un burdo grabado con la figura de un joven con una azada. La narración empieza así:

Atiéndame todo el orbe
el que me quiera escuchar...
regístrense las historias
donde no se encontrarán...

quien conmigo se compare,
ni quien se pueda igualar
ni el rigor de las desdichas,
ni Job en el muladar.

Las dos hojas impresas a tres columnas y la pieza en su totalidad está desprovista de todo elemento artístico redentor. Pero es obvio que está inspirada por el burlesco *Rigor de las desdichas,* como la muestra que acabo de dar. Quizá la característica más notable de este pliego sea el colofón en el cual se lee. FIN | Esta composición es propiedad de Antonio Sánchez Roldán, |natural del Viso del Alcor, provincia de Sevilla, trabajador del cam- | po, sin saber leer ni escribir El que me lea me dispensará las faltas. | SEVILLA | Librería de D. José Guillermo Fernández, Cánovas del Castillo, 33. | Aunque no tienen mérito literario, estos versos son los últimos de una tradición vulgar que se inició en Quevedo.[20]

El poema de éste es casi una parodia. Su romance debe interpretarse en conexión con la tradición de la poesía amorosa prevaleciente a lo largo del siglo XVI. Se puede leer —a la luz de versiones aparecidas en pliegos sueltos— como un ataque humorístico a la compasión literaria de uno mismo. De modo general, refleja las lamentaciones de los amantes que eran parte del almacén de existencias poéticas al uso y quizá tenía una relación particular con un poema aparecido anónimamente en una antología del siglo XVI:

Parióme mi madre
vna noche escura;
cubrióme de luto;
faltóme ventura.
Cuando yo nascí
era hora menguada:
ni perro se oía,
ni gallo cantaba,
ni gallo cantaba,
ni perro se oía,
sino mi ventura
que me maldecía.
Apartaos de mí
bienafortunados,
que de sólo verme
seréis desdichados.
Dijeron mis hados
cuando fui nascido:
si damas amase
fuese aborrescido.

Fui engendrado
en signo nocturno,
reinaba Saturno
en curso menguado.
Mi lecho y la cuna
es la dura tierra.
Crióme una perra,
mujer no ninguna.
Muriendo mi madre
con voz de tristura
púsome por nombre:
hijo sin ventura.
Cupido enojado
con sus sufragáneos
el arco en las manos,
me tiene encarado.
Sobróme el amor
de vuestra hermosura;
sobróme el dolor,
faltóme ventura.[21]

Estos versos poseen un sutil encanto debido a su gran simplicidad. Pero el poema va en contra del sentido común.

20. Forma parte de un volumen facticio en la biblioteca del King's College, Universidad de Londres, Strand, W. C. 2. El libro lleva el número PQ 6210. C8.

21. *Cancionero llamado Flor de Enamorados, sacado de diuersos auctores agora nueuamente por muy linda orden copilado*, primera edición, Barcelona, 1562, reimpreso por Antonio Rodríguez-Moñino y Daniel Devoto, Valencia, 1954, fol 63 r°. He modernizado la ortografía y puesto la puntuación.

Nadie puede tomar en serio a la perra que amamantó al desconocido poeta. No sabemos si compadecerle más por su mala suerte en general o por sus desventuras amorosas. Quevedo vio algo absurdo en este modo de escribir y lo destruyó exagerando ridículamente el lenguaje e introduciendo todas las pequeñas miserias que de ordinario soportan hombres y mujeres con más o menos paciencia. Cuando nos reímos de su Fabio, en realidad nos reímos de nosotros mismos.

Existen por lo menos otros dos poemas probablemente escritos antes que el de Quevedo, y que quizá los utilizó como modelos. La extravagante expresión del anónimo que acabamos de incluir se encontraba ya a mitad de camino de la parodia. Después de tales hipérboles, era fácil crear el trance del desgraciado y desdeñado amante absurdo. Una expresión de este estado, probablemente obra de Lope de Vega,[22] apareció en la *Quarta y Quinta parte de Flor de Romances recopilados por Sebastián Vélez de Guevara,* impreso en Burgos en 1592 [23] y reimpreso en la quinta parte del *Romancero general* de 1600. Este poema empieza:

> Solos aquí en confesión;
> que no nos escuche nadie [...]

El autor inicia su confesión expresando su esperanza de que la dama se conmueva con la enumeración de sus desgracias. Más de un hombre ha terminado en un manicomio por menos motivo. Luego empieza su biografía:

> Nací, pues, que no debiera,
> más ha de tres Navidades,
> si nace un desventurado
> que a vivir muriendo nace.
> Pero al fin salí de pies,
> según dixo la comadre,
>
> pronóstico de dichosos,
> aunque a mí falso me sale.
> Es mi vida una ensalada
> con más sal y más vinagre
> que tiene Atienza y Medina,
> con todos sus Arrabales [...]

22. No me ha sido posible comprobar esta atribución de González Palencia.

23. Ed. Antonio Rodríguez-Moñino, Madrid, 1957, fols. 122 ss.

Luego describe a su «bella ingrata» en términos nada convencionales:

> Es dulce en extremo y dura
> más que turrón de Alicante,
> que ella con nada se ablanda,
> y él con los dientes se parte [...]

Y después de seguir subrayando la crueldad de la bella, el poeta describe su repulsa de un modo completamente jocoso. La sátira va dirigida contra la idea convencional del desgraciado amante. El poema es ligeramente divertido, pero nada más que eso.

Una composición más o menos similar fue impresa en la *Segunda parte del Romancero general, y flor de diuersa poesía,* de 1605. Empieza así:

> Yo no sé para qué escribo
> tanta prosa y tanto verso [...] [24]

Escribir es una ocupación cara. El papel y la tinta cuestan dinero. Los pasteleros confunden los versos del poeta con los viejos pliegos sueltos de Don Gaiferos y envuelven sus mercancías en ellos. El poeta no tiene dinero. Después, aparece otra vez la autobiografía satírica:

> Parióme mi madre en martes,
> y estaba entonces el cielo
> lleno de escuras tinieblas
> y de negras nubes lleno.

Los desastres se acumulan cuando nace: la casa se incendió, murió la abuela, fue robada una joven esclava, los perros aullaban, la comadrona era tuerta, la nodriza lo dejó caer, y otros desastres por el estilo. Cuando por fin llegó a la universidad,

---

24. *Romancero general,* ed. A. González Palencia, Madrid, 1947, número 1.109.

no hizo allí otra cosa que escribir poesía. Termina la obra quejándose del sinnúmero de poetas que existen; deben desaparecer, ya que él quiere dedicarse a la pluma. El poema es más difuso que el de Lope y mucho menos gracioso. Está dirigido primordialmente contra los poetas, puesto que él es en realidad desgraciado, porque la poesía es su única ocupación.

«Parióme adrede mi madre» pertenece a una tradición literaria y da origen a otra vulgar. En ambos casos sentimos que este poema es mucho más que una sátira ligera contra la moda de la pena sentimental. Leído al lado de otras poesías de Quevedo, los mismos versos causan o han causado diferente impresión. En 1932, Astrana Marín describió este romance como «amargo y sombrío», aunque más tarde abandonó esta opinión; [25] y don Ángel Valbuena Prat lo califica de «ejemplo de ingenio, de exageración artificiosa, pero a la vez, de humor, de escondida amargura».[26] Cuando examinamos el poema aisladamente, no notamos de improviso semejante expresión, y la relación de los pecados de tenderos, doctores, cornudos y mujerzuelas, aunque nos recuerden los *Sueños* y las letrillas satíricas, vemos que están cuidadosamente subordinados a la narración de la desventura. Estos recuentos son cómicos, como lo son las mismas desgracias. ¿Dónde están, pues, la amargura y lo sombrío?

La explicación quizá estriba en la relación entre este poema y los abiertamente pesimistas. «Fue la poesía aplebeyada y chocarrera una enorme válvula de escape de lo afectivo», escribe Dámaso Alonso en su magnífico ensayo sobre la poesía de Quevedo,[27] y vuelve a mencionar «el intervalo desde el amargo dolor hasta el amargo humor».[28] En los poemas de amor de Quevedo se pueden encontrar algunos relativamente

25. *Obras en verso*, Madrid, 1952, p. 273, pero véase también su artículo sobre Quevedo en el tercer volumen de la *Historia general de las literaturas hispánicas*, Barcelona, 1953, p. 516.

26. *Historia de la literatura española*, II, Barcelona, 1937, p. 120.

27. *Poesía española*, Madrid, 1950, p. 565.

28. Ibid., p. 607.

superficiales, de la clase de sufrimiento amoroso convencional
que aquí parece satirizar. No fue el único poeta que se burló de
un vicio en el cual él mismo caía de vez en cuando. Pero los
memorables poemas de la serie de Lisi y Flora son muy diferentes. Ahí encontramos algo mucho más intenso que las generalizaciones de los petrarquistas y más fuerte que el reiterado
viejo tópico del *deteriora sequor* o el desesperado lenguaje de los
amantes.[29] Dámaso Alonso ha estudiado al final de su ensayo
este aspecto de las poesías amorosas de Quevedo. Llama la
atención sobre un soneto como éste:

> En los claustros del alma la herida
> yace callada [...]

y sobre una serie de impresionantes versos aislados.[30] Nuestro problema es tratar de ver si existe una relación entre estas
expresiones y los divertidos versos que se infiltraron en los pliegos sueltos.

Si tomamos los versos aislados y el soneto, si hacemos caso
omiso del contexto de los versos y del título que dio al soneto
González de Salas, encontramos una cantidad de afirmaciones,
muy enérgicamente expresadas, más sobre la vida que sobre el
amor. La herida, en el primer verso del soneto, podría haber
sido causada por cualquier obsesión emocional: venganza, miedo,
desesperación u otro pecado, y la «ceniza amante» del sexto
verso se hubiera entonces convertido en doble metáfora. Ideas
como ésta no son muy distintas de las contenidas en los grandes
sonetos morales. Esto, como dice Dámaso Alonso, «a nosotros
nos es imposible interpretarlo sólo como un lamento amoroso».[31]
Es una *angustia* más fundamental que se puede apreciar mejor
si resalta sobre el fondo del cristianismo de Quevedo y de su

29. «Escribir con desesperaciones, señor excelentísimo, es la mayor gala
en la fineza de los amantes», Lope de Vega al Duque de Sessa, 1.º de diciembre de 1611.

30. Véase especialmente, *op. cit.*, p. 609.

31. Ibid., p. 613.

estoicismo. Su repugnancia hacia el mundo y hacia sí mismo
(«Cargado voy de mí»), va más allá de los límites de la desesperación de unos amantes e incluso más allá de la común desilusión del siglo xvii. Necesitaría a San Pablo y Job, Séneca y
Epicteto como contrapeso.

Quevedo, según da a entender Dámaso Alonso, es el poeta
de «la pesadumbre» y de «la angustia». Para el cristiano, la
angustia es una oportunidad para el acatamiento de la voluntad
divina, mientras que para los estoicos consiste en la práctica de
las virtudes humanas. En opinión de May, Quevedo hace que
Pablos de Segovia se pierda porque de las aflicciones que tuvo
que sufrir, aprendió lección equivocada, no supo someterse y, en
vez de ello, se rebeló. Las composiciones burlescas como «Parióme adrede mi madre» llevan consigo la finalidad de mantener a
raya a la «angustia». Si la dejamos influir demasiado sobre, por
ejemplo, las sensaciones de beber vino aguado o padecer mucho
calor en verano, nos convertiremos en nuestras propias víctimas,
en seres ridículamente neuróticos. Tomar a chacota estas mo-
lestias triviales tiene su lado serio. Aunque beber vino aguado
no tiene muy graves consecuencias para quien lo bebe, lo cierto
es que el mesonero que lo adulteró comete un innoble fraude
y un pecado mortal. Las preocupaciones serias están, por decirlo
así, a la vuelta de la esquina. El poema parece dar a entender
que Fabio al quejarse como lo hace está tanto en lo cierto como
en lo equivocado. Por un lado, se nos avisa para que no nos
revolquemos en la desventura o hagamos una montaña de una
topinera; por otro lado, asociamos las desventuras de Fabio
con la repugnancia que sentía Quevedo cuando escribió «Cargado voy de mí» y su propósito deliberado de vencerla. La observación de Dámaso Alonso según la cual «Quevedo es un
poeta indivisible que sólo unitariamente puede ser entendido»,[32]
vale la pena de ser meditada.

El romance que dio origen a la narración burlesca *El rigor
de las desdichas* es, en realidad, un poema ambivalente. Tomado

32. Ibid., p. 612.

en el contexto de los pliegos sueltos, quiere decir una cosa; emparejado con los poemas más intensamente pesimistas de Quevedo, otra. La descripción que de esta obra hace don Ángel Valbuena es exacta: «a la vez, de humor, de escondida amargura». Este hecho merece ser considerado por aquellos que mantienen que una obra de arte es independiente de cuanto la rodea.

Así termina nuestra investigación de las contribuciones de Quevedo a la tradición de los pliegos sueltos españoles. Se muestra en ellos como un poeta menos profundo de lo que es en realidad. Sin embargo, el hecho de que obras como las que hemos descrito fueran accesibles a la clase más humilde de lectores y recitadas a los iletrados, aumenta su talla de gran escritor. No sólo era una importante figura intelectual. Podemos ahora ver la exactitud de otra frase de Dámaso Alonso: «Este hombre que se había criado en el edificio de palacio, con su cruz de Santiago al pecho, que desempeñó misones estatales tan importantes y delicadas, que estaba impregnado de erudición antigua, era enormemente "pueblo"».[33]

Debo mi agradecimiento a los Master y Fellows del Magdalene College por permitirme estudiar los pliegos sueltos de Samuel Pepys.

---

33. Ibid., p. 315.

11

GUILLÉN Y QUEVEDO, SOBRE LA MUERTE

Entre los poemas de Guillén hay un soneto titulado «Muerte a lo lejos». Tiene, a modo de lema, una línea de Paul Valéry: «Je soutenais l'éclat de la mort toute pure». Se refiere a la ocasional evocación que de la futura muerte se presenta al hombre. He aquí el texto:

Alguna vez me angustia una certeza
Y ante mí se estremece mi futuro.
Acechándolo está de pronto un muro
Del arrabal final en que tropieza

La luz del campo. ¿Mas habrá tristeza
Si la desnuda el sol? No, no hay apuro
Todavía. Lo urgente es el maduro
Fruto. La mano ya lo descorteza.

... Y un día entre los días el más triste
Será. Tenderse deberá la mano
Sin afán. Y acatando el inminente

Poder, diré sin lágrimas: embiste,
Justa fatalidad. El muro cano
Va a imponerme su ley, no su accidente.

En las primeras dos líneas se nos dice que al poeta le asalta de vez en cuando la idea de que su vida ha de terminar con toda certeza y su futuro se estremece ante él. El resplandor del sol, la luz de la campiña sobre un muro le renueva aquel pensamiento. El muro es, en sí, importante porque se nos dice su significado de frontera entre poblado y campo, entre lo conocido y lo desconocido, tal como el momento que separa la vida de la muerte. (Tenemos, naturalmente, que imaginar un sol español y un poblado que termina en un determinado punto, sin fundirse en el campo como los pueblos ingleses. [*Escribí esto en 1954.*].) Quizá también la brillantez de la luz sobre el muro trae la muerte a su mente porque, sin duda, está encalado y la reverberación lo convierte en una superficie lisa, sin grietas, divisiones ni tonalidades de sombra; así también la muerte borra los matices del vivir.

Guillén entonces se apropia de la visión. La luz del sol sobre el muro es bella, incluso alegre. No hay nada que pueda causarnos tristeza. Así pues, también la muerte puede liberar al hombre, poner fin a sus triviales preocupaciones y otorgarle una claridad que no podemos comprender hasta que llega. Pero, en todo caso, no ha llegado aún, y no hay que dolerse por lo inevitable cuando todavía existe una buena tarea por realizar, frutos maduros que comer y que el poeta tiene en sus manos y comienza a «descortezar».

La muerte, sin embargo, vendrá. Es inevitable y debemos recibirla sencilla y llanamente. La mano que antes hizo buen uso de las oportunidades de la vida, acogerá ahora a la muerte de buen grado. El poeta ve netamente su deber: debe aceptarlo e inclinarse ante el «poder inminente», llámese Dios o ley natural. El blanco muro tiene que ser respetado; es lo establecido y ello no ha de ser causa de ningún horror especial pues se trata de algo compartido con los demás seres vivientes.

Supongo que todos los humanos han sufrido la experiencia relatada en las dos primeras líneas. Pocos habrán sido quienes, al ver lo que el poeta vio, se han sentido asaltados por la idea de la muerte; pero no hallarán dificultad en aceptar esta visión como símbolo, tal como he intentado exponerlo. La diferencia entre la actitud de Guillén y la del hombre común estriba no en esto ni en el hecho de que el poeta puede expresar aquella idea con palabras —don negado al hombre común— sino en que el poeta afronta la situación, ve lo que implica y lo acepta, mientras otro cualquiera, probablemente, pondría la televisión o saldría a tomarse una copa.

El arte del poema es notable. La repetición de «muro» y «mano» unen los dos cuartetos al sexteto. La simplicidad prosística de la sintaxis encierra un juego sutil de ritmo versístico e idiomático en el segundo cuarteto y el primer terceto. Hay también admirables sorpresas en los versos: «angustiar, tropezar, estremecerse, acechar, desnudar, acatar». Este poema debe ocupar un lugar predominante entre los sonetos españoles escritos después del Siglo de Oro. Ninguno acude a mi memoria que parezca tan conciso y profundo. Si me permito señalar que contiene reminiscencias de autores anteriores, de ninguna manera me propongo que desmerezca. Mas bien quiero subrayar que un buen poeta puede usar, con gran efectividad, ideas y expresiones que otros, antes que él, han inventado. En este caso el préstamo puede muy bien ser inconsciente.

Ante todo, hay un inequívoco parecido entre:

Lo urgente es el maduro fruto

y el de Shakespeare

Men must endure
Their going hence even as their coming hither
Ripeness is all.

(*King Lear*, 5.2.10-12)

(Pongo aquí la versión no muy literal de Astrana Marín: «El hombre debe salir de este mundo como entró; todo consiste en estar preparado».)

La madurez, naturalmente, es distinta en cada caso: Gloucester estaba a punto para la muerte; en Guillén el fruto maduro de este mundo es el que debe ser gustado antes de que aquélla llegue. Pero en los dos poetas la madurez se asocia con la aceptación de la muerte.

En el *Oxford book of Spanish verse* hay un famoso soneto de Quevedo que empieza así:

> Miré los muros de la patria mía,
> si un tiempo fuertes, ya desmoronados,
> de la carrera de la edad cansados,
> por quien caduca ya su valentía.
>
> Salíme al campo; vi que el sol bebía
> los arroyos del hielo desatados,
> y del monte quejosos los ganados
> que con sombras hurtó su luz al día.

Los dos primeros versos de este soneto han sido con frecuencia mal comprendidos. Quevedo al usar la palabra «patria», no se refiere a España sino a su propio lugar —Madrid o, más que probable, a Torre de Juan Abad—. Así pues, los muros son realmente muros, no las fuerzas armadas de la Corona o la rigurosa moral de los antiguos españoles. Quevedo no está describiendo la decadencia de la España del siglo XVII comparada con pasados heroísmos (como lo hace en su carta a Olivares); quiere expresar que los auténticos muros al irse desmoronando, son para él un «memento mori»; igualmente lo son también los arroyos secos por el calor, las colinas que esconden el sol al ganado, su torcido bastón y su mohosa espada.

> Y no hallé cosa en que poner los ojos
> que no fuese recuerdo de la muerte.

Quizá no haya razón para que no admitamos el más amplio significado de «patria» y un sentido metafórico de «muros», al mismo tiempo que recordamos el hecho primario de que Quevedo estaba pensando en términos de murallas de pueblo o de ciudad. Los grandes poetas a menudo usan el lenguaje de forma tal, que más de una idea acuda a la mente del lector. De todos modos, el «desmoronamiento del muro» es la imagen predominante; la de cansados o indisciplinados veteranos es subsidiaria. En la mayoría de las ediciones el soneto está encabezado por *Avisos de la muerte*. En él encontramos el mismo esquema de Guillén con algunas diferencias. Ambos, el muro y el sol, se hallan allí, y también la luz. En Guillén el sol brilla en un muro que es probablemente nuevo; en Quevedo el muro es viejo, el poder del sol una fuerza destructiva y la luz está oscurecida por el monte. Sin embargo, la imagen «sol-luz-muro» se encuentra en las distintas partes del soneto de Quevedo. Su reiteración en el poema de Guillén no parece accidental. La intención de Quevedo es dar énfasis a la importancia de la muerte; por este motivo encuentra su recuerdo en todas partes; Guillén lo halla en un momento de sorpresa.

En otro soneto, también recogido en el *Oxford book* («Todo tras sí lo lleva el año breve»), Quevedo ve su vida como un río que es tragado por el mar de la muerte. (Quevedo, naturalmente, tomó esta idea de Jorge Manrique.) Toda vida es una progresión hacia la muerte, estemos dormidos o despiertos. La muerte es algo espantoso:

> Breve suspiro, y último, y amargo,
> es la muerte, forzosa y heredada;

Y entonces viene una conclusión casi gallarda:

> mas si es ley y no pena, ¿qué me aflijo?

Hay una extraordinaria concentración y variedad en estos versos. La muerte es una píldora amarga; las comas que separan «suspiro» de sus adjetivos son como fuertes tragos con que tratamos de ingerirla. Las comas representan pausas necesarias para que nos demos cuenta de la enorme fuerza de las palabras en sí. El siguiente verso se refiere a la inevitabilidad de la muerte y al hecho de que es común a todos los humanos: «forzosa y heredada». Ningún cristiano puede leerlo sin pensar en la maldición de Dios sobre Adán después de la caída, de la cual somos todos herederos. Pero precisamente el hecho de que sea una herencia la hace legal y aceptable, tal como ocurre en el soneto de Guillén. Quevedo lucha con los temores de los que Guillén escapa, aunque llega a la misma conclusión. Quevedo encuentra la muerte amarga, pero se consuela con la idea de que es una condición de nuestra existencia, cuya amargura puede evitarse si tomamos las medidas adecuadas (es decir, si la aceptamos como ley, y no como castigo) y que deplorarla excesivamente es inútil. El último verso en el poema de Guillén recuerda muy de cerca lo expresado por Quevedo en el suyo.

Guillén, consciente o inconscientemente, ha tomado dos ideas de dos sonetos de Quevedo y las presenta de modo diferente. En su poema hay menos preocupación por la omnipresencia de presagios de muerte que en el de Quevedo; la muerte es en Guillén menos pavorosa y menos importante en el esquema de las cosas. Quevedo, como Donne, Calderón y Valdés Leal, hizo de la idea de la muerte el centro de la vida cristiana: «In my end is my beginning» («Mi fin será mi principio»).

Guillén admite que la muerte debe ser afrontada, y valientemente se prepara a enfrentarse con ella un día. No me atrevo a decidir cuál de las dos versiones es artísticamente superior, pero si Quevedo no hubiese escrito sus dos sonetos, los de Guillén pudieran haber sido muy diferentes. Quevedo, cuando escribió, pensaba de acuerdo con la cristiandad del siglo XVII; Guillén no da ante sus lectores señales de creencia religiosa alguna. De todos modos quienes gusten de la poesía, sean cuales fueren su creencias, pueden sacar provecho de ambos autores.

Guillén y Quevedo sobre la muerte. Postscriptum

Mi apunte sobre el soneto de Guillén «Muerte a lo lejos» publicado en el primer número de *Atlante* ha interesado a algunos lectores españoles. Recibí los comentarios del señor Guillén y me parecieron importantes para la comprensión general de su poesía así como para la de este excelente soneto. Con su permiso, incluyo aquí los siguientes párrafos de una carta particular que me escribió el 17 de mayo de 1953:

> Usted, naturalmente se refiere al punto de llegada: el poema. Yo me referiré al punto de partida: el origen, la intención.

Su interpretación del soneto a mí también me parece justa. «Un muro del arrabal final.» Sí, eso que usted dice. Más concretamente; la tapia blanca —«muro cano»— del cementerio de Valladolid, —y tantos otros cementerios españoles, situados en las afueras de la ciudad, donde ya empieza el campo, como una especie de arrabal. No me acordé —conscientemente— de «Miré los muros de la patria mía»; y al comentar en clase este soneto no se me ocurrió pensar en el mío. No así con el otro poema, el que termina: «Mas si es ley y no pena ¿qué me aflija?». Este verso y otros análogos de Quevedo influyen claramente en mi actitud y en mi escritura. Total: su comentario ilustra, aclara y enriquece aquella «Muerte a lo lejos» de un modo muy pertinente y muy exacto.

Debo confesar que no me había dado cuenta claramente de que el muro cercaba un cementerio. (Este hecho me fue también indicado por otros corresponsales españoles.) Ello añade mucha fuerza al soneto. Don Jorge también admite que su actitud en cuanto a la muerte procede en parte de Quevedo, mientras que la reminiscencia de determinadas imágenes del mismo poeta eran inconscientes. Generalmente, los poetas no nos dan esta clase de datos sobre su trabajo. Tenemos que agradecerle a don Jorge el dejarnos compartir el secreto. Me sorprende un tanto que recuerde la deuda en general y olvide una determinada. En otra carta dirigida a mí añade:

Alusiones concretas —pero nunca *nominales*— al punto de partida concreto de algunos poemas no son raras en el *Cántico* —¡a pesar de todo!

Don José Manuel Blecua —coautor con don Ricardo Gullón del excelente libro *La poesía de Jorge Guillén*, Zaragoza, 1949— también me escribió sobre el particular. Corrige la lectura del soneto de Quevedo «Miré los muros de la patria mía», en cuyos tercero y cuarto versos se lee en algunos manuscritos:

de larga edad y de vejez cargados
dando obediencia al tiempo en muerte fría.

Utilicé la frecuentemente citada versión de *The Oxford book of Spanish verse* porque me pareció ser la más probable fuente de «Muerte a lo lejos». De todos modos, debería haber anotado esta variante que puede ser apreciada como superior a la otra (a pesar de la aparente duplicidad de «vejez» después de «larga edad») y también puede haber influenciado a Guillén en la referencia a la sumisión a la hora de la muerte en el cuarto verso.[1]

Por último añadiré, para comprensión y contraste, un poema sobre la muerte del que es autor Antonio Machado:

> Al borde del sendero un día nos sentamos.
> Ya nuestra vida es tiempo, y nuestra sola cuita
> son las desesperantes posturas que tomamos
> por aguardar... Mas Ella no faltará a la cita.

La semejanza sólo existe en la aceptación de la inevitabilidad de la muerte. La actitud de Machado es menos serena que la de Guillén, menos heroica que la de Quevedo; es también más compleja y más pesimista que la de ambos. La vida del hombre es comparada a un impaciente amante que espera a su amada: nuestra postura es tan frenética y absurda como la suya... y terminará tan sólo con la llegada de la muerte. La aparente contradicción (el hombre odia la muerte, pero el amante ansía la venida de su amada), queda resuelta con la deducción de que, si juzgásemos bien, debiéramos ansiar la muerte. La vida, entonces, llega a ser tan terrible como suponemos que es la muerte. Y la situación se suaviza únicamente con una espantosa chanza: no siempre las damas son fieles a una cita, pero Ella (la muerte), nunca deja de acudir a las suyas.

El pesimismo de Machado aparece expuesto con la misma fuerza que la tranquilidad de Guillén. Pero acaso existe en él

---

1. Véase, no obstante, el cambio de idea de don José Manuel Blecua en su edición de la *Obra poética* de Quevedo, I, 1969, pp. 184-185; ahora prefiere el texto que yo había usado.

una ligera superficialidad: ello hace resaltar el caos superado en el soneto de Guillén. Como una vez escribió Wordsworth:

> The gods approve
> The depth but not the tumult of the soul.

(«Los dioses dan por buena la hondura de un sentimiento, mas no lo turbulento del alma.»)

12

LAS DEUDAS DE CERNUDA

A Helen Grant

Agradecimiento

Debo dar las gracias a los siguientes editores por su permiso para reimprimir textos de su propiedad: Cambridge University Press por dos pasajes de la New Cambridge Shakespeare edition de *Troilus and Cressida* y uno de la misma edición de *The sonnets*; A. P. Watt & Son por el poema de Yeats «A coat»; Faber and Faber por dos pasajes, uno del ensayo de T. S. Eliot sobre Philip Massinger y el otro del estudio sobre los poetas metafísicos; Clarendon Press por el poema de George Herbert «The collar» y por algunos comentarios sobre él del fallecido F. E. Hutchinson. A. P. Watt & Son me piden además que exprese mi creencia de que el texto de «The coat» fue tomado, con toda probabilidad, de una edición pirata, ya que los versos segundo y tercero han sido fundidos, tanto en el texto como en la traducción.

«Cernuda's debts», en *Studies in modern Spanish literature and art presented to Helen F. Grant*, Londres, 1971, pp. 239-253.

I

Ante todo deseo, como inglés que soy, rendir homenaje a la traducción de *Troilus and Cressida* hecha por Luis Cernuda. Aún no he visto valorados sus méritos por la crítica moderna. La proeza de haber revelado a los lectores españoles algunas cualidades del genio de Shakespeare merece nuestra gratitud. Claro está que Cernuda no pudo transportarlo todo: nadie podría hacerlo. Haber sido capaz de que Troilo y Ulises, Crésida y Casandra, Pándaro y Tersites sigan el sentido e imágenes de Shakespeare, en español, constituye un triunfo. Si a veces no alcanzó a encontrar equivalencias en agudeza y concreción («her bawdy veins» —IV, 1, 71— se convierten en «sus venas lascivas»), pudo y consiguió hacer resonar muy de cerca el torrente rítmico y el lenguaje apasionado de los principales personajes del drama, así como las bajas obscenidades proferidas por los bellacos. Vio que el verso debe ser leído como tal, que un endecasílabo español puede sólo a veces abarcar el contenido de un verso libre inglés, por lo cual era imperativo usar un verso libre más largo (de 13 o 14 sílabas) para que la traducción fuese fiel. Fiel es, no sólo en las palabras de los amantes, sino también en las escenas de la vida plebeya. Cito dos pasajes de los dos primeros actos:

TROILO: Oh Pándaro, he de decirte, Pándaro...
Mas si te digo: «Mis esperanzas ahí naufragan»,
No repliques con cuántas brazas en la hondura
Todas se anegan. Te digo que estoy loco

Por el amor de Crésida; respondes: «es hermosa»,
Vertiendo al corazón abierto en úlcera
Sus ojos, sus mejillas, su pelo, voz y aire;
Manejando en tus dichos el «Oh, que al lado
De su mano toda blancura es tinta
Contra sí misma escrita; junto a su blando roce
Tosco el plumón del cisne, y el tacto más etéreo
Duro tal mano de gañán». Esto me dices,
Tan cierto me lo dices, si de mi amor te hablo.
Mas al decirlo así, en vez de bálsamo y aceite,
Pones en cada llaga por el amor abierta
El filo que la hizo.[1]

Shakespeare escribió:

TROILUS: O Pandarus! I tell thee, Pandarus —
When I do tell thee there my hopes lie drowned,
Reply not in how many fathoms deep
They lie indrenched. I tell thee I am mad
In Cressid's love. Thou answer'st she is fair;
Pour'st in the open ulcer of my heart
Her eyes, her hair, her cheek, her gait, her voice;
Handlest in thy discourse — O, that her hand,
In whose comparison all whites are ink
Writing their own reproach, to whose soft seizure
The cygnet's down is harsh, and spirit of sense
Hard as the palm of ploughman! this thou tell'st me,
As true thou tell'st me, when I say I love her;
But saying thus, instead of oil and balm,
Thou lay'st in every gash that love hath given me
The knife that made it.[2]

Naturalmente, la traducción de Cernuda es, hasta cierto punto, una paráfrasis. Lo directo de «indrenched», «all whites» y

1. Shakespeare, *Troilo y Crésida Tragedia en cinco actos*, traducción de Luis Cernuda, Ínsula, Madrid, 1953, pp. 13-14.
2. *Troilus and Cressida*, ed. Alice Walker, Cambridge, 1969, pp. 5-6. En otro lugar explicaré que Cernuda utilizó la antigua edición Arden de esta obra para su versión.

«soft seizure» se ha perdido, pero, en conjunto, la agonía de Troilo se manifiesta maravillosamente y el ritmo del verso libre se mantiene firme.

AYAX: ¡Tersites!

TERSITES: ¿Y si Agamenón tuviera granos? ¿Lleno, cubierto todo, generalmente?

AYAX: ¡Tersites!

TERSITES: ¿Y esos granos corrieran? Di: ¿no correría el general entonces? ¿No sería esa una hinchazón enconada?

AYAX: ¡Perro!

TERSITES: Entonces alguna materia saldría de él. Ahora ninguna veo.

AYAX: Tú, hijo de loba, ¿es que no oyes? Siente entonces. (*Le pega*)

TERSITES: Caiga sobre ti la plaga de Grecia, mestizo señor de bovino ingenio.

AYAX: Habla, pues, fermento más que podrido, habla. A golpes he de tornarte hermoso.

TERSITES: Antes yo con mis denuestos te tornaré ingenioso y santo. Pero creo que más pronto dirá de memoria tu caballo una oración, que tú aprenderías sin libro un rezo. Puedes golpear, ¿no es eso? La peste sea con tus resabios de rocín.

AYAX: Seta venenosa, enséñame la proclama.

TERSITES: Tan sin sentido me crees, ¿que así me pegas?

AYAX: ¡La proclama!

TERSITES: Supongo que te proclaman necio.

AYAX: No sigas, puercoespín, no sigas, que me pican los dedos.

TERSITES: Ojalá te picara de la cabeza a los pies y fuera yo quien te rascase, que habría de convertirte en la más asquerosa sarna de Grecia. Cuando de descubierta sales, atacas tan poco como el que menos.[3]

Shakespeare:

3. Ed. cit., pp. 55-57.

AJAX: Thersites!

THERSITES: Agamemnon — how if he had boils, full, all over, ge-
            nerally?

AJAX: Thersites!

THERSITES: And those boils did run? Say so: did not the general
            run then? were not that a botchy core?

AJAX: Dog!

THERSITES   Then would come some matter from him; I see none
            now.

AJAX: Thou bitch-wolf's son, canst thou not hear? Feel, then.
            [*strikes him*]

THERSITES: The plague of Greece upon thee, thou mongrel beef-
            witted lord!

AJAX: Speak then, thou vinewed'st leaven, speak! I will
            beat thee into handsomeness!

THERSITES: I shall sooner rail thee into wit and holiness; but I
            think thy horse will sooner con an oration than thou
            learn a prayer without book. Thou canst strike, canst
            thou? A red murrain o' thy jade's tricks.

AJAX: Toadstool, learn me the proclamation.

THERSITES: Dost thou think I have no sense, thou strikest me
            thus?

AJAX: The proclamation!

THERSITES: Thou art proclaimed a fool, I think.

AJAX: Do not, porpentine, do not; my fingers itch.

THERSITES: I would thou didst itch from head to foot and I had
            the scratching of thee; I would make thee the loath-
            somest scab in Greece. When thou art forth in the
            incursions, thou strikest as slow as another.[4]

Sólo cuando comparamos el texto español con el original
nos damos cuenta de lo que se pierde en la traducción. Probablemente ningún otro traductor podría haber mantenido el
nivel general y acercarse más a «botchy core», «vinewed'st
leaven» y «red murrain». Y nótese cómo las secuencias de
boils... running... matter... plague of Greece... itch... scratch...
scab, se han conservado también en español.

    4. *Troilus and Cressida*, ed. cit., p. 30.

II

El amplio caudal de lectura de Cernuda se hace evidente en su colección de ensayos. El primer volumen de *Poesía y literatura* contiene estudios sobre poesía popular, sobre Garcilaso, fray Luis, San Juan de la Cruz, Jorge Manrique, Francisco de Aldana, la *Epístola moral* y Galdós; sobre Goethe y Hölderlin, sobre Marvell, Browning y Yeats, sobre Gide y sobre Rilke, y hasta sobre Ronald Firbank. La segunda serie añade a Cervantes, Bécquer, Darío, los hermanos Quintero, Juan Ramón Jiménez, Nerval, Baudelaire, Dashiell Hammett, Reverdy, Valle Inclán, Ramón Gómez de la Serna y Altolaguirre.[5] Escribió otro libro (que no he visto) llamado *Pensamiento poético en la lírica inglesa (Siglo XIX),* publicado por la Imprenta Universitaria de México, D.F., en 1958. Publicó también traducciones de poemas de Hölderlin. Y, naturalmente, tanto de literatura española como extranjera, leyó mucho, muchísimo más de lo que se menciona en estos ensayos.[6] Algunos son flojos o desiguales pero, en conjunto, contienen excelente penetración e interesantes juicios. También en estos ensayos se hallan buenas traducciones de «A definition of love» de Marvell, «A toccata of Galuppi» de Browning, «Byzantium» de Yeats y «I made my song a coat [...]». Sugiero que puede ser de utilidad tener en cuenta este cúmulo de lecturas cuando tratemos de resumir nuestras impresiones después de leer algunos de sus últimos poemas.

Para presentar una vez más a Cernuda como traductor del inglés, copio su versión del poema más corto de Yeats. Cernuda, en su traducción y en sus citas del original, ha reducido dos versos a uno; aun así, su versión es más que una traducción ajustada:

5. Luis Cernuda, *Poesía y literatura*, 2 vols., Seix Barral, t. I: Barcelona, México, 1960; t. II: Barcelona, 1964.
6. Recuerdo el entusiasmo con que una vez me habló de la crónica de fray José de Sigüenza.

> De mi canción hice una capa
> Cubierta de mitos viejos
> Desde los pies hasta el cuello.
> Pero los tontos la cogieron,
> Llevándola ante la gente
> Como si la hubieran hecho.
> Canción, deja que la lleven,
> Porque más resolución hay
> En andar desnudo.[7]

El poema de Yeats dice:

> I made my song a coat
> Covered [with embroideries
> Out] of old mythologies
> From heel to throat;
> But the fools caught it,
> Wore it in the world's eyes
> As though they'd wrought it.
> Song let them take it,
> For there's more enterprise
> In walking naked.[8]

Se pueden señalar infidelidades menores —la peor es la omisión de «embroideries», quizá atribuible a alguna antología que Cernuda usaba— pero la traducción posee vida propia y cumple con su propósito en el ensayo: un alfilerazo para Juan Ramón Jiménez.

III

Las citas que Eliot hace de la poesía primitiva en *The Waste Land* han acostumbrado al lector de habla inglesa a que tal o cual manera de hacer contrasta o alusivamente se relaciona

---

7. *Poesía y literatura, II*, p. 253. De «Jiménez y Yeats», pp. 249-256.
8. «A coat», *The collected poems of W. B. Yeats*, Londres, 1950, p. 142.

con sus propios versos. Cernuda, en sus poesías escritas después de 1936, también alude algunas veces, menos directamente, a versos de otros poetas para sus propios fines poéticos. Menos conocido que *The Waste Land* es el ensayo de Eliot sobre Philip Massinger donde expuso una serie de preceptos sobre préstamos poéticos que, a mi entender, son extremadamente provechosos para el crítico literario. Helos aquí, traducidos:

> Una de las más eficaces pruebas [sobre mérito poético] es el modo cómo el poeta toma prestado. Los poetas en agraz imitan; los maduros roban; los malos estropean aquello de que se apropian, y los buenos lo convierten en algo mejor o, al menos, diferente. El buen poeta amalgama lo hurtado con una homogénea sensibilidad, única, totalmente distinta de la de su fuente; el malo lo incluye en algo con lo cual no guarda cohesión. El buen poeta, generalmente, toma prestado de autores de tiempos remotos, o de ajeno lenguaje, o diverso interés. Chapman tomó textos de Séneca; Shakespeare y Webster, de Montaigne [...].[9]

Estos preceptos son la justificación estética de las propias normas de Eliot y la censura de Massinger cuyos empréstitos de Shakespeare eran puramente derivativos y serviles. Los préstamos que toma Cernuda requieren ahora nuestra atención. Vale la pena considerarlos con relación a las dogmáticas afirmaciones de Eliot.

En «Noche de luna», el primer poema de *Las nubes* (1937-1940), la luna es testigo de la continuidad de la vida de los hombres en todo su esplendor, su decadencia y —finalmente— su desaparición. Al lado de movimiento de migraciones, guerreros, labradores y amantes, se hallan los castillos, ahora en ruinas, construidos tiempo atrás en lo que entonces era tierra de cazadores y halconeros:

---

9. T. S. Eliot, *The sacred wood. Essays on poetry and criticism*, Londres, 1920, p. 114; reimpreso en sus *Selected essays, 1917-1932*, Londres, 1932, p. 206. Cito parte de este mismo texto en pp. 142-143.

Cuántas claras ruinas,
Con jaramago apenas adornadas,
Como fuertes castillos un día las ha visto;
Piedras más elocuentes que los siglos,
Antes holladas por el paso leve
De esbeltas cazadoras, un neblí sobre el puño, [...] [10]

Estos versos recuerdan el principio de la segunda gran estrofa de la «Canción a las ruinas de Itálica» de Rodrigo Caro:

Este despedazado anfiteatro
impío honor de los dioses, cuya afrenta
publica el amarillo jaramago,
ya traducido a trágico teatro,
¡oh fábula del tiempo! representa
cuánta fue su grandeza, y es su estrago. [11]

Se trata, sin duda, de un préstamo tomado conscientemente. La relación directa de una específica planta con las antiguas ruinas no puede ser casual. La «totalidad emocional» de Cernuda no es completamente distinta de la de Caro, pero es más amplia en su contenido, incluyendo en sí la vida y la muerte de toda la humanidad pasada, presente y futura. El recuerdo de Itálica, delicadamente introducido, añade nueva dimensión a la elegía de Cernuda.

El siguiente ejemplo procede de otro poema de Las nubes: «Lamento y esperanza», que empieza así:

Soñábamos algunos cuando niños, caídos
En una vasta hora de ocio solitario
Bajo la lámpara, ante las estampas de un libro,

---

10. La realidad y el deseo (1924-1956), Tezontle, México, 1958, p. 134; todas las citas de las poesías de Cernuda en este artículo están tomadas de esta edición, salvo que se advierta lo contrario.
11. Tomo la cita de la obra del P. Blanco Suárez Poetas de los siglos XVI y XVII, Madrid, 1923, p. 299. Incidentalmente, quisiera retirar la crítica excesivamente adversa que sobre este poema publiqué en la Revista de Filología Española, XXIII (1936), pp. 379-396.

Con la revolución. Y vimos su ala fúlgida
Plegar como una mies los cuerpos poderosos.[12]

La fuente aquí es el primer cuarteto de «Le Voyage» de
Baudelaire:

Pour l'enfant, amoureux de cartes et d'estampes,
L'univers est égal à son vaste appétit.
Ah! que le monde est grand à la clarté des lampes!
Aux yeux de souvenir que le monde est petit! [13]

En un ensayo sobre los poetas metafísicos ingleses, Eliot
había ya elogiado estos versos. Los presenta con las siguientes
observaciones: «Jules Laforgue y Tristan Corbière en muchos
de sus poemas, se acercan más a la 'escuela de Donne' que cualquier poeta moderno inglés. Pero poetas más clásicos que ellos
poseen la misma cualidad esencial de transformar ideas en sensaciones, de convertir una observación en un estado de ánimo».[14]
A continuación incluye los versos de Baudelaire.

Cernuda, me figuro, empezó a leer a Eliot aproximadamente
en esa época, pero debió de haber leído a Baudelaire mucho
antes. La paráfrasis de «Le voyage» conduce a un poema muy
diferente. Una vez que nos percatamos de ello, la brusca sorpresa de «Con la revolución» es aún más asombrosa. No todo
el poema me parece afortunado, pero la primera estrofa y algunos versos más («El hombre es una nube de la que el sueño
es viento») están bellamente expresados.

Un poema desigual, en la misma colección, es «La visita de
Dios». Lo califico de desigual porque aquí, usando otro concepto eliotiano, «el hombre que sufre» se sobrepone a veces
a «la mente que crea». Comienzo con la primera estrofa (¿o
debiera decir *laisse*?):

12. Pp. 146-147.
13. Charles Baudelaire, *Les fleurs du mal*. Précédées de la notice par
Théophile Gautier, Viena, s. a., p. 246.
14. T. S. Eliot, *Homage to John Dryden*, The Hogarth Essays, IV, Londres, 1924, p. 32; *Selected essays*, p. 276.

Pasada se halla ahora la mitad de mi vida.
El cuerpo sigue en pie y las voces aún giran
Y resuenan con encanto marchito en mis oídos,
Mas los días esbeltos ya se marcharon lejos;
Sólo recuerdos pálidos de su amor me han dejado.
Como el labrador al ver su trabajo perdido
Vuelve al cielo los ojos esperando la lluvia,
También quiero esperar en esta hora confusa
Unas lágrimas divinas que aviven mi cosecha.[15]

Paso por alto la evocación deliberada del primer verso de la *Divina Comedia*. Cernuda nunca fue un poeta modesto. Los versos siguientes recuerdan una de las mejores estrofas de la oda «A Felipe Ruiz»:

La lluvia baña el techo,
invían largos ríos los collados:
su trabajo deshecho,
los campos anegados
miran los labradores espantados.[16]

El «labrador» de fray Luis encuentra su trabajo destruido por inundaciones y tormentas; el de Cernuda, por una larga sequía. De todos modos, creo que no hay duda de que la imagen fundamental es la misma. Fray Luis utiliza en su sentido literal lo que Cernuda convierte en un símil. Y si, por una parte, el símil recuerda un pasado de sensaciones e ilusiones marchitas, por otra, la tormenta de fray Luis encaja en el contexto de revolución que pronto aparecerá en el poema moderno. Quizá recuerde también la imagen del «hombre del casino provinciano» de Antonio Machado:

Un poco labrador, del cielo aguarda
y al cielo teme; alguna vez suspira,

15. P. 152.
16. *Obras poéticas del Maestro Fray Luis de León de la Orden de San Agustín*, texto y notas del P. José Llobera, S. J., t. I, p. 200.

pensando en su olivar, y al cielo mira
con ojo inquieto, si la lluvia tarda.[17]

Mas, si es así, creo que ello no implica que la mente del lector
haya de ser consciente de tal cosa: el «labrador» de Machado
es sólo una cáscara vacía, definición imposible de ser aplicada
al texto de Luis Cernuda.

En las dos siguientes *laisses* de este poema no hallo asociaciones con obras de otros poetas; me parecen penosas y
demasiado manifiestas las descripciones de la pobreza y desgracia
del poeta. La siguiente, en cambio, es pertinente a mi propósito:

La revolución renace siempre, como un fénix
Llameante en el pecho de los desdichados.
Esto lo sabe el charlatán bajo los árboles
De las plazas, y su baba argentina, su cascabel sonoro,
Silbando entre las hojas, encanta al pueblo
Robusto y engañado con maligna elocuencia,
Y canciones de sangre acunan su miseria.[18]

En la *laisse* anterior el poeta parece estar en Londres («Estoy
en la ciudad alzada para su orgullo por el rico [...]»); en ésta
es evidente que se encuentra en Madrid o Valencia durante la
guerra civil. Tengo mis dudas sobre la «baba argentina» del
orador: ¿es sensación auditiva o una imagen visual? ¿Se trata
de la gárrula oratoria de un charlatán nacido en la Argentina
o de la plateada salivilla que despide al hablar? El Diccionario
de la Academia no me ayuda en este caso; admite *baba* en la
única acepción de saliva, y *argentino* sólo como adjetivo de
nacionalidad. De todos modos, ya se refiera a uno o a otro
significado —e incluso a ambos a la vez— la imagen es estu-
penda. El orador está descrito con metáforas originales, pero
sus oyentes son elogiados y compadecidos por un par de adjetivos sacados de un soneto moral de Quevedo:

17. Antonio Machado, «Del pasado efímero», *Poesías completas*, Madrid, 1936, p. 193.
18. P. 152-153.

> Huye sin percibirse, lento, el día,
> y la hora secreta y recatada
> con silencio se acerca, y, despreciada,
> lleva tras sí la edad lozana mía.
>
> La vida nueva, que en niñez ardía,
> la juventud *robusta y engañada,*
> en el postrer invierno sepultada,
> yace entre negra sombra y nieve fría [...] [19]

Quizá éste sea el más brillante de todos los préstamos tomados por Cernuda: roba, cambia lo que hurta y amalgama su robo en un conjunto de sensaciones único, absolutamente distinto del de su fuente. También tomó prestado de otro autor remoto en el tiempo y de diversos intereses. ¡Lástima que el poema, en su totalidad, no sea tan bueno como esta parte!

IV

Desde *Las nubes* en adelante, los temas literarios son más frecuentes en las poesías de Cernuda. Citaré dos que sólo revelan todo su secreto al ser descubierta su fuente literaria. El primero se llama «Divertimiento»:

> «Asísteme en tu honor, oh tú, soneto.»
> «Aquí estoy. ¿Qué me quieres?» «Escribirte.»
> «Ello propuesto así, debo decirte
> Que no me gusta tu primer cuarteto.»
>
> «No pido tu opinión, sí tu secreto.»
> «Mi secreto es a voces: advertirte
> Le cumple a estrofa nueva el asistirte.
> Ya me basta de lejos tu respeto.»
>
> «Entonces...» «Era entonces. Ahora cesa.
> Rima y razón, color y olor tal rosa,
> Tuve un día con Góngora y Quevedo.»

19. Francisco de Quevedo, *Obra poética,* I, ed. José Manuel Blecua, Ma-

«Mas Mallarmé...» «Retórica francesa.
En plagio nazco hoy, muero en remedo.
No me escribas, poeta, y calla en prosa.» [20]

El soneto de Lope sobre cómo escribir este tipo de composición («Un soneto me manda hacer Violante [...]») es demasiado conocido para que sea necesario incluirlo aquí. Cernuda escribió el suyo para demostrar la imposibilidad de hacerlo y vuelve del revés la técnica de Lope. La idea consiste enteramente en hacer una parodia, pues aun cuando Cernuda pudo haber pensado que los sonetos eran formas anticuadas, otros poetas modernos españoles los han escrito de gran belleza: por ejemplo, el de Guillén «Muerte a lo lejos». Por cierto, es también injusto con Mallarmé y otros poetas franceses. Así pues, no tomo en serio esta actitud suya. Sin embargo, el poema me parece cuidadosamente escrito y lo más cercano a la poesía humorística que se puede hallar en Cernuda. La alternancia de ingeniosas preguntas y punzantes respuestas contrastan graciosamente con la fácil ingenuidad del amante en Lope.

El otro poema se titula «La poesía»:

Para tu siervo el sino le escogiera,
Y absorto y entregado, el niño
¿Qué podía hacer sino seguirte?

El mozo luego, enamorado, conocía
Tu poder sobre él, y lo ha servido
Como a nada en la vida, contra todo.

Pero el hombre algún día, al preguntarse:
La servidumbre larga qué le ha deparado,
Su libertad envidió a uno, a otro su fortuna.

Y quiso ser él mismo, no servirte
Más, y vivir para sí, entre los hombres.
Tú le dejaste, como a un niño, a su capricho.

---

drid, 1969. El poema se titula «Arrepentimiento y lágrimas debidas al engaño de la vida»; n.° 6, p. 152.

20. P. 257.

Pero después, pobre sin ti de todo,
A tu voz que llamaba, o al sueño de ella,
Vivo en su servidumbre respondió: «Señora».[21]

El noveno verso es adaptación del soneto 29 de Shakespeare:

When in disgrace with Fortune and men's eyes,
I all alone beweep my outcast state,
And trouble deaf heaven with my bootless cries,
And look upon my self and curse my fate,
Wishing me like to one more rich in hope,
Featured like him, like him with friends possessed,
Desiring this man's art, and that man's scope,
With what I most enjoy contented least...[22]

Lo tomado de Shakespeare presta algo de tensión a los más bien reposados versos de Cernuda. Pero, en realidad, todo el poema parece proceder de otro escritor inglés del siglo XVII: George Herbert. Se llama «The collar» y el título va explicado así por su editor moderno: «El cuello [o la argolla] era aludido comúnmente para expresar disciplina; 'despojarse del cuello' se usaba frecuentemente en modo figurado. Los predicadores solían emplear la palabra *cuello* refiriéndose al freno impuesto por la conciencia».[23] He aquí el poema:

I struck the board, and cry'd, No more.
I will abroad.
What? shall I ever sigh and pine?
My lines and life are free; free as the rode,
Loose as the winde, as large as store.
Shall I be still in suit?
Have I no harvest but a thorn
To let me bloud, and not restore
What I have lost with cordiall fruit?

21. Pp. 306-307.
22. Shakespeare, *The sonnets*, Cambridge, 1967, p. 17.
23. *The works of George Herbert*. Edited with a Commentary by F. E. Hutchinson, Oxford, 1941, p. 135.

Sure there was wine
Before my sighs did drie it: there was corn
Before my tears did drown it.
Is the yeare onely lost to me?
Have I no bayes to crown it?
No flowers, no garlands, gay? all blasted?
All wasted?
Not so, my heart: but there is fruit.
And thou hast hands.
Recover all thy sigh-blown age
On double pleasures: leave thy cold dispute
Of what is fit, and not. Forsake thy cage,
Thy rope of sands,
Which pettie thoughts have made, and made to thee
Good cable, to enforce and draw,
And be thy law,
While thou didst wink and wouldst not see.
Away; take heed:
I will abroad.
Call in thy deaths head there: tie up thy fears.
He that forbears
To suit and serve his need
Deserves his load.
But as I rav'd and grew more fierce and wilde
At every word,
Me thoughts I heard one calling, *Child!*
And I reply'd, *My Lord.*[24]

Golpeé el muro, gritando:
Ya basta. Quiero huir...
¿Qué, habré de vivir siempre
entre llanto y suspiros?
Mi destino y mi vida son libres,
libres como el camino,

24. Ibid., pp. 153-154; la versión española que se da a continuación es de Blanca G. Escandón y Mauricio Molho, *Poetas ingleses "metafísicos" (siglo XVII)*, Col. Adonais, n.º XLIV-XLV, Madrid, 1948, pp. 109-110.

abiertos como el aire,
tan anchurosos como la abundancia.

¡Implorar siempre, siempre!
¿No tendré más cosecha
que una espina para hacerme sangrar?
¿No podré reparar lo que he perdido
con el fruto cordial?
Yo sé que había vino
antes de que mis suspiros lo secaran.
Yo sé que había trigo
antes de que mi llanto lo anegara.
¿Y sólo para mí se perderá este año?
¿No tendré ni laureles, ni flores, ni guirnaldas
que le trencen corona de alegría?
Todo marchito. Todo destruido.
No, no corazón mío: quedan frutos,
y tú tienes dos manos.
Vuelve a tu juventud, arrasada en suspiros.
Cóbrala con placeres redoblados.
Abandona tus frías discusiones
acerca de lo justo y de lo injusto.
Abandona tu jaula, esa cuerda de arenas
que forjaron raquíticos cuidados:
buen cable te forjaron,
para tirar de ti, para domarte,
y para ser tu ley.
(Tú apretando los ojos te negabas a ver.)

¡Lejos, lejos!... ¡Alerta!
quiero huir...
Quita esa calavera, amordaza tus miedos.
Quien rehusa servir y colmar sus deseos
se merece su carga.

Mientras desvariaba
cada vez más frenético y salvaje,
pensé oír una voz que me llamaba: *Hijo*.
Yo respondí: *Señor*.

Un inteligente crítico americano ha escrito sobre este poema: «En 'The collar' de Herbert, podemos observar el culto deliberado a ideas blasfemas: pero [...] el que habla mantiene, en el fondo, un firme control; sabe cuán necia, ridícula, pueril es esta explosión, y conoce desde el primer verso cuál será el final».[25] Cernuda aceptó un peligroso reto al decidirse a transformar *a lo profano* esta obra de arte.

Comparado con el magnífico poema de Herbert, el de Cernuda resulta bastante insípido. El préstamo llena los requisitos establecidos por Eliot en su ensayo sobre Massinger; el poema es diferente del original en muchos aspectos: ritmo, imágenes, tono, modo y asunto. No es un mal poema. Pero es suave donde áspero el de Herbert; convierte en relato la imprecación directa y apremiante; la narración se hace en tercera persona, no en primera; protesta contra los remordimientos de la forma más apacible. La tabla de Herbert, el vino, el trigo, son símbolos eucarísticos; sus suspiros, sus lágrimas, su cuerda de arena y la muerte llevan directamente al completo contraste con el deseado fruto, flores, guirnaldas y libertad. Cernuda mantiene sólo la continuidad en la metáfora de señora y esclavo. Herbert es como Jacob que luchó toda la noche con el ángel; Cernuda se muestra como mero fugitivo obligado a retornar. Y, por último, una lucha blasfema, con Dios finalmente victorioso ¿no es acaso más impresionante que un poeta tratando de escabullirse de su musa?

V

Cernuda fue un gran poeta, pero desigual. En este estudio he tratado de ver hasta dónde nos puede ayudar lo que tomó

---

25. Louis L. Martz, *The poetry of meditation. A study in English religious literature of the Seventeenth century*, New Haven, Yale University Press, 1955, p. 133.

de precedentes escritores para estimar el mérito de su obra. Creo que algunos de los resultados obtenidos de esta tornasolada prueba eliotiana son interesantes. Empecé con la traducción del *Troilus* de Shakespeare y «A coat» de Yeats. Los poemas de *Las nubes* mostraron predominantemente felices asociaciones de Rodrigo Caro, Baudelaire, Luis de León y Quevedo. Un posterior soneto contra los sonetos depende, para su gracia, de ser parodia del de Lope sobre el modo de hacerlos. Pero la composición sobre la poesía difícilmente puede mantenerse en pie al lado de su fuente, uno de los mejores poemas de George Herbert. Espero que los admiradores de Cernuda me perdonen por opinar que algunas de sus obras son mucho mejores que otras.

Con gran cautela, sugeriría que la costumbre de tomar conscientemente obra ajena empezó poco después de su llegada a Inglaterra. No sé si había aprendido o no inglés, ni si había leído a Eliot antes de venir aquí. En cualquier caso, debió de leer a Eliot muy poco después de su llegada y cabe dentro de lo posible que la técnica alusiva expuesta en *The Waste Land* le hubiese impresionado; incluso pudo haberle parecido un útil recurso poético. Influencias más directas de Eliot pueden apreciarse en su bello «Cementerio en la ciudad» y en «La adoración de los Magos». Quizá, pues, encontró en Eliot un nuevo modo de expresar su vieja angustia y su descontento.

Me proponía terminar aquí esta exposición cuando conocí el ensayo sobre Cernuda de Octavio Paz. En dos prenetrantes páginas, examina la influencia de Eliot desde *Las nubes* en adelante. Incluyo algunas de sus frases:

> No creo equivocarme al pensar que T. S. Eliot fue el escritor vivo que ejerció una influencia más profunda en el Cernuda de la madurez [...] El poeta inglés le hace ver con nuevos ojos la tradición poética [...] Consumada la experiencia del surrealismo, no le preocupa buscar nuevas formas sino expresarse. No una norma sino una mesura [...] Yo no sabría decir si esta actitud de regreso, en Cernuda y en

Eliot, benefició o dañó a su poesía [...] En suma, la poesía y la crítica de Eliot le sirvieron para moderar al romántico que siempre fue.[26]

---

26. Octavio Paz, «La palabra edificante (Luis Cernuda)», en *Cuadrivio*, México, 1969, pp. 178-179. Todo el ensayo es un estudio fascinante.

APÉNDICE

EL TEXTO DE LA
«FÁBULA DE PÍRAMO Y TISBE»
DE GÓNGORA

En 1933 Juan Millé y Giménez publicó un artículo titulado «Un importante manuscrito gongorino» [1] en que hacía referencia al llamado *Manuscrito Alba,* texto primitivo, pero probablemente auténtico de una porción de poemas de Góngora escritos antes de 1617. Hasta la publicación de ese artículo, el *Manuscrito Chacón* había sido considerado como texto definitivo de las poesías de Góngora, fuera de contadas excepciones; preparado por Chacón con la ayuda de Góngora mismo, sirvió de base a las ediciones de las poesías completas de Góngora hechas por Foulché-Delbosc y por Millé, y a la de los *Romances,* cuidada por el señor Cossío.[2] Hasta la publicación del artículo de Millé se había considerado que los comentarios sobre las poesías de Góngora hechos en el siglo XVII podían mejorar las lecciones en casos determinados, ya que, como dice el mencionado articulista, el *Manuscrito Chacón* es a veces «notoriamente mendaz»; pero el conocimiento del *Manuscrito Alba* debe conducir, creemos, a una revisión del texto de un número considerable de poemas gongorinos.[3]

1. *RFE,* XX (1933), pp. 363-389.
2. Luis de Góngora, *Obras poéticas,* tres tomos, Nueva York, 1921, t. II, pp. 285-301; *Obras completas,* ed. Juan Millé Giménez e Isabel Millé Giménez, Madrid, s. a. [¿1932?], pp. 189-203; *Romances,* ed. José M.ª de Cossío, Madrid, 1927, pp. 195-208.
3. Para lo referente a los méritos y autoridad del *Manuscrito Chacón* y de los comentaristas, véase la edición arriba citada de Foulché-Delbosc de Nueva York, 1921, t. I, pp. IX-XVI; Alfonso Reyes, *Cuestiones gongorinas,* Madrid, 1927, pp. 163, 233-241 y 250-251; Dámaso Alonso, *Estudios y ensayos gongorinos,* Madrid, 1955, referencias en el índice; Robert Jammes, *Études sur l'oeuvre poétique de don Luis de Góngora y Argote,* Burdeos, 1967, passim.

La autoridad absoluta del *Manuscrito Chacón* ha sido quebrantada por lo menos en cuanto a los poemas escritos con anterioridad a 1617. En la presente nota, mi propósito es mostrar que, por lo que afecta al texto de otra poesía, la *Fábula de Píramo y Tisbe* («La ciudad de Babilonia [...]»), escrita en 1618, es posible recurrir también a otra fuente. La *Fábula* fue publicada primeramente en 1627, Pellicer publicó su comentario en 1630 y Salazar Mardones otro, mucho más extenso, en 1636.[4] Quiero insistir sobre el hecho de que este último comentario presenta mejor texto que el poema copiado en el *Manuscrito Chacón*. Consideraré primero la autenticidad del texto de Salazar Mardones; luego, la cuestión referente a la superioridad de sus variantes sobre las lecciones del *Manuscrito Chacón*.

Aunque no publicado hasta 1636, buena parte del comentario de Salazar hubo de ser escrito muy anteriormente, cuando el autor se encontraba en Salamanca; la fuente del comentario fue un manuscrito, autógrafo al decir de Salazar, que recibió del mismo Góngora. Así se deduce de tres lugares del libro. El primero se encuentra en la carta «A los lectores», de don Antonio de Avendaño, «muy amigo del comentador desta *Fábula*»:

> Fiel testigo desta verdad [se refiere a las relaciones amistosas del poeta y su comentarista] será auerle remitido a Salamanca esta obra que en la estimación de su dueño fue la que le lleuó embuelta en su buen gusto la admiración.[5]

El segundo pasaje ocurre en el comentario a los versos 9-10,

---

4. *Obras en verso del Homero español*, que recogió Iuan López de Vicuña, Madrid, 1627 (hay edición en facsímil de Madrid, 1963, con un prólogo importante de Dámaso Alonso); Joseph Pellicer de Salas y Tovar, *Lecciones solemnes a las Obras de D. Luis de Góngora*, Madrid, 1630; Christoval de Salazar Mardones, *Ilustración y defensa de la fábula de Píramo y Tisbe*, Madrid, 1636.
5. Alfonso Reyes, *Op. cit.*, p. 51, llamó la atención sobre este pasaje; pero parece que no notó toda su importancia y no tuvo en cuenta los otros que yo cito aquí.

donde Salazar explica que es discutible referirse a una musa llamándola «hija de Apolo»:

> Pero según lo referido antes se podrán llamar las Musas hermanas de Apolo, que hijas, como leemos en el texto, siguiendo la escritura, que don Luis repetía infinitas vezes siempre que dezía de memoria este romance, y la que me embió a Salmanca. [fol. 8]

La última mención aparece en el comentario al verso 139, cuya lección debe ser —según Salazar— «en los corsos repetidos», y no, como trae Pellicer, «en los corsos repartidos»:

> La letura que seguimos es la verdadera y ajustada a la mente de don Luis, y la que nos embió a Salamanca. [fol. 57]

¿Hasta qué punto debemos tomar en serio estas afirmaciones? Es cierto que todo editor de Góngora en el siglo XVII asegura siempre que su versión del texto es la correcta, pero sólo los *Manuscritos Chacón* y *Alba* parecían reclamar semejante autenticidad. El poema a que nos referimos no figura en el *Manuscrito Alba,* y el de Chacón no es siempre de fiar. No podría probarse que Salazar Mardones decía la verdad, ni que la versión impresa por él corresponda exactamente al original que Góngora le envió. Su afirmación sólo puede ser rechazada en atención a una fuente (el *Manuscrito Chacón*), que en este caso no siempre parece fidedigna. No creo improbable la aseveración de Salazar, a menos de suponerlo deliberadamente mendaz, y a juzgar por la prolijidad de su comentario, más bien parece que peca por exceso de escrupulosidad.[6]

Señalaremos las principales variantes que aparecen cotejando el *Manuscrito Chacón,* tal como lo publicó Foulché Delbosc, con el texto impreso por Salazar Mardones, fols. 1-4. He cote-

---

6. Salazar Mardones aseguraba que también poseía un manuscrito del *Panegírico al Duque de Lerma,* «cuyo original, escrito de su mano [de Góngora] se conserua en mi poder» (fol. 179), y hace algunas citas de ese poema en los fols. 135, 150 y 179.

jado estas variantes con las que se dan en los otros texos de la *Fábula* impresos antes del año 1634. Empleo las siguientes siglas:

V = *Obras en verso del Homero español,* que recogió Iuan López de Vicuña, Madrid, 1627, fols. 152 vº-155 vº; en esta edición el poema se llama *La Tisbe.*

P = Joseph Pellicer de Salas y Tovar, *Lecciones solemnes a las obras de don Luis de Góngora y Argote, Pindaro Andaluz, Principe de los Poëtas Liricos de España,* Madrid, 1630, cols. 775-836.

H = *Todas las obras de don Luis de Gongora en varios poemas,* recogidos por don Gonzalo de Hozes y Cordoua, Madrid, 1633, primera edición.

H* = *Todas las obras...,* Madrid, 1633, segunda edición, folios 106 vº-109vº; en otra ocasión espero estudiar las diferencias entre estas dos ediciones de Hozes.

Núm.	Verso	Chacón	Cuarteta	Salazar Mardones
1	6	Celebrados hijos suios	2	desdichados hijos suyos V, P, H, H*.
2	50	El coruo súaue iugo P.	13	el coruo suaue luto H, H*. el coruo y suaue, V.
3	63	Entre doce perlas netas V, H, H*.	16	entre veinte perlas netas P.
4	64	Veinte aljofares menudos, V, H, H*.	16	doze aljofares menudos, P.
5	70	Suias son; si no le hubo, P.	18	suyas son, sino la huuo lo huuo, V, H, H*.
6	81	Esta pues desde el glorioso V. Ella... primero H. Esta P. Esta pues del glorioso H*.	21	A esta desde el glorioso [dende —fol. 39 vº.]
7	119	Sus cejas, que las torcieron	30	sus cejas que las doblaron V, P, H, H*.
8	124	Con la herramienta al vso. V.	31	con su herramienta al vso. P, H, H*.
9	141	Familiar tapeada.	36	Familiar tapetada V, P, H, H*.
10	175	El tiempo sin ser Póèta	44	La pared sin ser Poeta V, P, H, H*.
11	180	Esta es, dixo, no lo dudo	45	esta es dixo: no dudo V, P, H, H*.

12	181	Esta, Pyramo, es la herida V, H, H*.	46	Esta es Piramo la herida P.
13	212	De seis argentados punctos; V, H, H*. sus, P.	53	de diez argentados puntos,
14	216	Que tiene veces de Nuncio, V, H, H*, P.	54	que tẽdra vezes de Nũcio,
15	255	Frequentaron el desuan V, P, H, H*.	64	frequentauan el desvan
16	258	I de Díàna lechuzos, V, P, H, H*.	65	si de Diana lechuzos
17	330	No sè si merino o burdo, V, P, H, H*.	83	No sé si merino burdo [merino o burdo en el fol. 131 vº.]
18	338	Su manto: fatal descuido V, H, H*.	85	el manto. Fatal descuido P.
19	341	A los portillos se acoge H, H*.	86	A los estragos se acoge V, P.
20	355	Sobre quitalle el que fue H, H*.	89	sobre quitarle el que fue V, P.
21	388	Rugiente pompa de Iulio; H, H*.	97	pompa rugiente de Iulio P. Bomba, V.
22	412	Sobre copialle de estuco. P.	103	sobre copiallo de estuco. H, H*. de astuto, V.
23	415	I los ojos, como dicen, V, P, H, H*.	104	(como dizen) y los ojos
24	432	Los siglos daràn futuros! H, H*.	108	Los siglos dieren futuros! dieron, V, P.
25	439	Quando vn suspiro de a ocho, H, H*.	110	quãdo vn gemido de aocho V, P. [a ocho, fol. 161 rº.]
26	460	Acatharrar vn Centurio V, P, H*. va, H.	115	acatarrar à vn Centurio
27	489	Iaspes i demas colores P.	123	Iaspes y de mas colores V, H, H*.
28	495	(De Chronographos me atepgo P, H, H*.	124	de cronologos me atengo de Cosmografos, V.

Algunas de las variantes son de poca importancia para la interpretación del poema, pero en general las mejores lecciones son las de Salazar. Algunas han sido aceptadas por Millé y por Cossío en sus ediciones. Debemos examinarlas antes de pasar a una breve consideración de las otras.

Cossío y Millé adoptaron las lecciones de los números 2, 7, 13 y 23; Millé aprovechó también la del número 27. Todas ellas mejoran el texto. En el número 2, la palabra *iugo,* aplicada a las cejas de Tisbe, es una dura y violenta metáfora, mientras *luto* continúa y cierra el pensamiento de la cuarteta:

> Libertad dice llorada
> el coruo suaue luto
> de vnas zejas cuyos arcos
> no serenaron diluuios.

Del mismo modo, la variante 7, en Salazar, continúa la metáfora de esgrima, aplicada esta vez a las cejas de Píramo. La 13, en la misma versión, acentúa el efecto cómico. Se trata del tamaño de los pies de la mulata, y Salazar aclara:

> Finge don Luis que esta mulata tenía los pies de diez puntos, en que imitó a Virgilio, que en el *Mureto,* pintando a Cibale [sic = Scybale], vna esclaua guarda del huerto y de la casa, la descriuió con pies grandes.[7]

El número 23 ofrece meramente un caso de ordenación de palabras; aun así, recordando el proverbio que ha dado origen a la imagen («las manos en la rueca y los ojos en la puerta»), la lección de Salazar parece superior. La variante número 27, adoptada sólo por Millé, había sido propuesta por Dámaso Alonso,[8] quien señaló cuán fácilmente pudo producirse un error por la reunión en una de dos palabras separadas, cosa frecuente en los impresos y manuscritos del siglo XVII.[9]

7. Fol. 94. Los «diez puntos» pueden aplicarse también a los tacones, porque en los versos 159-160 se dice que Píramo ha argentado sus zapatillas con «quatro reales de a ocho».

8. *RFE*, XIV (1927), p. 452; XVIII (1931), p. 40 n.

9. En el comentario a toda la estrofa:

> Iaspes, y de mas colores
> que vn Aulico disimulo,
> ocuparon en su huessa,
> que el Siro llama sepulcro [...]

icemos: «Los muy reuerendos padres de Piramo y Tisbe, se vistieron muy largos lutos, con mas colas que cometas, y mas pendientes, o chias que los pulpos tienen pies, en demonstracio[n] del sentimiento y grande dolor que causaron con sus muertes, y les labraron vn sepulcro de jaspes de [mas] colores, q[ue] vn disimulo Aulico, o Palaciego».

En el número 3 nos hallamos con una variante a un pasaje en que se describen los dientes de Tisbe. Salazar lo ilustra con su acostumbrada erudición (fol. 33), justificando la lección que da e interpretando «doze aljófares menudos» como los incisivos y caninos, colocados entre veinte molares, cinco en cada lado de las dos mandíbulas. Pero si adoptamos la lección del *Manuscrito Chacón,*

> entre doce perlas netas
> veinte aljófares menudos,

tendríamos que suponer que la boca de Tisbe contenía un número insólito de incisivos, o que Góngora prescindió de la distinción entre *dientes* y *muela,* usual en castellano.[10] Con los otros casos que acabamos de examinar (adoptados por Cossío y Millé), éste también prueba que la autoridad del *Manuscrito Chacón,* por lo que a la *Fábula* respecta, no es ilimitada.

Las otras variantes plantean menores problemas; los números 6, 8, 21 y 28 apenas merecen discusión; tan leves son las divergencias. Si se acepta la variante de Salazar para el número 6, habrá que leer *glorioso.* El número 11 es, tal vez, preferible en la lección de Chacón, donde aparece mejor medido; sin embargo, la lección de Salazar coincide aquí con la de Vicuña, quien, como sabemos, utilizó un buen manuscrito. En los otros casos decidirá el gusto personal; yo sigo prefiriendo las lecciones de Salazar, especialmente cuando coinciden con las de Vicuña.

Cito como ejemplos:

1 *desdichados* por *celebrados.* La palabra da a los versos mayor variedad, pues ocurre el vocablo *famosa* dos líneas antes.
10 *la pared* por *el tiempo.* El término concreto es más enérgico que el abstracto.

10. Esta variante da a la mujer un número de dientes superior al admitido por Galeno y Avicena, quienes, sin embargo, admitían la posibilidad de excepciones. Claro que el número total sigue siendo el mismo en ambos textos.

15   *frequentauan* por *frequentaron*. El imperfecto es en este caso más vivo que el perfecto.

16   *si por i*, más en consecuencia con el uso idiomático de Góngora.

19   *estragos* por *portillos*. En este caso el abstracto es mejor que el concreto, con su fuerza metafórica. Las ruinas se asocian a la idea de la tragedia que se avecina.

24   *dieren* por *darán*. La divergencia es minúscula; con todo, prefiero la primera forma.

25   *gemido* por *suspiro*. Salazar ofrece sin duda la más enérgica de las dos palabras.

En casi todos los casos Salazar parece presentar las lecciones que están más en armonía con el espíritu estrafalario del poema; son casi siempre las más vivas, descriptivas y enfáticas.

Por estas razones pienso que el de Salazar es el mejor texto del poema. Tiene tantos motivos para pasar por auténtico como el del *Manuscrito Chacón,* y sus lecciones son con frecuencia superiores. El que emprenda la edición definitiva de las obras de Góngora, que a pesar de las de Foulché y Millé es aún necesaria, deberá utilizar el de Salazar como base para el texto de la *Fábula*. Ésta, que costó a Góngora el mayor esfuerzo y fue su composición favorita, debe imprimirse según la fuente que más confianza puede inspirar.[11]

---

11. Este artículo se publicó en 1935. La he revisado un poco a la luz de otras investigaciones recientes. En la quinta edición de *Góngora y el «Polifemo»* (Madrid, 1967), Dámaso ha incluido un fragmento de nuestro romance en el que incorpora sugestiones de este artículo, II, pp. 59-66. El mejor texto completo del romance es el de Robert Jammes en sus «Notes sur la 'Fábula de Píramo y Tisbe' de Góngora» en *Les Langues Néo-Latines*, n.º 156 (enero 1961).

ÍNDICE ONOMÁSTICO

ÍNDICE